SENTIDOS DO TRABALHO
A educação continuada de professores

Maria Emília Caixeta de Castro Lima

SENTIDOS DO TRABALHO
A educação continuada de professores

Copyright © 2005 by Maria Emília Caixeta de Castro Lima

CAPA
Jairo Alvarenga Fonseca
("Desobjeto", Martha Barros. Acrílico sobre tecido costurado, 27x13cm, 2002)

EDITORAÇÃO ELETRÔNICA
Waldênia Alvarenga Santos Ataíde

REVISÃO
Vera Lúcia de Simone Castro

L732s
Lima, Maria Emília Caixeta de Castro
Sentidos do trabalho – a educação continuada de professores / Maria Emília Caixeta de Castro Lima. – Belo Horizonte : Autêntica , 2005.
240 p.
ISBN 85-7526-155-X
1.Educação. 2.Formação de professores. I.Título.

CDU 371.13

2005

Todos os direitos no Brasil reservados pela Autêntica Editora.
Nenhuma parte desta publicação poderá ser reproduzida,
seja por meios mecânicos, eletrônicos, seja via cópia xerográfica
sem a autorização prévia da editora.

Autêntica Editora
Belo Horizonte
Rua São Bartolomeu, 160 – Nova Floresta
31140-290 – Belo Horizonte – MG
Tel: (55 31) 3423 3022 – TELEVENDAS: 0800 2831322
www.autenticaeditora.com.br
e-mail: autentica@autenticaeditora.com.br

São Paulo
Rua Visconde de Ouro Preto, 227 – Consolação
01.303.600 – São Paulo/SP – Tel.: (55 11) 3151 2272

Ademilde, Ana Paula, Antônio, Carmem, Célio, Cláudia, Eliana, Elisa, Elizabete Lucas, Elizabeth Souza, Evandro, Flávio, Geraldo Evaldo, Geraldo Magela, Helen, Helena, João, José Antônio, José Neuf, Juliana, Leila,Lenize, Leodita,Luiza, Manoela, Margarete, Maria de Fátima, Maria José, Mariângela, Marilda, Marina, Mateus, Mirian, Moacir, Neuf, Nilma, Raquel, Regina, Rejane, Rogério, Rosana, Sebastião, Sibele, Sirley, Tales, Teles, Vânia, Willian

Dedico este livro aos professores de Química da FUNEC, que me fizeram mais humana e sensível aos signos da arte de ser formadora.

Sumário

Saberes da lida, saberes da vida 09
Um começo de conversa 13
A urdidura do tecido 19
O caminho das pedras 33
   A construção do objeto na dinâmica arqueológica:
   inventariando os dados... 35
   Dispondo as peças do achado arqueológico............................... 36
   Examinando os achados:
   as condições de produção dos dados e dos sentidos.................. 40
   Sobre a estranheza de se contarem histórias
   ou da narrativa como mediação... 46
   Por que narrei esta história e não outra?................................... 49
   A questão da ética na pesquisa em educação............................. 53

Contando nossa história 59
   Afinal, onde começa esta história?... 59
   Na solidão: a lida da professora.. 64
   A Fundação e sua fase inicial de transição................................. 69
   Os professores e seus muitos dilemas....................................... 72
   Escolhendo caminhos e abrindo picadas................................... 74
   Buscando novos parceiros: o Grupinho e o Grupão.................... 77
   A participação em eventos.. 80
   Forjando compromissos... 82
   O começo do fim.. 88
   A despedida... 93

Lições do vivido.. 95
   Primeira lição: Solidão e trabalho... 97
      A recusa em participar do grupo 100

    A solidão como uma clandestinidade imposta 102
    O silenciamento como garantia de não-invasão 105
    Os fantasmas que nos acompanham 107
    A divisão social do trabalho produz a solidão 109
    A divisão social do trabalho leva a uma relação neurotizante 111
    A divisão social do trabalho expropria o conteúdo significativo do trabalho 112
    Não adianta nada a gente ficar teorizando 114

Segunda lição: Resistência e trabalho 116
    A busca do sentido oculto 120
    Resistência inteligente 122
    O trabalho real e o trabalho prescrito 125
    Mudar o sistema para mudar a escola 126
    Experiência, prudência e resistência 128

Terceira lição: Sofrimento e prazer no trabalho 131
    Sofrimento e inventividade 139
    Motivo e motivação 143
    Saber e sabor: o gosto de ensinar e aprender 146
    Há sempre uma prosa nova acontecendo 150
    Os motivos atribuidores de sentidos 153

Quarta lição: Identidade e subjetividade 156
    Para compreender a relação entre o eu e o outro 161
    Dos conteúdos do ser ao processo do vir-a-ser 163
    O reconhecimento pelos julgamentos 169
    As relações de confiança e a intersubjetividade 174

Quinta lição: Autonomia e controle 178
    Ancoragem para dar coragem de ser visível 186
    Professor tem que ser carrasco? 188

Considerações finais 195
    Invisibilidade e visibilidade: de volta ao começo 198
    Acabamento estético e mundo ético 203

Anexos 216

Referências 207

Saberes da lida, saberes da vida

> Desenharam o alfabeto e eu o engoli;
> Agora vou parindo filhos misteriosamente,
> Não têm pai, nem pátria, são ao meu modo.
> Os versos pagãos se alastram,
> Dizem que sou poeta...
>
> Sinvaline Pinheiro

À beira da estrada, no interior goiano, a poeta contadora de causos, Sinvaline Pinheiro, tece com linhas de letras e palavras as histórias únicas e irrepetíveis de homens e mulheres que não passam anônimos pela vida, exceto para aqueles que não têm ouvido aberto e olho atento, incapazes que são de aprender com as coisas simples, com as coisas vividas na lida.

O livro que agora o leitor tem em mãos é produto desse olhar atento, reflexivo, que se debruça sobre um estado segundo, que Edgar Morin chamou de poético: o estado de se fazer visível assumindo as rédeas da construção de um projeto de ensino de Química, costurando conhecimentos com a audácia de enfrentar a mesmice cotidiana. Estado poético porque estado de criação coletiva, aquela que se faz com vida, com garra, quase sempre nadando contra a correnteza. Aprendizagens com as coisas vividas na lida.

Recolhe-se, neste livro, uma experiência de educação em Química que se foi tornando experiência de formação continuada de professores: para aqueles que não crêem na capacidade dos professores, este é um livro de lições extraídas da lida diária de professores que não abandonaram seus alunos para aprenderem, como quem pára para abastecer e depois gastar a energia tocando o barco cotidiano. Ao contrário, essas lições resultam muito mais da continuidade do trabalho daqueles que olharam para seus alunos para construir com eles e para eles um ensino de qualidade. Aqui se narra essa aventura. Narrativa de mestra. Aventura de conhecedores aprendizes. Não apenas se aprende: produz-se o que se aprende. Conhecimento novo, de gema.

Colhe-se, neste livro, uma metodologia de exposição e de construção de conhecimentos: parte-se da narrativa para dela extrair lições. Não se creia que as lições que a vida ensina estão no ar, livres a voar, bastando que nossa boa vontade as leia. Elas não estão escritas e expostas. Compreendê-las demanda gestos de interpretação, sempre resultantes de diálogos entre o mundo da vida onde as ações acontecem e o mundo da cultura onde elas adquirem sentidos: os sentidos não estão aí a bailar, soltos e solitários esperando seus interpretantes; as chaves com que se (re)constroem os sentidos são trabalhosas, demandam mãos hábeis no bordado, porque, às vezes insignificantes, nos escondem os elos necessários para (re)significar a vida. De novo, não apenas se aprende: produz-se o que se aprende. Conhecimento novo, de gema.

> Dou respeito às coisas desimportantes
> e aos seres desimportantes.
> Prezo insetos mais que aviões.
> Prezo a velocidade
> das tartarugas mais que a dos mísseis.
> Tenho em mim esse atraso de nascença.
> Eu fui aparelhado
> para gostar de passarinhos.
> Tenho abundância de ser feliz por isso.
> Meu quintal é maior do que o mundo.
> Sou um apanhador de desperdícios.
>
> Manoel de Barros

Maria Emília remexe em seus guardados: esquecidas fitas gravadas, anotações de reuniões de professores, velhos cadernos, folhas soltas. Remexe para reavivar memórias, vidas guardadas e não esquecidas. Tão importante quanto a vida, desimportante para os desaparelhados que esqueceram que a vida é nosso tempo de gerar felicidade. Trata-se de um projeto de trabalho de formação continuada de professores: um entre tantos outros votados ao esquecimento nestes tempos que já nos acostumaram à descontinuidade e à fragmentação. Infelizmente não estamos extraindo destas o que estão sempre a mostrar – a impossibilidade do domínio completo da vida. Delas fazemos mossa, troçamos de nossas descosturas para nos iludir com um tempo sempre zero, reversível e não marcado pelo que devemos acreditar serem as insignificâncias de nossas vidas. Seus sem sentido.

> O real tem um caráter de incerteza e contingência
> E, nesses momentos, os reveses são inevitáveis.
> As práticas de quebra-galhos
> Nascem dessa injunção entre o que se deveria fazer
> E aquilo que pode ser feito.
> O sofrimento no trabalho não constitui, em si, uma patologia.
> Frente aos desafios do contingencial,
> Os professores buscam saídas
> E mobilizam sua inventividade.
> Os sentidos dependem do motivo.
>
> Maria Emília de Castro Lima

São sentidos de uma experiência vivida que aqui estão recolhidos. Ao contrário do desprezo pelo miúdo e ao contrário da tese de que os saberes de experiência feitos somente se dão por feitos na experiência vivida individualmente, este é um livro que narra e ensina, porque da narrativa se extraem conselhos, lições que mostram o lado épico da verdade. Um saber de experiência encontra sempre seu caminho de partilha, o causo que se conta, e por isso estes saberes jamais se enclausuram, quer nos modelos de esquadrinhamento em que a ciência pensa fixá-los, quer nos sentidos próprios de sua unicidade e irrepetibilidade. A escuta da narrativa é em si já experiência mobilizante de sentidos, construtora de efeitos nem sempre previsíveis. Por isso contém o traço da sabedoria.

Para além das lições que Maria Emília explicita, seu livro nos ensina este caminho metodológico para a pesquisa em educação: debruçar-se sobre seu próprio fazer não para torná-lo como exemplo a ser seguido ou a ser execrado, mas para expô-lo à análise e à construção coletiva de sentidos: narra-se para encontrar lições, todas desenhadas a sangue e prazer. Inúmeras, jamais totalmente arroladas porque sempre é possível reencontrar uma nova lição. E a lição grande que aqui se aprende é a da escuta da pulsação da vida: extrair poesia do mundo prosaico de um cotidiano jamais o mesmo quando se compreende que uma verdade é muito pouco quando não se tem o sentimento da verdade.

Por isso e por tudo: uma vida de grupo que convida ao convívio. Oferta de compartilha.

Campinas, maio de 2004

Corinta Maria Grisolia Geraldi
João Wanderley Geraldi

Um começo de conversa

> A gente carece de acalmar a alma para fazer aquilo que se tem mesmo de fazer, para agüentar depois aquilo que fez.
> [...] as coisas não se acomodam ao desejo da gente [...], o mundo é muito desigual nos seus caminhos, o risco não é a gente que traça.
>
> Autran Dourado

Para não criar falsas expectativas e, ao final, desapontar o leitor em relação ao que poderá ser encontrado nesse livro, considero prudente este começo de conversa. Meu tema é educação continuada que, em função dos acontecimentos em que estive envolvida e de minha história profissional – que se verá narrada neste estudo –, tem como base uma experiência concreta de formação de um grupo de professores de Química. Investigo aqui a produção do modo de *ser* e de *estar* professor na lida diária do ofício de ensinar. Produção esta mediada por um processo coletivo de formação continuada. Em outras palavras, estou particularmente interessada nos sentidos que os professores constroem sobre seu trabalho quando mediados por um processo de formação. Qual é a natureza do trabalho de formação continuada do grupo estudado? Qual é a história que nos foi conformando a um modo peculiar de ser professor de Química e de estar na docência? Que relações de trabalho foram desenvolvidas e quais as conseqüências delas sobre as docências?

Portanto meu *projeto de dizer* não consiste em como ensinar Química, mas no que, de uma experiência de educação continuada, se pode tirar como lição para outros projetos de formação. Mais do que explicar e prescrever um projeto de formação e, com isso, fechar sentidos, a preocupação central é com a constituição dos sujeitos por intermédio dos sentidos por eles produzidos *no* e *pelo* trabalho. Enfim, compreendê-los nas suas singularidades. Também não se trata de promover uma avaliação dos sujeitos envolvidos – formadores, alunos e professores –, nem submeto a exame os recursos mediacionais utilizados. Do mesmo modo, as opções epistemológicas, filosóficas e pedagógicas forjadas nesse projeto de formação continuada não são a tônica deste trabalho, embora muitas delas possam ser flagradas nas entrelinhas dele. Muitos dos achados concretos, relacionados com os conteúdos químicos e com o ensino da Química, como foram tratados pelos professores e tornados objetos de discussões no grupo e nas aulas, com os alunos, estarão subsumidos. Não tenho, pois, como objetivo prescrever um modelo de formação de professores nem viso a produzir determinada conduta ética ou competência prática para a docência, embora a análise da produção de certo modo de ser e estar na profissão contenha elementos para definições de projetos de formação continuada de professores.

Na literatura sobre formação de professores, existe uma produção extensa, mas restrita a lhes prescrever modos de ser e de se constituir profissionalmente, alcunhados pelos mais variados termos – como, por exemplo, progressista, inovador, artístico, crítico, reflexivo, pesquisador.

> Escreve-se muito sobre o professor que queremos, sobre como formá-lo e assumi-lo, como se estivéssemos diante de um profissional sem história. Um modelo novo a ser feito e programado. Um profissional que podemos fazer e desfazer a nosso bel-prazer, com novos traços definidos racionalmente pelas leis de mercado, pelas novas demandas modernas. Ou até pensamos poder ser o professor que queremos, que sonhamos. É só constituí-lo em seus constituintes. Programá-lo, discutir seu perfil progressista, comprometido e crítico. Tracemos um novo perfil e ele se imporá como um modo de ser daqui para frente. (ARROYO, 2000, p. 34)

A erudição acadêmica associada à profusão de informações contidas nos programas de formação de professores é, em muitos casos, vivida por sujeitos portadores de um discurso revestido de caráter prescritivo sobre o fazer alheio. Por outro lado, fica reservado à arte de narrar a experiência um espaço restrito e marginal e, com isso, perde-se a riqueza das experiências e dos saberes construídos.

Os estudos do Grupo de Estudos e Pesquisas sobre Educação Continuada – GEPEC/Unicamp – vêm-se configurando uma perspectiva diferente, pois interessada em construir uma epistemologia da prática, em lugar de prescrever, classificar e categorizar os professores.[1]

---

[1] Nessa perspectiva, insere-se o livro *Cartografias do trabalho docente* (1998), organizado por Geraldi, Fiorentini e Pereira, além de teses e dissertações produzidas por membros do GEPEC: GERALDI (1993), DICKEL (2000), PAULA (2000) e FERNANDES (2000). Há ainda outras produções que se aproximam das mesmas perspectivas: FONTANA (2000), CHAVES (2000) MALDANER (2000) e ROSA (2000).

Um aspecto relevante deste trabalho é que ele constitui um modo próprio de olhar a complexidade da formação docente. Parafraseando Cerutti (1996), não padeço da *hybris*[2] da onisciência nem pretendo indicar respostas universais para as aflições mais justificadas dos formadores.

> Um mapa do saber não provém do alto, não é dado por antecipação: não se pode sobrevoar, nem mesmo por um momento, a vôo de pássaro, o território dos conhecimentos na sua totalidade. Estamos inevitavelmente e constitutivamente dentro do território, e do seu interior abrimos e percorremos veredas, alcançamos regiões diversas e progressivamente nós nos representamos, desafiamos e novamente desenhamos nossos mapas. Como o velho chefe Sioux Alce Negro vemos o mundo do alto do nosso morro solitário, sabendo que este não é o único ponto de observação possível e que não existem razões particulares para conceder-lhe qualquer privilégio, a não ser o fato de que lá estamos nós. Mas o desafio da complexidade nos conduz também a compartilhar da sutil sabedoria epistemológica de Alce Negro que sabe que qualquer lugar pode ser o centro do mundo, mas procura sempre o centro, e somente esta procura lhe permite narrar, para além do isolamento individual, a história de toda vida, não apenas dos homens, mas também dos animais e de todas as coisas verdes. (CERUTTI, 1996, p. 25)

Ver de um ponto expressa uma visão de mundo marcada pela incompletude e pela impossibilidade de um sujeito aproximar-se das experiências singulares pela via da generalização. A experiência do grupo de professores de Química da Fundação de Ensino de Contagem[3] – FUNEC –, produzida em determinadas condições históricas, é sabidamente irrepetível, assim como toda experiência humana é não-reprodutível! Dela só podemos tirar lições, princípios, orientações e inspirações para produzir novas referências para a construção da epistemologia da prática docente.

Assim, narro uma experiência de formação continuada, que envolveu aproximadamente 50 professores de Química de 15 escolas da FUNEC no período que se estende de fevereiro de 1993 a fevereiro de 1997. Trata-se de uma experiência que sobrevive na lembrança dos sujeitos envolvidos. Como muitos projetos educativos concebidos e desenvolvidos no País, esse projeto também foi extinto. Foi-se esvaindo por entre poderes e interesses outros – locais, regionais, menos educativos e mais imediatistas.

---

[2] A *hybris* corresponde à ausência de medida e de limites.
[3] Contagem é uma cidade industrial mineira, vizinha de Belo Horizonte.

Além do compromisso ético e político de resguardar uma experiência, a relevância deste trabalho pode, também, ser mensurada se se considerarem as condições singulares em que tal projeto se deu. A FUNEC foi pioneira, no Brasil, no que se refere ao modo como concebeu e desenvolveu seu programa de formação continuada numa grande rede de ensino a partir do que se pode chamar de grupo colaborativo.

Esse programa caracterizou-se pela formação continuada de professores, por disciplinas, e de gestores – diretores, vice-diretores e orientadores educacionais. Os formadores foram escolhidos por suas experiências docentes e qualificações em cursos de Pós-Graduação em Educação. Os professores de Química foram remunerados para participar do programa e tiveram os horários de formação incorporados à carga-horária estabelecida. Os horários de reuniões foram antecipadamente programados para toda a rede de ensino, de modo a abranger todos os professores das diversas disciplinas, sem que isso significasse prejuízo para os alunos em termos de suspensão ou redução de aulas. Nasceu com um caráter de constituição de grupos, em contraposição às coordenações de área e aos cursos de treinamento. Não tive acesso, até o presente momento, a nenhuma outra análise acadêmica de experiência pedagógica anterior a esta ou a ela concomitante que fosse dotada de tais singularidades.

Outro aspecto relevante do projeto diz respeito à produção gerada, com base na experiência vivida, no que se refere a material didático, às revisões curriculares nas diversas redes de ensino de Belo Horizonte e do Estado de Minas Gerais e ao seu impacto nas práticas de muitos professores.

Significa, ainda, um marco na concepção de desenvolvimento de professores e de constituição de formadores. Muitos docentes que se tornaram formadores – como é meu caso – passaram por essa experiência. Desse modo, o projeto é também elucidativo tendo-se em vista a formação do formador. Minha constituição como pesquisadora e formadora está imbricada e comprometida com a professora em que me fui constituindo e só pôde ser, de certo modo, compreendida *a posteriori*.

Entretanto, como este trabalho tem um caráter de acontecimento, em razão da irreversibilidade e irrepetibilidade, sua relevância e significado são da ordem da enunciação e menos dos produtos gerados, mesmo se sabendo que esses foram muitos.

A aproximação com o modo de ser docente e de estar na docência suscitou a busca de referenciais teórico-metodológicos que conferem centralidade à categoria "trabalho" e ao processo de humanização, em sua organização na contemporaneidade e, conseqüentemente, nas relações do trabalho coletivo. O trabalho, neste estudo, é tomado como uma categoria mais ampla, para além do sentido de labor, e implicado nas relações que se estabelecem com o mundo e com os próprios homens. Ele diz respeito às diferentes formas de pensar e produzir a existência. Por se organizar historicamente de modos diversos, o trabalho produz variados sentidos.

Como eixo de análise, tomei a produção do modo de *ser* e de *estar* do professor na lida diária do ofício de ensinar. O presente estudo configura-se, pois, como um olhar retrospectivo, com base nos dados disponíveis e circunstanciados em função da dinâmica interna de um grupo em constituição. Ao trilhar o caminho inverso, foram sendo construídas as categorias de análise: *solidão e resistência, sofrimento e prazer, identidade e subjetividade, autonomia e controle, visibilidade e invisibilidade, acabamento estético e mundo ético*. O fato de circunscrever esta pesquisa ao que se refere à formação em grupo não quer dizer que eu não reconheça o valor das iniciativas individuais de desenvolvimento profissional. A ênfase, no caso, volta-se para a dimensão coletiva do trabalho pelas características singulares em que se deu a formação e pela consideração de que um projeto de escola é sempre um projeto coletivo.

O texto está organizado em cinco partes que correspondem, *grosso modo*, ao referencial teórico, às opções metodológicas, à narrativa e a um conjunto de lições. Ao final, à guisa de conclusão, apresento mais duas lições. Algumas situações vividas foram tematizadas e correspondem aos momentos diversos da minha existência e de meu encontro com a escola pública, com a professora que fui e o que passei a copiar dos outros, da existência do grupo no que diz respeito ao seu surgimento, aos dilemas enfrentados, aos espaços de trabalho e de formação, à caracterização do projeto, bem como a seu desenvolvimento e encerramento.

Para ser coerente com a perspectiva benjaminiana de que a narrativa não se explica, mantive a separação entre a apresentação da experiência e os sentidos que dela emergiram. Trata-se de uma organização em que convergem narratividade e raciocínio abdutivo, ou indiciário; visando a salvaguardar a natureza de trabalho acadêmico, da narrativa resultam as lições. Rememoração e lições do vivido eclipsam-se como resultado de uma escolha pessoal de reconstrução tomando-se por base a lida da professora, urdida na constituição da formadora e da pesquisadora. Quem sabe uma exigência da professora sobre a formadora e a pesquisadora?

Assim, apresento cinco lições que emergem da experiência vivida e narrada. A primeira é sobre *solidão e trabalho*. A solidão é compreendida como uma clandestinidade que é imposta e decorrente da divisão social do trabalho. A segunda trata de *resistência e trabalho*. Nela, busco compreender o sentido oculto da resistência e sua relação com a experiência e a prudência, por causa do caráter aberto e contingencial da aula como acontecimento em que não se deixa coincidir trabalho real com trabalho prescrito. A terceira lição é sobre *sofrimento e prazer no trabalho*. A questão-chave, nesse caso, é compreender como os professores conseguem encontrar prazer no enfrentamento a situações tão adversas. Para responder a essa questão, relaciono sofrimento com inventividade e aponto alguns dos motivos do prazer e da motivação para o trabalho docente. Na quarta lição, discuto *identidade e subjetividade*. Ou seja, o paradoxo entre ser igual e ser diferente – a constituição de um coletivo de identidade e trabalho, cujo sentimento de pertença está marcado pela confiança e pela autoridade nos julgamentos. A quinta lição é sobre *autonomia e controle*. Diversos mecanismos de controle são explicitados concomitantemente aos argumentos propostos pelos professores para dizerem quão autônomos são.

Nas considerações finais, sintetizo as cinco lições em dois outros paradoxos: *visibilidade e invisibilidade* e *acabamento estético e mundo ético*. Muitas outras lições podem ser extraídas do enredo que atravessa essa narrativa. Assim, ao rever uma experiência com olhos de estrangeiro, meu interesse foi o de aprender com essa viagem e, de volta, ter podido narrá-la e dela extrair lições. Procurei dar a ver saberes construídos no trabalho e pelo trabalho e, com base neles, configurar sentidos, produzir saberes.

A urdidura do tecido

> Compreender é cotejar com outros textos e pensar num contexto novo (no meu contexto, no contexto contemporâneo, no contexto futuro). Contextos presumidos do futuro: a sensação de que estou dando um novo passo (de que me movimentei). Etapas da progressão dialógica da compreensão; o ponto de partida – o texto dado, para trás – os contextos passados, para frente - a presunção (e o início) do contexto futuro.
>
> Mikhail Bakhtin

Os programas de formação continuada no Brasil apresentam três grandes características, genericamente identificadas pela: 1) descontinuidade no tempo, no espaço e nas políticas implementadas; 2) natureza modular de seus cursos de curta duração, presenciais e a distância, numa perspectiva de treinamento; e 3) clara desconsideração das contribuições dos profissionais diretamente interessados no seu desenvolvimento pessoal quando da definição, implementação e suspensão dos programas de formação. (LIMA, 2001)

Em face dos rápidos avanços no mundo do trabalho e da obsolescência de métodos, técnicas e processos, impõe-se permanente necessidade de revisão e renovação de conhecimentos. As demandas referentes à escola são cada vez mais crescentes. Hoje, requer-se do professor maior capacidade de atuar numa realidade altamente heterogênea e de desenvolver as mais diversas situações de ensino; de atender aos diferentes ritmos, interesses e formas de aprender; de promover a auto-estima, o respeito mútuo e as regras de convivência; de dar significado científico, social e cultural para aquilo que é ensinado:

> Na maioria dos países ocidentais, os sistemas escolares vêem-se hoje diante de exigências, expectativas e desafios sem precedentes. É no pessoal escolar, e mais especificamente nos professores, que essa situação crítica repercute com maior força. (TARDIF, 2002, p. 114)

Conseqüentemente, o ensino parece, hoje, muito mais complexo que no passado. Depois de a ênfase recair sobre os conteúdos a ser ensinados, as questões de sistema e de organização curricular, e sobre os processos de ensino/aprendizagem, convive-se, atualmente, com uma mudança de foco para dar atenção à profissão e ao desenvolvimento docentes.

Em palestra proferida em São Paulo, o professor António Nóvoa apontou essa *"nova" centralidade dos professores*. Nem tão nova assim, já que se trata de um discurso recorrente, pelo menos, no último século, lembrou ele. Com a palavra *nova*, quis situar que há uma outra perspectiva que, em certo sentido, já existia antes, embora muito dessa atenção seja ainda retórica:

> O Ministério de Educação e Desporto confere uma atenção especial à política de formação continuada de professores. Através do seu decreto de 06/12/1999 anuncia que a formação de professores destaca-se como tema crucial e, é sem dúvida, uma das mais importantes dentre as políticas públicas para a educação, pois os desafios colocados à escola exigem do trabalho educativo outro patamar profissional, muito superior ao hoje existente. Não se trata de responsabilizar pessoalmente os professores pela insuficiência das aprendizagens dos alunos, mas de considerar que muitas evidências vêm revelando que a formação de que dispõem não tem sido suficiente para garantir o desenvolvimento das capacidades imprescindíveis para que crianças e jovens não só consigam sucesso escolar, mas, principalmente, capacidade pessoal que lhes permita plena participação social num mundo cada vez mais exigente sob todos os aspectos. Além de uma formação inicial consciente, é preciso proporcionar aos professores oportunidade de formação continuada: promover seu desenvolvimento profissional é também intervir em suas reais condições de trabalho. (MEC, 1999, p. 26)

Muitas das iniciativas têm como projeto adequar o sistema educacional ao processo de reestruturação do mundo do trabalho e aos novos rumos do Estado (Freitas, 1999, p. 17). No bojo desse processo, diferentes modos de compreender e de implementar tais iniciativas têm-se configurado. Algumas delas são, nitidamente, tentativas ou formas de viabilizar reformas educacionais em curso e de adaptar e conformar os professores às políticas neoliberais.

A educação continuada demanda processos contínuos de desenvolvimento referendados por uma crença quanto à complexidade do ato pedagógico, à provisoriedade do conhecimento e à incompletude dos seres humanos. A rigor, os programas de educação continuada no Brasil sofrem do paradoxo de não ser continuados e amplos o suficiente para corresponder às novas necessidades formativas. Não estão calcados, geralmente, em orientações claras, com recursos específicos, de modo a promover uma construção teórica sobre eles próprios. Assiste-se a iniciativas de governos que, muitas vezes, sofrem interrupções de uma hora para outra, dentro de uma mesma gestão, ou em função do fim do mandato de determinado governante, ou, ainda, com a troca de Secretários de Educação. Os professores já conhecem essas descontinuidades e trabalham com desconfiança em relação a programas de formação. Tais descontinuidades têm implicado custos – financeiro, para os cofres públicos, e emocional, para os profissionais envolvidos:

> Em contraste com a ruptura, elemento essencial da continuidade, a descontinuidade caracteriza-se pelo eterno recomeçar em que a história é negada, os saberes são desqualificados, o sujeito é assujeitado, porque concebe a vida como um tempo zero. O trabalho não ensina, o sujeito não flui, porque antropomorfiza-se o conhecimento e objetifica-se o sujeito. (COLARES; MOYSÉS; GERALDI, 1999, p. 212)

Os cursos são voltados para alguns conhecimentos específicos – conceituais ou temáticos –, bem como para habilidades e atitudes no exercício da profissão, originadas de definições externas de Secretarias de Educação e de agentes formadores contratados para esse fim. O procedimento mais comum tem sido o de mobilizar um grupo de especialistas responsável por prescrever as políticas públicas, as reformas curriculares, seus modos de implementação e de gestão dos recursos. Os principais interessados não são, em geral, convocados a dizer o que pensam e desejam, restando-lhes atender ou resistir às convocações, para ouvir ou fazer que ouvem o que os especialistas têm a dizer e a sugerir sobre o seu trabalho.

A Universidade tem participado, com freqüência, dessas iniciativas, mediante convênios com as Secretarias Municipais e Estaduais de Educação, disponibilizando vagas nos cursos de especialização ou assessorando projetos de inovação curricular e consultorias para as escolas. Essas parcerias guardam uma contradição interna. Se por um lado a Universidade é uma instância privilegiada de ensino, pesquisa e extensão e tem um compromisso ético com a divulgação e a socialização do conhecimento produzido em seu interior, por outro ela desconhece o que são e como funcionam as escolas, faltando-lhe, sobretudo, conhecimento experiencial sobre os complexos problemas que compõem o cotidiano destas. O desconhecimento das práticas escolares por parte dos especialistas vem sendo apontado como um dos problemas relativos aos programas de formação docente (AZANHA, 1998; IBARROLA, 1998; FELDENS, 1998).

São freqüentes os conflitos entre planejadores – aqueles que concebem os programas de formação continuada e de reforma curricular – e executores –

os professores responsáveis, em última instância, por aplicar as novidades apresentadas. Valendo-se de algumas iniciativas, dolorosas para ambas as partes, os formadores vêm dando maior atenção aos saberes docentes, às suas experiências e iniciativas no âmbito escolar e tem-se assistido a um processo de *resistência inteligente* por parte dos professores (GUEDES-PINTO, 2000):

> Apesar da persistência de um relacionamento explorador da escola pelos pesquisadores acadêmicos, percebo dois bons sinais no horizonte. Primeiro, alguns pesquisadores acadêmicos estão se sentindo cada vez mais desconfortáveis em sua posição de somente estudar o trabalho dos outros e, em segundo lugar, estão cada vez mais aborrecidos em estar revelando falhas de escolas e professores, obtendo com isso vantagens em suas carreiras acadêmicas. (ZEICHNER, 1998)

Evidencia-se, então, crescente explicitação, por parte dos professores e dos dirigentes de escolas, de suas necessidades formativas. Conseqüentemente, produz-se uma conjugação de interesses mútuos e a crença de que é preciso fazer circular mais rapidamente a informação e a troca entre as produções das Universidades e dos professores da educação básica. (GERALDI, 1999)

Do mesmo modo que os professores criam inúmeras possibilidades de trabalhos inovadores com base em suas práticas, a rotinização destas também concorre para diminuir-lhes os horizontes de possibilidades. Assim, a Universidade está sendo chamada a auxiliar os professores na reflexão sobre os processos de racionalização e rotinização das práticas, introduzindo questões novas e possibilitando um olhar de estranheza sobre o que se faz e se ensina nas escolas. Em contrapartida, a convivência da Universidade, de modo mais próximo, com o cotidiano escolar tem proporcionado melhor entendimento dos desafios pedagógicos ante a complexidade e diversidade das escolas. Outro ganho reside na tentativa de compreender a natureza dos saberes docentes[1].

As pesquisas no campo da formação de professores estão fortemente interessadas em mapear o conhecimento que os professores produzem como condição de um novo profissionalismo. Esses saberes docentes incluem o saber – conhecimento –, o saber-fazer – procedimentos e habilidades – e o saber ser – atitudes, crenças e valores morais. Tardif chama a atenção para dois excessos que se vêm cometendo no âmbito dessas pesquisas: *o professor é um cientista* e *tudo é saber*. O fato de considerar o professor como um cientista tem

---

[1] Um dossiê dos saberes dos docentes é apresentado na Revista *Educação e Sociedade* n. 74, São Paulo: Cortez/Cedes, 2001.

como conseqüência sua inclusão numa racionalidade baseada exclusivamente no conhecimento, o que é também um equívoco, pois pressupõe que o cientista é, essencialmente, um sujeito racional, epistêmico e isento de valores e crenças pessoais. O segundo excesso está ligado à circunstância de tudo estar-se tornando saber docente, o que acaba por colocar essa categoria no vazio, caso não se esteja consciente de todas as filiações, alcances e limites.

Desde a década de 60, do século XX, a formação de professores vem sendo concebida numa perspectiva conhecida pela relação processo/produto, que pressupõe argüir a educação mais pelo viés da funcionalidade do ensino. A pesquisa baseada nesse enfoque está associada ao comportamentalismo, na medida em que procura avaliar a eficácia do ensino estudando a ação docente – processo – e seu impacto na aprendizagem dos estudantes – produto. Passou a ser natural utilizar-se a opinião de alunos, diretores e demais agentes educacionais para se construírem escalas de conceitos de eficácia pela avaliação e classificação do *bom professor e de sua prática* (GAUTHIER, 1998: 48). A grande ênfase dada à observação em sala de aula ficou a dever à compreensão dos efeitos do ensino nos estudantes.

A pesquisa baseada no enfoque processo/produto esteve limitada, por sua própria natureza, ao desconsiderar a complexidade dos processos de aprendizagem, além de ter servido para criticar os professores e afastá-los da pesquisa acadêmica. Em que pese às críticas, não se pode negar o mérito dessas pesquisas quando se considera que o comportamento do professor pode estar relacionado ao desempenho do aluno e que o ensino tem uma finalidade em si, que impacta a vida dos estudantes.

Contra esse paradigma dominante, mas ainda se alimentando dele, outro paradigma teve lugar ao longo dos anos 80 do mesmo século. A pesquisa, até então baseada no behaviorismo, passou a apoiar-se num enfoque cognitivista, cujo interesse consiste em compreender as diversas estratégias de ensino, em examinar como os professores em atividade processam informações, promovem mudanças em suas práticas e em tentar formar os professores para a *pesquisa-ação*, pelo diálogo sobre suas prática (GAUTHIER, 1998, p. 154). Em outras palavras, a ênfase passou do estudo do comportamento docente para a cognição em sala de aula. Na educação em Ciências, essa perspectiva foi amplamente utilizada como estratégia de investigação dos processos de ensino/aprendizagem, das concepções prévias dos estudantes, na produção de recursos didáticos e na formação de professores.

Nos últimos 20 anos, as iniciativas relacionadas ao desenvolvimento profissional docente e, mais especificamente, à pesquisa relativa aos saberes e ao saber-fazer têm sido objeto de debate e atenção na educação norte-americana, européia e, também, brasileira. Iniciou-se um processo de mapeamento do repertório de conhecimentos dos professores mobilizados, quando da realização de seu trabalho, e que abrange os conhecimentos disciplinares, pedagógicos, experienciais, procedimentais e atitudinais. A pesquisa sobre esse *repertório de saberes* (*knowledge base*), também chamados de *referenciais de competências*, foi tomada como pressuposto para fundar a docência numa perspectiva de profissionalização. Essa preocupação com o saber e o saber-fazer é enfrentada fundando-se em três grandes orientações teóricas apontadas por Tardif (2002). A orientação, mais freqüentemente encontrada em pesquisadores da América do Norte, refere-se ao *pensamento dos professores* (*teacher's thinking*). Os saberes dos professores são entendidos como representações mentais, com base nas quais eles ordenam suas práticas e as executam.

Gauthier (1998, p. 156-158), sem desconsiderar a importante contribuição desse enfoque, aponta que o cognitivismo, em geral: 1) considera a sala de aula como algo previsível, com atividades uniformes e onde o professor é capaz de prever e controlar as diferentes situações; 2) tem propensão a definir o ensino como ciência voltada, exclusivamente, para o processamento de informações, desconsiderando as dimensões afetivas e as questões de autoridade; 3) tende a reduzir o ensino a modelização de estratégias; 4) possui uma visão relativamente simplista da atividade pedagógica; 5) apresenta uma dimensão ideológica da educação muito próxima das ciências administrativas pelo vocabulário utilizado – como, por exemplo, eficiência, competência, excelência, controle e rendimento. Enfim, veicula uma visão técnica e instrumental do ensino.

A crítica que se faz a essas pesquisas é a de que elas acabam por definir as características do professor ideal, entendido como perito e eficiente e, com isso, reduzem a subjetividade à cognição, segundo uma visão intelectualista e instrumental. (TARDIF, 2002, p. 231)

A segunda orientação – com origem na fenomenologia existencial – amplia a primeira, na medida em que, ao recuperar a *história de vida dos professores*, lida, necessariamente, com o caráter dinâmico e transitório da constituição humana, incluindo os saberes originados da experiência, as dimensões afetivas e emocionais desse saber e saber-fazer, com suas tensões e dilemas. (TARDIF, 2002, p. 232)

A terceira orientação, chamada de social, está relacionada aos estudos da linguagem, das interações e da cultura na estruturação da experiência humana. Nesse caso, a subjetividade não se restringe aos componentes cognitivo e existencial, como história individual (TARDIF, 2002, p. 233). O pensamento, as competências e os saberes, em vez de categorias essencialmente pessoais, são tomados como construções sociais e culturais na constituição desses sujeitos. Nem sujeitos a-históricos, nem sujeitos completamente determinados pela história.

Essas pesquisas têm causado impacto, de formas diversas, nas iniciativas de formação de professores. Alguns programas de formação são concebidos e desenvolvidos valendo-se de uma visão prevalente de competência profissional, definida em termos de desenvolvimento de habilidades pessoais em aplicar categorias do conhecimento especializado para produzir respostas corretas. Se por um lado não podemos levar a sério uma visão que se arvora a apontar soluções corretas, explicar tudo e determinar as ações dos professores, por outro é necessário refletir sobre os inconvenientes em se considerar que nada pode ser dito sobre a sala de aula e sobre a escola em geral dadas suas complexidades.

Em decorrência da associação da formação de professores à idéia de profissionalização, existe um esforço de se criar outros padrões de prática. Nos Estados Unidos, a National Board of Professional Teacher Standarts – NBPTS –, tem estabelecido padrões e procedimentos de avaliação capazes de corresponder às reformas mais ambiciosamente propostas na atualidade[2]. Esses padrões, organizados, apresentados e comentados por Fullan (2002, p. 273), são: 1) os professores estão comprometidos com os alunos e com a aprendizagem deles; 2) os professores conhecem a matéria que ensinam e sabem como ensiná-la; 3) os professores são os responsáveis por dirigir e supervisionar a aprendizagem dos alunos; 4) os professores refletem sistematicamente sobre sua prática e aprendem com a experiência; 5) os professores constituem parte das comunidades de aprendizagem.

Do mesmo modo, há um esforço crescente de se pensar padrões de formação e de desenvolvimento para a obtenção de licença e de avaliação de dirigentes de escolas – como, por exemplo, o proposto pelo *Interstate Leaders Licensure Consortium* – ISLLC –, nos Estados Unidos. A Inglaterra e o Canadá também estão empenhados em estabelecer princípios e estratégias para a criação de uma *teoria de educação profissional baseada na prática*. Fullan (2002, p. 278) resume essas tendências, afirmando que

> as novas políticas que promulgam altos padrões de prática para todo o professorado são um convite a uma reforma em grande escala. Por outro lado, se requer uma série de políticas para criar oportunidades, melhor dito requisitos, para que as pessoas possam juntas

---

[2] O NBPTS, no final de 2000, já certificou mais de 5.000 professores, com expectativa de atingir 100.000 durante a próxima década.

examinar sua prática diária. As novas propostas podem ser identificadas e implementadas mediante a solução de problemas locais com uma visão mais ampla. Isso supõe uma grande mudança cultural para os centros educativos e, como tal, vai necessitar uma direção nova e sofisticada.

Ainda, conforme Gauthier (1998), a profissionalização está implicada no desenvolvimento da habilidade de *agir bem* em situações complexas e inusitadas. A sala de aula e a escola, de modo mais geral, apresentam desafios cotidianos e situações para as quais nem sempre há respostas prontas. *Agir bem* em situações singulares requer um desenvolvimento construído em situações concretas e, portanto, contingenciais, das práticas pedagógicas.

Esse breve mapeamento do desenvolvimento profissional dos educadores compõe apenas um panorama muito geral da *centralidade dos professores* nas diversas vertentes das atuais pesquisas. Vale ressaltar que, dependendo das filiações dos pesquisadores, a ênfase pode recair mais sobre um dos enfoques ou resultar de uma interpenetração de variadas perspectivas. *Na realidade, os fundamentos do ensino são, a um só tempo, existenciais, sociais e pragmáticos* (Tardif, 2002, p. 103). Considerando-se diferentes pontos de entrada, tem-se assistido a um forte movimento de inscrição da subjetividade no seio da pesquisa educacional, revelando modos diversos de enfocar a formação de professores.

Compartilho com Tardif (2002) o ponto de vista de que é absolutamente necessário levar em conta a subjetividade humana para se compreender a natureza do ensino. É essencial entender como os professores vivem a docência em diferentes situações da vida profissional. Pesquisar a subjetividade pode fornecer elementos para se conhecer os medos, os dilemas, os embates e os deslocamentos alavancados pelos processos de formação continuada, o que, conseqüentemente, também, deve permitir melhor compreensão do próprio trabalho do formador.

Esta pesquisa interessa-se pelos sentidos que os professores constroem no trabalho e em função dele. Embora eu não buscasse, como objetivo inicial, tematizar o saber e o saber-fazer dos professores, o conhecimento construído por eles, ao longo do processo de formação, permeia, de modo geral, as análises aqui realizadas. Não identifiquei, na literatura consultada, pesquisas interessadas em captar os sentidos do trabalho mediados por um processo assistido de educação continuada – em outras palavras, uma aproximação com os modos de ser e de estar na docência baseando-se na lida concreta desse fazer cotidiano.

Nesta pesquisa, a escola como instituição formadora é abordada na perspectiva de projeto coletivo, isto é, como expressão dos desejos e necessidades de uma comunidade sociocultural concreta. *Não é a colaboração em si o que conta*, como lembra Fullan (2002, p. 272). *A colaboração só é positiva quando se concentra na atuação de todos os alunos e nas práticas inovadoras que podem produzir uma melhora nos estudantes desmotivados.* Entretanto, mais que dizer dos limites e das possibilidades do trabalho coletivo, quis aproximar-me dos modos como os professores vivem esses espaços coletivos, dos sentidos que constroem sobre a função social da escola, dos compromissos que estabelecem com os estudantes, das relações que desenvolvem com os pares e superiores – enfim, do seu modo de ser e de estar no trabalho.

Para isso, elegi como principais interlocutores Lev S. Vigotski, Mikhail Bakhtin, Walter Benjamin, Jorge Larrosa, Alexis Leontiev, Christophe Dejours e Michel de Certeau. O que existe de comum entre eles que justifica reuni-los num mesmo trabalho? Embora esses autores não sejam tomados em relação à estrutura mais geral de suas obras, há tangenciamentos importantes entre eles. Todos mostram-se interessados em compreender a produção dos sentidos e os processos humanos de constituição da subjetividade. Subjetividade esta que tem sua gênese nas relações com o outro e com a cultura. A concepção que eles têm sobre pesquisa é convergente. Além do que, apresentam uma visão da história que não nega o cotidiano e a singularidade dos sujeitos.

Vigotski, Bakhtin e Leontiev são herdeiros de uma mesma tradição sócio-histórica. Para eles, o homem constitui-se imerso na cultura, isto é, nas experiências construídas histórica e coletivamente, bem como nas práticas sociais. Tratar de processos formativos e de constituição de sujeitos, em espaços coletivamente partilhados, implica, necessariamente, perguntar sobre as práticas sociais desses sujeitos, sobre os discursos que circulam entre eles e sobre as interações que se estabelecem no decurso desse movimento.

As funções psíquicas superiores, segundo Vigotski, criam-se no coletivo e são mediadas por mecanismos de significação e sentidos. Posteriormente, caminham para a individualização, quando se constituem como função psicológica da personalidade. Vigotski, ao se perguntar *o que é o homem*, dá-nos a chave para a compreensão dos sujeitos singulares e histórico-culturais. Tal como ele próprio responde em *O Manuscrito de 1929*, o homem *é a personalidade social = ao conjunto de relações sociais, encarnado no indivíduo (funções psicológicas construídas pela estrutura social)*, (VIGOTSKI, 2000, p. 33). A transformação que tanto Leontiev quanto Vigotski anunciam no plano ontogenético – a história pessoal – é um caso particular do que ocorre no plano filogenético – a história da espécie.

Há uma identidade essencial entre Bakhtin e Vigotski, Leontiev e, mesmo, Wallon, colegas da escola de Kharkov, que permite compreender uma sociologia do sujeito: *cada um de nós leva consigo o fantasma do outro*, real ou virtualmente presente em nossas vidas. As relações sociais geram efeitos singulares em cada sujeito. Os indivíduos são singulares não porque escapam do social, mas porque sua história pessoal vai sendo forjada na sua relação com o mundo, com os outros e com eles próprios. São *horizontes de possibilidades* que se abrem. Escolhas que vamos fazendo num permanente embate com e contra. A história pessoal está, assim, ao mesmo tempo, marcada pela singularidade e pela história humana, perspectiva que não é alheia a Benjamin, em toda a sua obra e, mais especificamente, nas suas teses sobre a História.

Vigotski e Bakhtin atribuem um papel central à interação verbal. Para eles cada sujeito se torna ele mesmo, por meio do outro. Essas teses e seus desdobramentos implicam a possibilidade de se compreender a constituição dos professores nos espaços formativos. Esses autores são considerados, portanto, pela contribuição original que deram à compreensão dos processos interativos e à questão geral da enunciação, da produção de sentidos, da identidade e da subjetividade. Ambos tematizam a emergência e o funcionamento dos signos na vida humana.

Recorrer a Bakhtin impôs-se não só pela necessidade de se examinarem os textos inventariados, mas também porque, para o autor, a palavra é o signo ideológico por excelência. As palavras captam e, conseqüentemente, indiciam os processos de constituição dos sentidos e dos sujeitos. Foi com base nos aprendizados principalmente, de *Problemas da poética em Dostoievski* (1997c) e *Questões de literatura e estética: a teoria do romance* (1998) que procurei cuidar da dimensão ética ao lidar com as enunciações dos professores.

A obra de Bakhtin gira em torno do eixo do eu e do outro. A vida, segundo o autor, é vivida na fronteira entre a experiência individual e o excedente de visão. O que vemos é determinado pelo lugar de onde vemos. Como sujeito, não posso ver em mim aquilo que é visto pelo outro, mas que pode me ser dado a ver pela narrativa do outro, pelo modo como este reage ao que digo e faço. Trata-se de uma necessária complementaridade de visões, de dentro para fora e de fora para dentro. O eu não tem existência própria fora do seu ambiente social – necessita da colaboração do outro para se constituir, para se definir e ser autor de si mesmo. Uma constituição dolorosa, porque *a palavra é arena de luta*, lugar de embate de múltiplas percepções sobre o trabalho, sobre a natureza, sobre o modo de viver, de dizer o mundo e de se dizer nele. Trata-se de um eu aberto e inconcluso, susceptível aos discursos compartilhados. Essa inconclusibilidade pode ser compreendida mediante a idéia de *acabamento estético*, proposta *em O autor e o herói*.

Embora ciente das divergências entre as correntes psicológicas no que se refere aos programas de pesquisa de Leontiev e Vigotski, mantive-os como interlocutores privilegiados. Enquanto Leontiev, na sua teoria da atividade, dá ênfase ao papel dominante da ação prática, Vigotski escolhe como unidade de análise a esfera simbólica e comunicativa da atividade humana. O primeiro constrói sua teoria da atividade fundando-se em Marx, baseado na 1ª tese de Feurbach, em que se concebe o mundo como atividade humana concreta e não como contemplação; o segundo prende-se à 6ª tese, que trata da origem social da consciência humana. Uma das críticas que se faz a Leontiev é a de que ele teria reduzido a consciência ao reflexo do externo, na medida em que baseia sua análise na atividade humana.

Em que pese às críticas, nenhuma delas pode ser analisada e julgada sem que se faça referência ao momento em que esses autores viveram e às condições de produção de seus trabalhos. Compartilho com Vladmir Zinchenko, em *Estudos socioculturais da mente* (1998), a idéia de que é adequado supor que não se trata de duas escolas, mas de duas linhas de pesquisa que tomaram unidades de análise diferentes, valendo-se de uma mesma base na filogênese e na ontogênese. Ao se confrontar o que Leontiev explícita em 1931, em *O desenvolvimento da memória* e, posteriormente, em 1978, em *O desenvolvimento do psiquismo*, com os escritos de Vigotski, especialmente em *Pensamento e palavra* e *A função social da mente*, percebe-se que são semelhantes seus pressupostos teórico-metodológicos. A consciência, para Leontiev (1978), é forjada na dependência essencial do modo de vida, baseando-se nas relações sociais existentes e no lugar que o indivíduo ocupa nessas relações.

Qual seria a contribuição de Leontiev às teses de Vigotski e Bakhtin, uma vez que são herdeiros de uma mesma tradição sócio-histórica? Para ele, todo ser humano é sujeito, mesmo que dominado e alienado. E é desse sujeito que ele se ocupa ao recuperar os sentidos do trabalho. Na construção do homem genérico, motivo e motivação no e para o trabalho são inteligíveis pela inteligibilidade da condição humana:

> É daí que é necessário partir: da condição de filho do homem, condição que faz dele um sujeito, ligado a outro, desejando, partilhando um mundo com outros sujeitos e com eles transformando esse mundo. Essa condição impõe ao filho do homem que se aproprie do mundo e construa a si mesmo, se eduque e seja educado. (CHARLOT, 2000, p. 49)

O sentido da atividade de um sujeito está na relação que ele estabelece entre o motivo – sua meta – e sua motivação – o que o leva a agir e orienta sua ação para alcançar a meta pretendida. A atividade é um conjunto de ações motivadas. Os sentidos são dinâmicos. Mudam-se os sujeitos, mudam-se os sentidos do mundo.

Pela educação continuada, os professores são inscritos em determinados tipos de relação com o mundo e com mundos particulares, com a escola, consigo mesmos e com os outros. Essas relações podem gerar tanto a *solidão* e a *invisibilidade* quanto à *visibilidade*, o *reconhecimento* e o *prazer* de um sujeito engajado no mundo.

Em Dejours e Leontiev, busquei compreender o paradoxo entre sofrimento e prazer, duas dimensões igualmente presentes na docência. Certeau foi eleito por voltar-se para os sujeitos ordinários que, cotidianamente, como *formigas e equilibristas*, inventam as *artes do fazer, do morar e do caminhar*. Os sujeitos, em Dejours e em Certeau, apropriam-se e reapropriam-se do mundo, constroem desvios, deslocam o que está posto no dia-a-dia, usam de uma inteligência prática herdada da experiência, criam e recriam outros modos de exercer seu trabalho. Essa *inteligência astuciosa* ou desviante de que fala Certeau está na origem da discussão de Dejours sobre a inteligência prática. Em *O fator humano*, esse autor analisa mais explicitamente os efeitos dos jogos que ocorrem no espaço cotidiano do trabalho concernente à *visibilidade*, ao *reconhecimento* e à *confiança*. De novo, encontra-se a relação entre o eu e seu outro.

Enquanto Certeau em *Artes de fazer* e em *Morar e cozinhar* se ocupa mais explicitamente do cotidiano e do miúdo que constitui a vida humana, Dejours restringe-se à lida dos homens no mundo do trabalho. Em ambos, os sujeitos ordinários apropriam-se do mundo de um jeito silencioso, produzindo pequenos ruídos ou apagando as marcas com e contra os formadores e, apesar destes. Com astúcia, o fraco luta na invisibilidade, constrói alianças, busca reconhecimento, dá visibilidade a seu trabalho. O grupo é ancoragem para se constituir como autor, embora cada um siga enunciando-se de um modo pessoal. São *fundadores de discursividades*. (FOUCAULT, 1997, p. 58)

Dejours também se volta para a questão do significado e da produção dos sentidos. Em *A loucura do trabalho* (1992), elegeu a categoria de *drama* como central para se pensar o sujeito e a personalidade – categoria criada por Politzer e citada por Vigotski, em *O manuscrito de 1929*. O medo e a solidão são analisados por Dejours ao longo de sua produção. É nesse autor que se encontra um amplo estudo sobre como os trabalhadores agem no trabalho – ancoragem para compreender que os problemas concretos não podem ser resolvidos com a exclusividade dos conhecimentos dos formadores. O trabalho confronta os professores precisamente com o mundo real e não só com situações-padrão, artificial e idealmente construídas. Toda situação de trabalho implica uma excursão fora da norma, fora da tradição. Comporta uma atitude de desvio e transgressão, idéia igualmente presente em Certeau.

Dejours, Certeau e Bakhtin não só toleram a diferença como fazem dela objeto de investigação. Recorrendo a Stam (1992), pode-se dizer que Bakhtin respeita e aplaude a diferença. Não poderia ser de outro modo, dado que as categorias-chave deste autor são a carnavalização, a polifonia e o dialogismo.

Para Vigotski, Bakhtin, Benjamin e Larrosa, a linguagem não é apenas mediação pela qual se rememora. Ela é constitutiva do pensamento, da experiência humana e fundamental na construção da história – *Pensa não o pensamento, pensa a pessoa* (VIGOTSKI, 2000, p. 33). Rememorar e narrar não um passado que se basta a si próprio, mas a vida de pessoas reais, anônimas, ordinárias e que ficam esquecidas – é o que se pode ouvir, igualmente, de Certeau, de Benjamin ou de Larrosa.

Segundo Vigotski, o desenvolvimento da memória mediada pelos signos é uma característica dos humanos e produto da cultura. Enquanto, para a criança, *pensar significa lembrar*, para o adolescente ou adulto, *lembrar é pensar*. Memória, narrativa e experiência unem Vigotski, Benjamin e Larrosa. A concepção de narrativa em Benjamin está relacionada com seu conceito de experiência (*Erfahrung*). *Erfahrung* vem do radical *fahr*, que, em alemão significa "percorrer", "atravessar uma certa região durante uma viagem" (GAGNEBIN, 1999, p. 57). Para o autor, o sentido de experiência aproxima-se da idéia de viagem, de caminho e – quem sabe? – até de ultra-passagem, porque implica passar por. A *Erfahrung* é como um rio que não empoça, escorre, que não se fixa, espraia. Conhece outros domínios, encontra outras águas.

Ainda que não trate a questão do sujeito numa perspectiva histórica, Larrosa (1998) entende a experiência como viagem de formação, que consiste em refletir sobre *aquilo que nos passa* (1998). Como o marinheiro de Benjamin, o narrador sai de si e volta a si transformado. O mesmo tema é tratado por Bakhtin (1997b, 1997c) quando discute o *eu-para-mim*, o *eu-para-o-outro* e o *eu-para-nós*. O *eu-para-mim* é aquele que não pode passar sem o outro e seu reconhecimento; o *eu-para-o-outro* é o que tem reflexo no outro, é um outro que pode tirar lições da experiência narrada; e o *eu-para-nós* o que, ao voltar transformado, já não é mais o que saiu: *O eu se esconde no outro, nos outros, quer ser o outro para os outros, entrar até o fim no mundo dos outros como outro, rejeitar o fardo do eu único no mundo (o eu-para-mim)* (BAKHTIN, 1997b, p. 388).

Esses autores ecoam e fazem sentido neste trabalho, portanto, a partir do contato que fui tendo com eles e do que se tornou possível apreender deles – conexões. É com base na concepção de formação do ser humano, de constituição de sujeito incompleto, inconcluso e diverso, e de produção de sentido que se justificam esses autores e não outros.

O caminho das pedras

> Crer que se pode fazer progredir uma pesquisa científica aplicando-lhe um método-tipo porque deu bons resultados em outra pesquisa da qual era co-natural é uma estranha cegueira que pouco tem a ver com a ciência.
>
> Antonio Gramsci

Com essa discussão, pretendo apresentar o percurso realizado e, inevitavelmente, expor as opções e os dilemas da pesquisadora ante a decisão de tomar como objeto de estudo uma experiência de que fora, também, protagonista. Dessa coincidência nem sempre consensual e harmônica, resulta uma pesquisa com um estatuto epistemológico diferente daquele que, tradicionalmente, rege certo tipo de pesquisa científica. É de praxe que o pesquisador oriente suas ações por um método definido *a priori*. A aplicação sistemática e racional de um esquema de interpretação dos dados costuma ser a prova da autoridade, da validade e da seriedade de uma pesquisa. Em função dessa lógica, ensina Santos (1981, p. 10):

> O pesquisador deve, então, demonstrar que detém a herança legada pelos que o procederam no mesmo campo, que emprega as ferramentas adequadas, que sabe melhor que ninguém iluminar seu objeto de análise. Em suma, deve justificar, para si próprio e para os outros, o fundamento de sua conduta – porque vai se comportar como o dono da situação. Ora, não se domina uma situação exibindo as fraquezas, as hesitações, o vôo cego. A parada exige a evidência de um pensamento bem construído, a coerência sem brechas, o brilho da razão. Por isso, talvez, os capítulos metodológicos nunca tratam da trajetória de uma pesquisa, excluindo o que é realmente o motor do trabalho, isto é, a inquietação e a dificuldade que se apresenta ao sujeito de ter de pensar a complexidade dos fenômenos sociais. Talvez por isso também nos entregam um quebra-cabeça realizado, onde conceitos teóricos e fatos empíricos se encaixam maravilhosamente.

Compartilho da idéia de que não existem receitas nem fórmulas para se prosseguir na pesquisa em Ciências Sociais. *Cada pesquisa constrói sua "ciência" e gera sua própria estratégia metodológica, seu processo experimental.* (FERRARA, 1999, p. 162)

A idéia de que é preciso definir uma pergunta para prosseguir numa investigação tornou-se, inicialmente, muito incômoda, uma vez que esta pesquisa não possibilitou de saída uma pergunta, mas uma história – em Heródoto, a etimologia da palavra história significa "investigação". Uma história que remeteu a outras e, só então, suscitou perguntas. Perguntar sobre uma experiência faz parte do processo de compreensão dela. Perguntas e caminhos foram sendo indiciados na medida em que o que se julgava perdido foi sendo recuperado. Desse modo, o mapa ou o caminho não pôde ser antecipado. Este trabalho remete mais ao gesto do arqueólogo que vasculha um sítio à procura de fragmentos, que, encontrados, são cuidadosamente examinados, limpos e dispostos junto a outros, com que comporão partes de um jarro, de um objeto de adorno ou de uma ferramenta, que já não existe mais como totalidade. Reunidos, os fragmentos promovem uma aproximação do que foi e deixam questões abertas não só em relação às lacunas que persistem, mas também em relação ao presente de que são partes, ainda que esquecidas. Nos objetos materiais – um jarro, por exemplo –, os fragmentos deixam vazios que podem ser preenchidos pela imaginação, porque, no presente, é possível imaginar-se uma completude perdida. Nas experiências vividas, há vazios já no começo e no presente de sua existência. A completude apenas lhe é atribuída *a posteriori* por interpretações e memórias:

> Não importa se o relato se adapta ao testemunho de outros. Nós não estamos à busca de temas ontologicamente obscuros, como saber se o relato é "auto-enganador" ou "verdadeiro". Estamos interessados apenas no que a pessoa pensou que fez, para que ela pensou que fazia alguma coisa, em que tipo de situação ela pensou que estava, e assim por diante. (BRUNER, 1997 b, p. 103)

Como não é possível apreender o *acontecimento* em si, tenta-se aproximar dele pela via da interpretação[1]. Portanto não está em questão a veracidade ou a falsidade dos acontecimentos narrados. O acontecimento é apenas uma versão, dada a ver pela narrativa. Na medida em que várias versões se cruzam,

---

[1] A noção de acontecimento estará sendo considerada, neste texto, como em Bakhtin (1997b), para quem o mundo é algo que existe como acontecimento aberto de que os homens participam e não algo já concluído (p. 404). A mesma noção pode, também, ser encontrada em *A arqueologia do saber* de Foucault (1997).

aquelas que são próximas umas das outras não tornam aquela parte mais verdadeira ou menos verdadeira que outras menos parecidas. Porque a noção de verdade está sendo tomada não como algo dado ou que pré-existe, mas como noção de verdade com construção.

É possível compreender a construção desta investigação valendo-se de dois paradigmas[2]. Um deles refere-se a uma visão filosófica e epistemológica da narrativa como *argumento auto-interpretativo daquilo que nos passa* (LARROSA, 1996). O outro insere-se no raciocínio abdutivo, denominado indiciário por Ginsburg (1989) e utilizado por Isaias Pessotti (1996), Edgar Allan Poe (1997) e outros.

A construção do objeto na dinâmica arqueológica: inventariando os dados

> Nas velhas pastas encontram-se novas soluções
> e lentamente abrindo os olhos
> vi uma relação antiga que começa a fazer sentido.
> Precisou o tempo passar para ficar claro
> o que significam os fragmentos das paredes interiores.
>
> Duke Lee

Por se tratar de um grupo que já interrompeu as atividades em estudo, foi necessário promover uma busca arqueológica, vasculhar baús, remexer os (guar)dados e recuperar sua história. Se por um lado as condições de produção dos dados e a distância do acontecimento no tempo dificultaram a arqueologia dos dados, por outro possibilitaram a extraposição[3]. Foi possível reencontrá-los pelo paciente gesto de recolher peças e remover-lhes o pó depositado com que o tempo; raspar de leve, camada por camada, e desvelar o que havia se acomodado embaixo delas; desfazer as nervuras do tempo que, propositalmente ou por acaso, se dobraram sobre o que precisava ser dito; organizá-las de modo a construir e reconstruir

---

[2] Paradigma aqui está sendo entendido como ponto de vista epistemológico geral, que orienta um modo de ver e de se prosseguir numa investigação.

[3] *Extraposição* deve ser entendida a partir do princípio da *exotopia* de Bakhtin, como exposta em *O autor e o herói*, e diz respeito à condição concreta de um sujeito se situar fora de si, que se fundamenta no excedente de visão que ele tem do outro e que o outro possui, também, dele, e de certa carência, uma vez que aquilo que o sujeito não pode ver em si, pelo lugar que ocupa, só lhe é dado pelo outro. O conhecimento que se tem do outro é dado pela posição que se ocupa no mundo. *Devo identificar-me com o outro e ver o mundo através de seu sistema de valores, tal como ele o vê; devo colocar-me em seu lugar e depois, de volta ao meu lugar, completar seu horizonte com tudo o que se descobre do lugar que ocupo, fora dele; devo emoldurá-lo, criar-lhe um ambiente que o acabe mediante o excedente de minha visão, de meu saber, de meu desejo e de meu sentimento.* (BAKHTIN, 1997b, p. 45)

um sentido do todo a partir de cada fragmento, num jogo de contínuo cotejamento.

O inventário desses documentos resultou em fragmentos esparsos, da esfera tanto do documentado quanto do que foi não-documentado, mas igualmente indiciários da nossa história narrada (EZPELETA; ROCKWELL, 1989). Os primeiros apresentam aquilo que pôde e deveu deles constar, seja para motivar e justificar as negociações e conquistas do grupo, seja para assegurar o espaço de realização de nossas utopias. São constituídos por documentos oficiais – como propostas de formação, artigos publicados, registros em anais de encontros de professores de Química e outros. O não-documentado compõe-se de peças desconexas: cadernos de anotações, agendas, fitas gravadas, bilhetes de alunos, telegramas, presentes de colegas, fotografias de comemorações de Natal e aniversários, convites de casamentos e cartões de despedidas, entre outros. A memória também foi considerada como fonte. Ela está prenhe de sentimentos e de significados construídos nos acontecimentos. São significados que não se fixam, pois, a cada retorno ao acontecimento – lembrança –, novos matizes se acrescentam à memória do fato, fazendo lembrar/esquecer outros.

Iniciei o reconhecimento de parte dos dados pelo material empírico composto de um conjunto de fitas de áudio correspondente a duas reuniões do grupo, realizada em 1995 – aqui denominada *reunião de avaliação e planejamento da capacitação* e identificada pelo código *RA/95* e outra realizada por iniciativa da Direção Educacional da Fundação, ocorrida em 1996 – denominada de *reunião de avaliação sobre a capacitação* e identificada pelo código *RA/96*. A Direção Educacional enuncia, no início da reunião, o desejo de ouvir o grupo para conhecer o motivo de seu funcionamento: por que éramos tão unidos e presentes? Qual era a especificidade ou natureza do trabalho de formação no grupo de Química? O que nos diferenciava dos demais? Motivados a falar, os professores reafirmam e justificam a necessidade da manutenção do grupo, fornecem elementos que fundamentam seu sucesso.

Da descrença inicial com a pesquisa pela inexistência de dados, passei a conviver com a inquietação do que fazer com tantos dados. Um dado evocava outro, que evocava outro, que evocara tantos outros.

Dispondo as peças do achado arqueológico

> A lembrança da vida da gente se guarda em trechos diversos, cada um com seu signo e sentimento, uns com os outros acho que nem não se misturam. Contar seguido alinhavado, só mesmo sendo as coisas de rasa importância.
>
> *Guimarães Rosa*

A cada novo dado encontrado, a definição do problema parecia-me mais complexa em decorrência da auto-imposição de se tentar construir uma visão mais global do processo. A atitude mais fácil seria esquartejar a experiência, isolando pelas fontes o recorte dos dados.

Dois caminhos foram, inicialmente, vislumbrados para promover a análise dos dados: o primeiro aproximava-se da análise de conteúdos; o segundo sugeria caminhar pelas enunciações.

Com base nos estudos de Bakhtin (1997a, 1997b, 1997c, 1998, 1999), pude compreender os limites da análise de conteúdo em que os sentidos são estabelecidos *a priori*, como se coagulados, transparentes e unívocos no tempo e nas suas condições de produção. Isso foi descartado para não comprometer a apreensão dos sentidos que se configuram na circulação das idéias.

Guardar o nexo entre conteúdo e forma concorreu para manter a articulação entre o que se diz e o modo como se diz, já que estes, em sua gênese, não estão separados. Para Vigotski e Bakhtin, a palavra é o signo ideológico por excelência, registra as menores variações das relações sociais e, por isso, presta-se como indicador das transformações, registrando a transição das mudanças sociais:

> As palavras desempenham um papel central não só no desenvolvimento do pensamento, mas também na evolução histórica da consciência como um todo. Uma palavra é um microcosmo da consciência humana. (VIGOTSKI, 1999, p. 132)

> As palavras são tecidas a partir da multidão de fios ideológicos e servem de trama às relações sociais nos diferentes domínios. Elas se constituem no indicador mais sensível das transformações sociais na medida em que são capazes de registrar as fases transitórias mais íntimas, mais efêmeras das mudanças sociais. (BAKHTIN, 1997a, p. 41)

Minha hipótese de análise foi a de que alguns dos sentidos possíveis de se configurar não deveriam residir exclusivamente nas palavras pronunciadas pelos professores, mas na relação com a exterioridade em que aquelas enunciações se foram produzindo. Os sentidos não estão dados, são permanentemente construídos na dinâmica interlocutiva, funcionam e significam nas condições específicas de produção:

> Não há um "sentido em si". O sentido existe só para outro sentido, com o qual existe conjuntamente. O sentido não existe sozinho (solitário). Por isso não pode haver um sentido primeiro ou último, pois

> o sentido se situa sempre entre os sentidos, elo na cadeia do sentido que é a única suscetível, em seu todo, de ser uma realidade. Na vida histórica, essa cadeia cresce infinitamente; é por essa razão que cada um dos elos se renova sempre; a bem dizer, renasce outra vez. (BAKHTIN, 1997b, p. 386)

Os dizeres estão marcados pelo lugar que os sujeitos ocupam, pelas relações de poder configuradas entre eles, pelas expectativas recíprocas produzidas entre interlocutores quanto ao que se deve/pode dizer, pelas experiências históricas que funcionaram como memória ou já-dito, pelo que não foi dito e poderia ter sido, pelo que foi dito em outros lugares e que deslizam e afloram noutros dizeres. O dizer tem história e os sentidos estão tanto aquém como além das palavras:

> podemos dizer que o sentido não existe em si, mas é determinado pelas posições ideológicas colocadas em jogo no processo sócio-histórico em que as palavras são produzidas. As palavras mudam de sentido segundo as posições daqueles que as empregam. Elas "tiram" seu sentido dessas posições, isto é, em relação às formações ideológicas nas quais essas posições se inscrevem. (ORLANDI, 2000, p. 42)

Considerando-se, com base em Bakhtin (1997a), que as situações em que se produz o dizer não se encontram isoladas daquilo que se enuncia, os signos e a situação social estão indissoluvelmente ligados:

> Pois para a apreciação cotidiana e para adivinhar o significado verdadeiro das palavras de outrem, pode ser decisivo saber-se quem fala e em que precisas circunstâncias. A compreensão e o julgamento cotidiano não separam a palavra da pessoa totalmente concreta do falante (o que é possível na esfera ideológica). Além disso é muito importante situar a conversação; quem esteve presente no ato, que expressão tinha, como era sua mímica ao falar, quais as nuanças de sua entonação enquanto falava. (BAKHTIN, 1998, p. 141)

Custou-me perceber que o conjunto dos dados compunha uma só narrativa. Nem isso, nem aquilo, mas a história narrada pelo conjunto de dados dessa arqueologia. A arqueologia, a organização do inventário, a narrativa e o encontro com os autores possibilitaram estabelecer melhor cronologia dos acontecimentos e melhor reconhecimento dos dados.

As leituras sedimentaram certezas, levantaram dúvidas, descartaram crenças, iluminaram a busca. Nesse processo, os teóricos não só orientaram, como também desorientaram modos formatados de ver e de teorizar. Substanciaram idéias e desencarnaram muitas outras. *Viraram do avesso o meu familiar direito.* Em vez de partir de uma teoria geral de formação para iluminar e dar sentido à experiência, a própria experiência foi eleita como motivo da investigação.

O procedimento de narrar a trajetória do grupo foi útil no retorno à busca arqueológica para completar lacunas identificadas na cronologia dos acontecimentos e na constatação de que era necessário dar a ver as condições de produção deles. Concomitantemente, as leituras realizadas foram compondo a partitura e possibilitando o tecido textual. Valendo-me do trabalho de recomposição histórica, oralmente narrada a terceiros e posteriormente escrita, foram surgindo as primeiras lições que poderiam ser extraídas da experiência vivida – dados e categorias que não me foram dados, mas construídos. Assim, as categorias de análise não emergiram do puro acaso, mas resultaram do trabalho árduo de ler os dados, de dar sentido a eles, ao mesmo tempo que, confrontada com a literatura, fui desafiada a buscar novos indícios.

Muitas categorias foram-me ditas pelos meus interlocutores – como, por exemplo, *motivo e motivação, acabamento estético e mundo ético, de invisibilidade, visibilidade e autoria*[4]. Outras foram construídas com base em autores que tematizam o cotidiano, as interações e os sujeitos. Baseando-me em uma visão equivocada do grupo como uma massa amorfa e lugar de consensos, acreditei, a princípio, que o consenso entre os membros de um grupo era o estofo com que se alavancava o desenvolvimento profissional. Entretanto meu encontro com os estudos de Certeau e Dejours aguçou a percepção da necessidade de buscar, nas enunciações, as marcas das singularidades e dos dissensos. Maior intimidade com o conjunto dos dados provocou um deslocamento no modo de compreender que um projeto, concebido como homogeneizador das práticas, produziu sentidos diversos e constituiu singularidades. Desse encontro, surgiu outra necessidade: a de compreender o paradoxo entre subjetividade e identidade. Como tratar sujeitos singulares que, em muitos momentos, se anunciam como coletivo de identidade? Que relação existe entre o singular e o plural?

Assim, os indícios encontrados na experiência permitiram dialogar com as teorias, construir hipóteses e extrair lições: *Associar o que nunca pensáramos antes associar* (FERRARA, 1999, p. 161). Entretanto não se admitiu qualquer associação. Mesmo uma história sendo muitas, não se pode extrair dela qualquer lição. Os episódios escolhidos fornecem o tema. A solidão, por exemplo, foi selecionada

---

[4] Devo aos professores João Wanderley Geraldi e Lucília R. de Souza Machado essas contribuições.

dos episódios de fala dos professores e narrada na história da professora que a formadora foi. Posteriormente, esse tema foi desenvolvido à luz dos teóricos na Primeira lição – intitulada *Solidão e trabalho*. Essa lição evocou a questão do sofrimento e, por conseqüência, fez emergir o tema da resistência no contato com as contribuições de Dejours. Outras categorias de análise como autonomia e prazer foram apreendidas por sua recorrência nas enunciações do grupo.

A centralidade da avaliação como eixo da formação também foi flagrada pela sua recorrência nos dados – são fichas de avaliação, reuniões de avaliação, estudos sobre o tema e outros. Que papel a avaliação desempenha na organização do trabalho pedagógico, nos projetos de educação continuada e na (des)continuidade dos programas de formação continuada?[5] A configuração de algumas lições possibilitou a conexão com novos autores e teorias. A compreensão da experiência resulta, pois, do entrecruzamento de muitos textos. Nesse entrecruzamento, categorias e autores foram se fazendo mais relevantes e se consolidando como interlocutores. Outros referenciais, outros os dados se tornam.

Poderiam ser outras as categorias selecionadas? Seguramente que sim. Como já explicitado, o nosso modo de ver e de dizer está marcado pelas relações que se estabelecem, pelos encontros com autores e textos, pelas experiências de vida, pelos valores e normas de conduta que, marcados ideologicamente, se vão impondo. Enfim, pelo lugar que se ocupa na trama da vida. São modos de "ler", de viver e de dizer.

Examinando os achados: as condições de produção dos dados e dos sentidos

> O dado é freio para a divagação sem sentido, descontrolada.
> Sua existência impede o analista de fabricar seu objeto,
> impede o analista de defender atitudes completamente subjetivas
> (por exemplo, que cada leitor pode ler do seu jeito, sem
> levar em consideração que há, independentemente dele, um conjunto de
> critérios históricos e sociais, alguns inclusive inscritos na própria língua).
> Em resumo, o dado é o limite para o subjetivismo desvairado.
>
> Sírio Possenti

Examinar as condições sociais de produção dos dados permite ao estudioso aproximar-se da constituição histórica dos sentidos nelas configurados. Qual é a origem e a natureza dos dados inventariados?

---

[5] Sobre o papel da avaliação nas condições de produção neoliberal que se está vivenciando nas escolas, ver, por exemplo, Freitas (1995) e Geraldi (1999).

Muitos dos documentos inventariados apresentam registros incompletos. Por que, mesmo preocupada em registrar o trabalho do grupo, não resguardei a qualidade dos registros? Ou melhor, que qualidade aqueles dados lacunares, do ponto de vista de hoje, tiveram para o grupo? Quais seriam os sentidos de tais lapsos? O que isso revela sobre as pesquisas interessadas em construir uma epistemologia da prática? São esses lapsos indicadores de diferenças existentes entre o trabalho do pesquisador, que tem por objeto o trabalho do professor, e o trabalho do professor, que, na condição de pesquisador, busca alimentar e movimentar sua prática. E ambas as vertentes distanciam-se da condição da pesquisadora que estuda o trabalho docente nas duas perspectivas[6].

O dado é o que acontece, não o que deveria acontecer nem o que está faltando (PERRONI, 1996, p. 22). A falta do dado também é um dado e trabalha-se com ela. O que essa falta indicia para a compreensão dos processos de reflexão e pesquisa que orientam os professores, como sujeitos ordinários do seu fazer e do seu pensar?

O dado por si só não fala. Do mesmo modo que permite interpretações e teorizações, regula, constrange e limita nossos delírios. Qualquer que seja sua natureza e origem, ele existe, independentemente da pesquisadora e apesar das coincidências entre esta e a questão pesquisada.

Em que condições se deram as enunciações contidas nas fitas das reuniões de avaliação de 1995 e 1996 – *RA/95 e RA/96*? Os professores, ao produzirem seus enunciados, fazem-no como diálogos sociais balizados pela presença do outro e socialmente contextualizados naquilo que pode/deve, ou não, ser dito. Mudam-se as situações, mudam-se os conteúdos e os modos de dizer. Embora as fitas de 1995 e 1996 digam respeito a processos de avaliação, a principal diferença entre elas decorre das condições sociais específicas em que foram produzidos e dos atores que deles participaram.

As fitas de 1995 correspondem à primeira gravação de reunião do grupo. Decorreu da curiosidade que este vinha despertando entre colegas de outras redes de ensino. Essa curiosidade alertou para o fato de que o trabalho de formação poderia ter relevância social e valor acadêmico. Conseqüentemente, seu re-

---

[6] Para maiores esclarecimentos sobre o estatuto epistemológico da pesquisa que os professores realizam sobre suas práticas, bem como sobre o *status* que a pesquisa acadêmica desfruta ante a pesquisa-ação, sugiro, especialmente, a leitura da publicação da Mercado das Letras, de 1998 de dois capítulos de *Cartografias do trabalho docente*, uma produção conjunta do GEPEC. Os dois capítulos são de autoria de John Elliot e Kenneth Zeichner, ambos traduzidos por Elizabete M. Pereira e intitulados, respectivamente: *Recolocando a pesquisa-ação em seu lugar original e próprio* e *Para além da divisão entre professor-pesquisador e professor acadêmico*.

gistro justificava-se para que pudesse ser futuramente objeto de investigação. Essa reunião, por ser de avaliação e planejamento, pareceu-me representativa da dinâmica do grupo. Havia pesquisadores interessados em saber se éramos "professores-pesquisadores" – fazíamos ou não fazíamos pesquisa?

As cinco fitas desse conjunto correspondem à avaliação do trabalho numa reunião de rotina, exceto pelo fato de ter sido gravada. Deu-se no espaço interno do grupo, quando já havia decorrido um longo tempo de convivência e de acomodação das mudanças, em que se vinham configurando relações de afeto, respeito e confiança entre pares, e o projeto gozava de significativo apoio institucional.

Para a realização dessa reunião, foi solicitado, com antecedência, que os professores levassem anotações prévias do que tinham vivenciado nas escolas, apontando os problemas e sugestões já identificados com os alunos. Nem todos o fizeram por escrito, mas cada um teve sua vez de fazer a própria avaliação, sendo interrompidos e tendo suas falas atravessadas por outras vozes. Alguns começavam sua avaliação pela leitura do que escreveram, desenvolvendo-a ora abandonando os apontamentos, ora retomando alguns de seus escritos. As avaliações individuais foram introduzidas nos dois turnos – manhã e noite – de modo bastante semelhante a partir das seguintes orientações:

> **ME**: Vamos discutir hoje como a gente está vendo o nosso trabalho nesse primeiro bimestre. O que foi desenvolvido com os alunos em sala de aula, onde teve problemas, quais os tipos de problemas, o que vocês pensaram em fazer, as sugestões dos alunos e o que vocês acham que não procede. E, num segundo momento, nós vamos fazer uma avaliação dessas reuniões nossas, desse trabalho que a gente vem fazendo. Esse trabalho iniciou-se em setembro de 1993. Nós temos algumas pessoas aqui que iniciaram com a gente naquela época, lá em 93, outros são mais recentes. Nós queremos com essa avaliação que vocês reflitam um pouco sobre a prática de vocês após essas reuniões nossas. Com essas reuniões, o que mudou, se mudou e por que mudou. Podemos correr a roda. Vocês já têm algumas coisas anotadas. Se não quiser falar não tem problema, podem fazer uma outra avaliação por escrito e depois vocês me entregam. Quem gostaria de começar? (RA/95)

O fato de alguns acharem que deveriam apresentar-me uma avaliação por escrito criou, no início da reunião, certo constrangimento, assim explicitado por uma das professoras quando de sua fala:

> **Ademilde**: Essa dificuldade [do aluno] em escrever, nós até comentamos, que a gente também tem. Na hora que eu cheguei, que falou que tinha que escrever, eu pirulitei naquele canto ali e fiquei doidinha.

Vim cá, colei da Eliana, olhei de um, de outro. Então a gente tem uma resistência muito grande. Eu gosto muito de falar, mas escrever, infelizmente, eu não sou acostumada. E o aluno, também, tem isso. (RA/95)

A dinâmica da reunião foi deixando todos menos tensos, possibilitando-lhes fazer suas intervenções. Suas práticas eram bastante recorrentes nas enunciações tendo em vista a orientação inicial de se tomar o próprio fazer como referência para a avaliação. Baseando-se nas questões suscitadas pelos grupos, era destacado o que aprofundar, as ajudas a ser buscadas, e pautavam-se os temas de estudo.

Um mecanismo recorrente de inclusão de professores novatos no grupo foi o de fazê-los referenciar suas falas em momentos vividos desde a constituição inicial do grupo. Com isso, esses professores podiam acompanhar os deslocamentos em processo no grupo. Faziam referências às suas trajetórias e mudanças nas práticas pedagógicas, ancorando suas falas numa *memória de passado*. (BAKHTIN, 1997a)

Alguns nomes iam sendo sugeridos como forma de encorajamento. Outros iniciavam suas avaliações espontaneamente. O posicionamento individual deveu-se à dinâmica de deslocar o gravador para junto de quem estava, preferencialmente, com a palavra. Como o grupo era grande, a qualidade da gravação ficaria comprometida se isso não fosse feito. Apenas um professor se omitiu de fazer sua avaliação:

ME: Roberto?

Roberto: Hum.

ME: Roberto?

Roberto: Hum.

ME: Sua avaliação.

Roberto: Eu não fiz por escrito.

ME: Não, mas agora é falada.

Roberto: (Risos)

ME: (Risos)

Roberto: Vamos deixar para outro dia.

ME: Não, vamos falar. Como que foi seu trabalho nesse bimestre? Como você avalia seu trabalho?

Roberto: (Silêncio. Raspa a garganta, suspira.)

ME: Melhor do que o ano passado?

Roberto: Acho que não vai sair não.

ME: Igual do ano passado? Ahm?

Roberto: Acho que não vai sair não. Vou perder meu emprego na FUNEC (ri). Acho que não vai sair não.

ME: Por quê?

Roberto: Não vai sair. *(Silêncio – suspira e fica calado).*

ME: Não quer fazer a avaliação?

Roberto: Não, porque não vai sair agora no momento.

ME: Tá bom. (RA/95)

Ainda hoje me indago: Que vozes povoaram o seu silêncio, Roberto?[7] As condições de interação, supostas como suficientemente abertas para que cada um se expressasse livremente, não se traduziram na prática como tal. A recusa desse professor pode ser compreendida como mecanismo de ocultamento daquilo que não pode, nem deve ser dito. Ainda que se tratasse de uma avaliação realizada pelos sujeitos interessados, esse silêncio é exemplar das tensões inerentes à *microfísica dos saberes e poderes* que perpassam os processos avaliativos e põe em questão o clima geral dessa avaliação, tal como se acreditava que deveria ser. (FOUCAULT, 2000)

As fitas de 1996 foram gravadas em outras condições de produção e por motivo diverso. Registraram uma reunião que fugiu do procedimento de rotina, porque não contou com antecipação de pauta e porque foi convocada e realizada pela Direção Educacional. Sua origem esteve marcada pelo suspense em torno da continuidade do projeto e da manutenção do grupo. Teve como eixo principal a avaliação *sobre* o trabalho, ao contrário das outras do grupo que eram reuniões *de* trabalho e *do* trabalho, além de autoconvocadas e coletivamente pautadas.

Todos pareciam cientes de que, a partir dali, poderia surgir um processo de ruptura do grupo. Daí, a necessidade de se documentar o episódio. Os professores prepararam-se com antecedência, inclusive armando-se de fitas e gravador. E tiveram o cuidado de informar à Direção que estavam gravando. Outro indício das mudanças que se avizinhavam pôde ser confirmado no início da reunião, pelo modo como foi enunciada a continuidade do trabalho por um membro da Direção Educacional:[8]

Marta: Cada Diretor ficou responsável por fazer a reunião com um grupo. Como eu passei cinco dias com vocês em Campo Grande, achei que devia ser eu a responsável por essa reunião. O objetivo

---

[7] O nome verdadeiro do professor foi omitido em respeito ao seu silenciamento.

[8] A diretora em questão será identificada, no caso, como Marta, visando-se a manter anônima sua real identidade.

dessa reunião é o seguinte: nós vamos levantar propostas e questões do grupo de Química. A continuação...Nós sabemos que tem uma eleição [municipal] e não sabemos quem vai ganhar. Então vamos fechar alguma coisa agora. Nós vamos fazer uma avaliação desse trabalho, seus objetivos e ver se tem alguém do grupo nosso...Inclusive a FUNEC e eu...Eu acho o seguinte: o grupo tem quatro anos reunindo toda terça-feira. É o grupo mais forte. Quando eu falo mais forte, é que toda terça-feira é um grupo que está, assim, firme desde o início e com presença de quase 100%. E nós vamos fazer este trabalho hoje. Eu estou pensando o seguinte...A continuação... Eu gostaria de estar ouvindo vocês hoje.

Moacir: Ô, Marta?

Marta: Pois não!

Moacir: Isso aqui é uma reunião de avaliação, né?

Marta: Se todo mundo falar, nós não vamos sair daqui. O que um falar, quero pedir para o outro não repetir...

Moacir: Não. É o seguinte: todo final de ano a gente faz uma reunião de avaliação e nós gravamos essa reunião para a gente depois poder... Então é permitido que a gente grave esta também? Porque isso aqui é uma reunião do grupo.

Carmem: A gente faz uma análise para saber o que está sendo válido...Fazer uma análise construtiva disso. Sempre fazemos assim com nossas avaliações... Depois...

Moacir: E por isso estamos gravando. (RA/96)

Num momento de incertezas quanto à continuidade do grupo e à manutenção da consultoria, não seria prudente os professores apresentarem dissonâncias, fragilidades e problemas. Então, resguardam-se mais quanto ao que é dito, restringindo-se especialmente aos aspectos positivos do grupo e aos condicionantes externos – tais como perda de alguns pares, renovação do quadro docente, atrasos dos salários, e outras queixas funcionais. Ressaltam o prazer e o sentido do trabalho para eles e para seus alunos.

Portanto, mesmo que as duas reuniões digam respeito a momentos de avaliação, os problemas apresentados e discutidos são bastante diversos. O que pode ser dito/silenciado em um grupo em plena atividade e ascensão não é o mesmo que pode ser dito/silenciado numa reunião realizada em uma condição de incerteza quanto à continuidade das atividades desenvolvidas. A avaliação efetiva-se de modos diferentes em cada uma das reuniões por sua intencionalidade diversa. São distintas as condições de quem diz, do que se diz, para quem se diz e por que se diz.

Sobre a estranheza de se contarem histórias ou da narrativa como mediação

> Tem uma história que já contei outras vezes e que gostaria de contá-la novamente. Um certo sujeito desejava conhecer a mente, não *in natura*, mas no seu grande *Personal Computer*. Ele pediu ao computador (seguramente no seu mais puro *Fortran*): analise como você pensaria se você fosse um ser humano. A máquina, então, se pôs a trabalhar para analisar os próprios hábitos de cálculos. Afinal, imprimiu a resposta em uma folha de papel, como fazem estas máquinas. O homem correu para ver a resposta e encontrou nitidamente impressa as seguintes palavras: isto me lembra uma história.
>
> Uma história é um pequeno nó ou complexo daquele tipo de conexão que chamamos pertinência. Nos anos sessenta, os estudantes lutavam pela pertinência e, ao meu ver, qualquer A é pertinente a qualquer B se A e B são ambos partes ou componentes da mesma história.
>
> Novamente a conexão se nos apresenta com mais de um nível: primeiro, a ligação entre A e B pelo fato de serem componentes da mesma história. Depois, a conexão entre as pessoas, já que todos pensam em termos de história. (Porque o computador tinha mesmo razão: é assim que pensam as pessoas).
>
> Gregory Bateson: *Mente e Natureza*

> Nem tudo nessa vida é modelar, mas tudo é exemplar.
>
> Walter Benjamin

> O homem é homem a partir do momento que ele narra que é homem.
>
> Jorge Larrosa

Ainda é controvertido o lugar e o papel da narrativa na construção do conhecimento e, mais especificamente, nas produções acadêmicas. Quantas não são as reprimendas feitas a esse gênero geradas por concepções que a reduzem à condição de mera "contação de casos". Essa visão reducionista confere à narrativa um lugar de desprestígio, principalmente por sua ligação com a tradição oral. Por que adotar a narrativa como caminho, se esse não costuma ser o modo como se relatam as pesquisas acadêmicas e se escutar histórias pode ser perigoso?

Enquanto, para Heródoto, a tarefa de narrar era uma atitude contra o esquecimento, para Platão, a reminiscência é um princípio do conhecimento. (GAGNEBIN, 1999, p. 3)

> O homem aprende narrando, muito embora os textos científicos se orientem por um outro gênero discursivo onde os sujeitos não têm lugar. Se algo é universal é a necessidade de narrar, uma necessidade

biológica. A narratividade talvez seja a maneira como se constitui o próprio mundo mental. (UMBERTO ECO, 1995, p. 5)

A narrativa é um gênero que faz parte da história da humanidade: *O homem, antes de conhecer cientificamente, constrói historicamente o que conhece* (SCHMITZ, 1993, p. 3). Bruner (1992, 1997, 1998) também concebe a narração como sendo um modo especial de se pensar e, provavelmente, o mais natural e o primeiro, com base no qual se organiza a própria experiência. *Os humanos são narradores e portadores de vidas narradas.* (*Apud* ARNAUS, 1995, p. 63)

> É na narrativa, contando e se contando que o sujeito moderno encontra remédio ao que lhe falta: uma determinação, um sentido que lhe sejam dados de antemão. A narração dos avatares de seu caminho, sua história – passada ou *in fieri* – por movediça que seja, é o seu ponto fixo. (CALLIGARIS, 1995, p. 7)

A experiência narrada não coincide com o acontecimento que lhe deu origem, pois a experiência não é o que se passa ou que acontece no decurso de nossas vidas, mas o que nos acontece, o que nos constitui fortemente e, por isso, marca-nos de modo indelével. O que se passa chamo de acontecimento, enquanto que o sentido da experiência está naquilo que é narrável de um acontecimento, porque é o *que nos passa*. Quando se narra, não se narra o que aconteceu, mas aquilo que me aconteceu, que *aconteceu para mim*. A experiência da narrativa faz parte, portanto, da constituição do sujeito. É viagem de formação, e viagem implica sempre ir de algum lugar para outro. Refazer caminhos. Permite indagar de onde viemos e como ao final chegamos transformados. Como nem todo acontecimento gera experiência, já que nem sempre nos permite uma compreensão interior de como chegamos a ser quem somos, a narrativa contrapõe-se à mera "contação de casos" e é capaz de engendrar novos sentidos para além da reconstituição dos caminhos percorridos, até porque não voltamos ao lugar de onde saímos[9], uma vez que tais viagens de formação nos constituem e nos mudam.

> Toda viagem verdadeira é viagem interior e toda experiência verdadeira é experiência de si mesmo. Na experiência as pessoas se encontram a si mesmas. E, às vezes se surpreendem pelo que encontram e não se reconhecem. E têm que reconstruir-se, que reinterpretar-se, que refazer-se. Por isso, nas viagens verdadeiras, nas viagens em que nem tudo está previsto, volta-se transformado. E para transformar-se

---

[9] "We shall not cease from exploration/And the end of all our exploring/Will be to arrive where we started/And know the place for the first time" T. S. Eliot. *Little Gidding*. In: *Collected poems 1909-1962*. London: Faber and Faber, 1974, p. 222.

é necessário que algo se passe (nos aconteça) e que o acontecimento nos prove, nos derrube, nos negue. E para estabelecer algum tipo de continuidade entre um que saiu e o outro que chegou é preciso uma transformação narrativa. O outro que chegou é outro, entre outras coisas, porque sabe quem era antes e porque pode contar a história de sua própria transformação. (LARROSA, 1998, p. 469)

Para Bakhtin, mesmo quando se trata de uma experiência pessoal rememorada e relatada a outros, o sentido dela deriva do social, visto que o autor confere alto valor à mediação semiótica. Para ele, a compreensão é uma resposta a um signo por um signo:

> Os signos só emergem, decididamente, do processo de interação entre uma consciência individual e uma outra. E a própria consciência individual está repleta de signos. A consciência só se torna consciência quando se impregna de conteúdo ideológico (semiótico) e, conseqüentemente, somente no processo de interação social. (1997a, p. 34)

A memória resulta de processos sócio-históricos e não pode ser reduzida a um acontecimento, que, como se viu, se dá no nível de indivíduo. As experiências que se vão colecionando, os lugares de onde se vem e por onde se anda, a história familiar, os amigos que se fazem, outros tantos que se descartam, vão definindo, em cada um de nós um modo pessoal de ver o mundo e de viver nele. Tanto tecem nossa consciência como compõem nossos discursos. Quem tece tem tempo para contar histórias. Quem conta história tece um emaranhado de fios que, insistentemente, lhe fogem das mãos, tramam nós, por vezes, perceptíveis somente quando o ponto foi ou está para ser dado; tramam em nós; destramamos (LACERDA, 1986). Narrando desatam-se os nós e continua-se a tecer o enredo das vidas envolvidas. São vidas tecidas na lide diária. Valendo-se dos lugares que se ocupam, dos papéis que se desempenham e das múltiplas relações sociais que se estabelecem historicamente, vão se narrando as próprias experiências e se constituindo singularidades e autores. Na experiência da narrativa, vive-se a experiência do outro como se fosse genuinamente pessoal. E, nessa polifonia de histórias, é possível continuar narrando a história que já foi de outro e configurar, então, outros sentidos.

O que torna algo narrável é o presente; sem ele ninguém narra nada. O momento da narrativa é o momento presente da enunciação, marcado por este e não pelo tempo do acontecimento[10]. Daí poder dizer que a narrativa, orientada

---

[10] Essa contribuição nasceu de uma intervenção do Professor João Wanderley Geraldi por ocasião do exame de qualificação, quando da distinção que fez entre acontecimento e experiência – palavras-alheias próprias, sem esquecimento da origem.

pelos olhos do presente, na confluência de muitos textos, é produto do distanciamento. A pesquisadora que encontra os achados é uma outra de mim, não é a mesma professora que os guardou. Cada indivíduo é marcado socialmente pelos diferentes lugares que ocupa. As palavras inscritas nos dados são as mesmas, mas, enquanto as palavras duram, os sentidos mudam. Os sentidos não residem, como já foi dito, nas palavras. São construídos na interação, produzidos na confluência das histórias de quem narra e de quem as escuta.

Na medida em que esta pesquisa tem seu fundamento primordial, na faculdade de intercambiar experiências, contar histórias de sujeitos anônimos, ordinários, é um imperativo, uma vez que indica um modo de fazer com que a experiência não se perca e que, com ela, se aprenda. Assim, a narrativa se nos impõe como um modo de reconstrução de um passado que nos escapa e de resguardar algumas experiências do esquecimento e da destruição. Dizer da experiência coletiva dos vencidos, recalcada, negada, enfim, destinada ao esquecimento, significa resgatar o trabalho como atividade humanizadora do homem.

Por que narrei esta história e não outra?

> ...a história não só poderia ter sido diferente do que foi, mas também pode ainda ser diferente. Porque tal como as sementes mantidas durante vários séculos nas pirâmides, e que até hoje guardam sua força germinativa, a história passada está inacabada, se brindo para inúmeras interpretações, para infinitas leituras, o que implica uma fusão dos tempos e o encontro efêmero do passado com o presente.
>
> Sônia Kramer

Nossa história são muitas (LARROSA, 1998, p. 475) e *podem ser recontadas* (BENJAMIN, 1985, p. 205). Seja porque somos uma multidão de vozes coalhadas no nosso tempo, seja porque assumimos, no curso de nossa história, diferentes configurações polifônicas, dialógicas (BAKHTIN, 1997c) e intertextuais (BARROS; FIORINI, 1994). Ou, de modo esquemático, poder-se-ia responder que, embora nossa história seja muitas, ninguém narra qualquer história.

O acabamento de um enunciado qualquer está constrangido pela possibilidade responsiva. Muitas vezes uma só palavra constitui uma enunciação completa. *Comprou? Comprei. Pagou? Paguei. Quanto foi? Foi quinhentos réis.* Outras vezes falamos muito, até que o outro possa entrar no fluxo das enunciações. Mesmo sendo exaustivos, deparamo-nos com interlocutores (ouvintes e leitores) que dão por falta de algo que não encontraram narrado, porque tinha uma expectativa diferente da que motivou o locutor. Entretanto, essa falta de sintonia não impossibilita a réplica, caso aquilo que foi narrado contenha em si certo acabamento. Quero com isso me desculpar com o leitor por não ter podido narrar aquilo que cada um quis ouvir, nem tudo que tinha para contar.

> Nas esferas criativas (em particular, claro nas ciências), em compensação, o tratamento exaustivo [do tema ou do assunto ou do objeto] será muito relativo – exatamente um mínimo de acabamento capaz de suscitar uma atitude responsiva. Teoricamente, o objeto é inesgotável, porém, quando se torna *tema* de um enunciado (de uma obra científica, por exemplo), recebe um acabamento relativo, em condições determinadas, em função de uma dada abordagem do problema, do material, dos objetivos por atingir, ou seja, desde o início ele estará dentro dos limites de um *intuito definido pelo autor*. (BAKHTIN, 1997b, p. 300)

Bakhtin (1997b) fornece a chave para se caracterizarem as enunciações em função de seus elementos constitutivos. Toda enunciação é marcada pelas seguintes características:

- Por um *projeto de dizer* de quem enuncia e que pode ser, também, compreendido, segundo os motivos, analisados neste livro, com base em Leontiev, na Terceira lição, sobre *sofrimento e prazer*. Esse projeto de dizer está, em última instância, relacionado com a experiência, pois cada narrador só pode contar o que se passou com ele.
- Por um *acabamento estético* da obra. É o narrador que pode dizer onde sua história começa e onde termina e é ele quem decide o que vai ser narrado – e, portanto, selecionado – de sua experiência.
- Por um *interlocutor, ou ouvinte*. Segundo Calvino (1999: 123), quem comanda a narrativa é o ouvido. Para Lord (1978), é a audiência que dita a hora de o narrador parar mediante sua reação, comunicada por palmas, gestos, manifestações peculiares à aprovação, à reprovação ou ao cansaço. Bakhtin (1997a) vai mais longe, na medida em que considera a palavra como ponte que une narrador e narratário, que não pertence nem a um nem a outro. Mudando-se o pólo do ouvinte, muda-se o pólo do narrador. E, porque se muda a ponte, muda-se, também, a narrativa. Uma mesma história pode ser contada e lida de muitos modos, na dependência do *projeto de dizer* do narrador e no gosto da audiência. Narrador e narratário estão, pois, igualmente implicados na narrativa.

- Por uma *especificidade genérica*. O que caracteriza o discurso narrativo? Para Pêcheux (1990), o discurso é, ao mesmo tempo, estrutura e acontecimento: tem elementos que constituem a estrutura do gênero, especialmente no caso do gênero narrativo – personagens, enredo, uma seqüência de acontecimentos, uma valorização implícita dos acontecimentos relatados, desfecho, e outros –, e tem, igualmente, aquilo que é próprio do processo de enunciação – ou seja, para quem se conta (audiência), o que conta (o projeto de dizer) e o retorno do acontecimento. O acontecimento discursivo, segundo Foucault (1997), não é o que se diz, mas o retorno do que se diz: *Movimento mesmo da linguagem, onde as "coisas" só estão presentes porque não estão aí enquanto tais, mas ditas em sua ausência.* (GAGNEBIN, 1999, p. 5)

Narrei, pois, na perspectiva daquilo que se passou comigo e não do acontecido. Tirei do baú o que meu projeto de dizer, num momento específico da minha vida, permitiu-me. A seleção dos acontecimentos narrados faz parte de um processo de identificação dos fatos que marcaram minha experiência como professora e formadora e que, portanto, foram escolhidos entre vários outros, silenciados ou esquecidos. Rememoração é construção e, como toda construção humana, traz em si a marca do autor, suas leituras, crenças pessoais – seu projeto de dizer.

Aquele que participa de um acontecimento pode extrair dele um conjunto de querer-dizer em função de para que e para quem se está dizendo. É a construção performática/desempenhada pelo autor que dá acabamento à narrativa. Albert Lord (1978), analisando os poemas homéricos e os repentistas da região da Iugoslávia e da Romênia, descobre que há uma espécie de baú de repertório a que se recorre para narrar. O que é narrar uma história? Significa ir à memória social desse baú e extrair dele elementos que se organizam na performance do contador. A composição métrica e a rima dos repentistas são produzidas baseando-se em *expressões formuláicas* (p. 21). O narrador, assim como o repentista, não improvisa tudo que narra. Ele recria o criado em função de um conjunto de lembranças, segundo seu projeto de dizer e das expectativas da audiência a que se dirige. Outros narradores, com base num mesmo repertório, podem contar um conto diferente e dele extrair outras lições.

É o repertório informacional – o baú de lembranças – que possibilita construir determinada narrativa, interpretar uma experiência e encontrar, nos próprios juízos perceptivos, uma possibilidade de representação da experiência ou as hipóteses abdutivas apenas prováveis. O raciocínio abdutivo há muito ocupa a atenção de outros autores – como Umberto Eco (1991),

Isaías Pessoti (1998) e Edgar Allan Poe (1997). Esse tipo de raciocínio está sendo entendido por pensamento conjectural e corresponde a uma construção sobre um texto dado ou uma interpretação daquilo que ele nos indicia. Ao se narrar, indicia-se. A abdução é o modo de fazer a ciência que se origina da *experiência e do olhar atento* (FERRARA, 1999). O exercício de conhecer resulta da capacidade de olhar para ver; no entanto, para ver, não basta olhar. Assim como na arqueologia, implica procurar nos signos os vestígios de uma história. Vislumbrar, no geral, experiências passadas e, por meio dos signos delas, desestruturar uma construção anterior, produzindo outra narrativa, outro jeito de ver.

Quem é o autor dessa história? Se narrei essa história específica e não outra, eu seria, de fato, a autora dela? Sim e não. Sim, porque a autoria se dá a cada narrativa. A seleção e a valorização implícita daquilo que se elege para ser contado conferem ao narrador a condição de autor. É uma história que, tendo em vista minha história, construí. Entretanto, se se considerar que sou parte dessa história, única e irrepetível, que reside na memória social do grupo, essa história não é só minha. Desse modo, não posso ser a autora dela, mas somente da narrativa circunscrita ao meu *projeto de dizer*. Aos motivos que me levaram a narrá-la. Por ser a história do grupo, faz parte da tradição coletiva. Trata-se, portanto, de uma história que não me pertence. Também, se se considera que a voz do autor é, numa perspectiva bakhtiniana, sempre polifônica e compartilhada, – ou seja, ninguém é autor de nada. Também para Lord, o narrador é sempre polifônico[11] e recria o já criado.

Como para Bakhtin a narrativa surge na confluência do *projeto de dizer* e do "projeto de ouvir", quem são os meus ouvintes? Em outras palavras, *para quem narro esta história?* Narro-a para os formadores, na expectativa de socializar minhas lições e – quem sabe – de poder ouvir a deles e, assim, continuar meu projeto pessoal de me constituir formadora. Narro-a, ainda, para outros professores, para que possam continuar narrando-a. Se você também tem uma história para contar, pegue uma folha em branco, registre nela sua história, tire dela suas lições ou escreva a sua por cima da minha. *Penteie a história a contrapelo*, como ensina Benjamin. Com certeza, narro-a, em especial, para mim mesma, como parte de minha viagem de formação, em que me baseei para tirar minhas lições desse

---

[11] A noção moderna de autoria remete à propriedade das coisas e não à criação em si. Trata-se de um processo de produção, mas regido, na sociedade atual, pelas relações jurídicas de poder. A propósito, ver Foucault, em *O que é um autor?* Essas reflexões foram extraídas de notas de aula do professor Wanderley Geraldi sobre a teoria da festa.

vivido. Nesse sentido, não se conta a própria história como história só para os outros. Conta-se, também para configurar sentidos para si mesmo. Antes de se constituir em conhecimento para os outros, a narrativa produz identificação de quem somos e como chegamos a ser o que somos. No momento em que se diz para o outro, também se diz a si próprio. E, por último, narro esta história para a academia, cuja interlocução fica marcada pelos modos de me dizer – *na ordem e contra a ordem*.

> O querer dizer do locutor se realiza acima de tudo na escolha de *um gênero de discurso*. Essa escolha é determinada em função da especificidade de uma dada esfera de comunicação verbal, das necessidades de uma temática (do objeto do sentido), do conjunto constituído dos parceiros etc. Depois disso, o intuito discursivo do locutor, sem que este renuncie à sua individualidade e à sua subjetividade, adapta-se e ajusta-se ao gênero escolhido, compõe-se e desenvolve-se na forma do gênero determinado. (BAKHTIN, 1997b, p. 301)

Narro os episódios mais recorrentes, bem como aqueles que se tornaram importantes por sua singularidade e distanciamento. Contrasto o que se me apresentou excepcional com o que tomei como ordinário. Para narrar, rememora-se aquilo que se julga ter ocorrido. No capítulo dedicado à narrativa, o leitor irá se deparar com muitos argumentos que buscam a persuasão e, quando engenho e arte permitiram, encontrará um estilo que se quer literário. Como diz Bruner (1997): *A vida imita a arte*.

A questão da ética na pesquisa em educação

> Nem tudo que é importante pode ser contado.
> E nem tudo que pode ser contado é importante.
> Albert Einstein

A (in)decisão quanto a produzir esta investigação esteve marcada desde o seu início pela síndrome positivista, por causa da coincidência entre formadora e pesquisadora. Que metodologia seria capaz de assegurar a objetividade do estudo? A preocupação com o registro orientou-se para o espaço interno do trabalho, visando-se a alimentar as práticas sem a pretensão de constituí-las em dados de pesquisa. Como analisar um evento do passado, em que a pesquisadora teve ativa participação como professora e formadora, sem ter, contudo, definido previamente se do trabalho pretendido resultaria uma pesquisa acadêmica? Seria ético se apropriar de dados de um grupo de estudo e trabalho e convertê-los em dados de uma pesquisa individual? Que princípios orientam a ética da pesquisa qualitativa, na medida em que essa envolve sujeitos de direitos e de emoções, que se interpretam de modos diversos, que podem coincidir, ou não, com aqueles que são da pesquisadora? Um dos grandes desafios foi, pois, resolver eticamente essas questões.

E, ainda, a autorização prévia para o uso de gravações, a mudança dos nomes visando-se a manter o anonimato de cada indivíduo, o retorno antes de se tornar público o trabalho, para que os envolvidos pudessem tomar conhecimento e validar, ou não, o que foi escrito, são dentre outras, iniciativas que garantem o compromisso e o respeito com o outro que é sujeito na pesquisa?

Tomando-se como legítima a conversão dos dados originados do processo de trabalho dos professores em formação em dados de pesquisa, contudo, ainda restaria um problema: como encontrar todos os professores envolvidos para autorizarem a pesquisa? De que modo se pede autorização para se dizer algo que está em construção e só pode ser antecipado como intenção? Como permanecer sossegada, produzindo uma pesquisa, cujo texto precisa ser avalizado por um amplo coletivo de atores, que poderiam, ao final, desautorizá-lo?

Se por um lado tais questões podem produzir desconfortos subjetivos ao narrador e ao analista, por outro explicitam que há outras vozes nessa voz que narra e analisa, que há outros que narram e analisam comigo, autora deste texto. O compromisso ético para com ele reside na sua característica de relato aberto às multifacetadas interpretações e sentidos produzidos em interlocuções. Via de regra, os sentidos são selecionados em função de algo que se quer provar. Neste estudo, trata-se de dar a ver a diversidade constitutiva do processo de formação e das singularidades produzidas no interior dele.

Procurei, cuidadosamente, resguardar a individualidade dos sujeitos de uma experiência que é pública. As memórias podem ser por demais íntimas, outras desabonadoras e perigosas. Deliberada ou incondicionalmente, alguns acontecimentos foram interditados – por respeito às individualidades ou porque não é conveniente tornar públicas algumas das marcas deixadas. Num grupo grande e com longa história de partilha e convivência, muitos dos acontecimentos que nos caracterizam como humanos e que fizeram parte da nossa experiência não queremos/devemos evidenciar, principalmente quando em nada ou pouco ajudam a pensar nossa constituição. As perdas são inevitáveis, inclusive a de colegas que nos foram/são muito caros, e, como a experiência é algo *que nos passa*, elas são as que mais queremos esquecer, mas continuam presentes mesmo quando delas dizemos não querer dizer. No não-dito, elas estão presentes e lembradas, ainda que silenciadas. Dou-me o direito de omiti-las, seja por respeito às pessoas que não estão aquém ou além dos objetivos desta pesquisa, seja pelas marcas que elas nos trazem.

Alguns dos sujeitos nomeados que tiveram contato mais próximo com a versão inicial do texto revelaram o desejo de ter explicitados seus nomes verdadeiros. Daí, a decisão de manter o nome próprio dos professores, exceto daqueles que, por ocuparem cargos de direção, ou que, ao terem seus nomes vinculados a uma escola específica, pudessem ser identificados e expostos pessoalmente por suas ações e enunciações. Assim, os que quiseram se manter em silêncio nas avaliações, bem como diretores, vice-diretores e orientadores educacionais, tiveram seus nomes substituídos por outros, fictícios. A pesquisadora está identificada apenas pelas iniciais ME, por pura comodidade.

Na transcrição das fitas, as falas foram editadas com o objetivo de fazer sentido para o leitor estranho ao grupo. Tive igual atenção quando havia excesso de repetições julgadas empecilhos para a compreensão da idéia global e quando apresentavam "erros" de concordância ou o modo peculiar de os mineiros (não) articularem o final das palavras. Além disso, visando-se, ainda, a resguardar o anonimato dos sujeitos envolvidos, algumas passagens foram excluídas quando permitiam uma associação imediata com a autoria da fala ou quando a apresentação do dado foi interditada pelos professores, no momento da gravação, mediante expressões como ...*pelo amor de Deus! Isso não vai sair daqui não, né?* (RA/95)

O compromisso ético com o grupo e a compreensão, mediada por Bakhtin, das palavras do outro como um ponto de vista distinto que constitui o ouvinte um sujeito, exigiram cuidado especial no trato das enunciações. Reconhecer o outro como autêntico implicou, nesse caso, não desfigurar o que era dito pelos professores, descontextualizando o que está dito e desconsiderando o modo como tais dizeres foram enunciados. Seguindo esse autor, compreendi que

> não se podem contemplar, analisar e definir as consciências alheias como objetos, como coisas: comunicar-se com elas só é possível dialogicamente. Pensar nelas implica conversar com elas, pois do contrário elas voltariam imediatamente para nós o seu aspecto objetificado: elas calam, fecham e imobilizam-se nas imagens objetificadas acabadas. (BAKHTIN, 1997c, p. 68)

Meu esforço consistiu, portanto, em entrar no fluxo de interações discursivas de que também participei, sem lançar qualquer suspeita objetificante sobre todos os pontos de vistas ali presentes que eu não compartilhava, coisificando-os em diferentes graus (BAKHTIN, 1997c, p. 69). Mantive atenção permanente para não promover rotulações e classificações dos colegas quanto a seu modo de agir, pensar e se manifestar e de analisá-los como sentidos possíveis nas condições sociais em que foram produzidos. Sentidos compreendidos e captados por intermédio das enunciações dos sujeitos – seu enquadramento contextual (dialógico):

> Recorrendo a procedimentos de enquadramento apropriados, pode-se conseguir transformações notáveis de um enunciado alheio, citado de maneira exata. O polemista inescrupuloso e hábil sabe perfeitamente que fundo dialógico convém dar às palavras de seu adversário, citadas com fidelidade, a fim de lhes alterar o significado. (BAKHTIN, 1998, p. 141)

Reunir todos os autores para dar suporte a este trabalho foi, pois, uma opção epistemológica, metodológica, política e ética. Procurei, com essa experiência de sujeitos anônimos e ordinários, inscrevê-los na história, mediante brechas que ela apresenta, para que, assim, ficassem resguardados do esquecimento e da perda da experiência. Na medida em que somos autores de nós mesmos, quando silenciamos nossas histórias, perdemos a dimensão de autoria da nossa própria constituição como sujeito, seja porque o modo como somos contados não coincide, necessariamente, com a interpretação que fazem os sujeitos da história, seja porque nossa história é prenhe de vozes e sentidos.

O valor acadêmico desta pesquisa não reside no que há de particular e específico de um grupo. O que se transfere de uma experiência singular para outros contextos não é a experiência em si, mero produto, mas a construção teórica que emergiu do texto no curso da pesquisa (EZPELETA; ROCKWELL, 1989). As teorizações que nele se configuram são proposições de mundo que, circunscritas às particularidades da prática, permitem compreender outras situações.

Ancorada em Paulo Freire, coloco em suspeição a neutralidade "acinzentada" que ele tão bem criticou, sem me afastar de

> uma posição rigorosamente ética. Quem observa o faz de um certo ponto de vista, o que não situa o observador em um erro. O erro não é ter um certo ponto de vista, mas absolutizá-lo e desconhecer que, mesmo do acerto de seu ponto de vista, é possível que a razão ética nem sempre esteja com ele. (FREIRE, 1998, p. 15)

Se existe uma metodologia capaz de assegurar a objetividade, é preciso saber qual é ela, mas, antes, há que se perguntar sobre as crenças individuais quanto à possibilidade de alcançar tal objetividade. Este trabalho não foge à regra. Está no limite da objetividade que o trabalho acadêmico requer e da subjetividade e do respeito inerentes em que se deve pautar qualquer análise quando lidamos com gente. Essa opção ética norteia a construção teórico-metodológica e, de certo modo, contribui para reescrever o sentido de objetividade na pesquisa em educação. Estou, então, assumindo os riscos de dar a ver um trabalho de professores que, como tantos outros, produzem, na labuta, a educação brasileira. Portanto o assumir os riscos é uma opção ética!

Contando nossa história

> Só posso dar o testemunho do caso que comigo se passou.
> Você vai juntando essas histórias, depois tira a limpo.
> E é capaz de não valer a pena, o que resta é fumaça, desilusão.
> Mas de um homem sempre alguma coisa fica, quando nada
> nas lembranças, esperando a ressurreição.
> Feito dizem: Deus é que sabe por inteiro o risco do bordado.
> Autran Dourado

> Mas, para mim, o que vale é o que está por baixo ou
> por cima – o que parece longe e está perto, ou o que está perto e parece longe.
> Conto ao senhor é o que eu sei e o senhor não sabe, mas principal quero contar é o
> que eu não sei se sei, e que pode ser que o senhor saiba.
> ...Mas o senhor é homem sobrevindo, sensato, fiel como papel,
> o senhor me ouve, pensa e repensa, e rediz, então me ajuda.
> Assim, é como conto. Antes conto as coisas que formaram
> passado para mim com mais pertença.
> Guimarães Rosa

Afinal, onde começa esta história?

Embora não me chame Juan Pablo Castel, o pintor que matou Maria Iribarne, também tenho minha história para contar. E é porque existiu esta história que esta pesquisa pôde, também, existir. Os personagens dessa história adquirem importância ao longo da trama e somente dentro dela. Na expectativa de que outros possam continuar narrando-a, eu conto-lhes agora que...

Para narrar esta história, precisei recuar no tempo e encontrar meus começos. *Eu é que sei onde eu começo, quando eu sou eu mesma, onde é que começa a figura que eu passei a copiar, dizia vovô Tomé* (DOURADO, 1999, p. 116). Lembro-me vagamente de meu avô, mas talvez seja melhor começar pelos meus pais ou pelos meus irmãos e não correr o risco de me estender mais que devo nem de dizer menos do que preciso para explicar que vovô Osório ficou viúvo, casou-se não sei quantas vezes, teve uns 20 filhos e que minha mãe, órfã, acabou na Macaúba como professora de meu pai. Meu pai? Perdeu as lições, mas achou casamento. Semi-analfabeto, dando boas risadas, gostava de contar seus descaminhos com a escola. No entanto, há que se convir que a vida dele passou pela escola e foi por causa dela que *eles se casaram e foram felizes para sempre*. Nessa *História meio ao contrário* é que estão os meus começos. (MACHADO, 1983)

    Comecei cedo a aprender o papel e o lugar que a escola viria a desempenhar em minha vida. Por aí, fui colecionando valores, dando sentido a essas escolas e fazendo opções. Aprendi que a escola era o lugar privilegiado para ter uma qualidade de vida diferente daquela que marcara minha infância e adolescência. Minha mãe guardava enorme crença na educação e compartilhou-a com os filhos, afilhados, vizinhos e amigos que moraram conosco para estudar. *Era preciso estudar para ser alguém na vida e dar gente* – era assim que ela nos dizia. Meu pai, por sua vez, valorizava o trabalho e, enquanto crescíamos, fazia malabarismos para implementar as convicções maternas.

    Aos 7, anos ingressei na primeira série do Grupo Escolar Casimiro de Abreu. Era uma daquelas construções baratas, com paredes caiadas e telhado de folhas-de-flandres, e localizava-se bem perto de minha casa. As crianças que não haviam cursado o Jardim freqüentavam aula particular para ser mais rapidamente alfabetizadas. Constrangida, convivi em meus tempos iniciais de escola com colegas que sabiam escrever *queijo* e *igreja* e me desafiavam a ler essas palavras, enquanto a professora passava a "Ficha" no quadro para copiarmos, com letra bonita, no caderno.

    Fui alfabetizada pelo método global, para tristeza de minha mãe. *Com história de três porquinhos, essa menina não vai aprender a ler*, dizia ela ao meu pai. Preocupada com os tais fatos fundamentais, passou a tabuada num caderno e decidiu que era melhor eu decorá-la. Com três meses de escola, meio surpresa, meio desconfiada, descobri que sabia ler. Sem fazer alarde e num fôlego só, li, de cabo a rabo, *As mais belas histórias*. Livro que fui obrigada a passar o ano inteiro "lendo" com meus colegas.

    Minha mãe, sempre vigilante, vivia desconfiada com as minhas professoras. *A Lourdes é prima e não vai apertar essa menina para estudar*. No terceiro ano, decidiu, por conta própria, que eu deveria repetir o ano. Dona Vera interveio a meu favor e fui para o quarto ano. Foi quando minha mãe sentiu firmeza. A Dona Ana Maria não era de brincadeira. Toda chorosa, proferi o discurso de formatura. Tocavam o "Tema de Lara" e, quanto mais tocavam, mais eu chorava. Repetia a história de meu irmão ao dizer: *Abrem-se as cortinas deste palco que simbolizam os quatro anos que por aqui passamos...* E dá-lhe lágrimas! Nem precisei prestar o exame de admissão. Diziam ser uma pena, pois era naquela hora que a molecada resolvia largar a rua e dedicar-se de vez aos estudos.

Minhas irmãs cursaram o Normal. Haveriam de ser professoras. O Colégio das Freiras atendia exclusivamente às mulheres e, para estudar lá, pagava-se caro às irmãs de caridade. Tomei outro destino: fui estudar no "Colégio dos Padres" e, portanto, não fiz Curso Normal. Minhas irmãs, que não se tornaram professoras, queixavam-se do vácuo experimentado em relação aos conteúdos ditos científicos. Em compensação, sabiam ler partituras, estudaram latim e francês. O raciocínio delas, completado com as dificuldades financeiras da família, selou meu destino.

A opção à Escola Normal era o Colégio Estadual Dom Lustosa, que se destinava aos homens e aos pobres em geral. As duas escolas ficavam nos "fundos" da cidade, bem próximas espacialmente, mas suficientemente separadas para inviabilizar o convívio social entre pobres e ricos. Meu primeiro ano no Estadual, 1971, coincidiu com a abertura das enormes portas da escola, que separavam os corredores da ala feminina e masculina. Foi uma festa para nós e um temor incontido para os pais. Após a implantação de salas mistas, ainda desfrutei do recreio, por um ano ou dois, olhando os meninos, no pátio masculino, pelo buraco dos portões de madeira. Quando minha mãe se distraía, ia escondida nadar na chácara das freiras, pagando uma nota miúda que nem sei dizer quanto dinheiro valeria hoje. Dois anos depois, já andava na companhia dos meninos pulando muro e roubando jabuticaba.

O Estadual era um prédio velho, com pé direito enorme, um teatro antigo com camarotes e cortinas de veludo. De um lado do prédio, ficavam a cozinha e as oficinas de Artes Industriais. As oficinas eram destinadas aos meninos, e a cozinha era o lugar das "prendas domésticas". Quando entrei para o "ginásio", meninos e meninas passaram a ter aulas conjuntas nas oficinas. Para tristeza das meninas, enquanto os meninos se divertiam na carpintaria, nós, sem a cozinha para farras e comilanças, ficávamos assentadas fazendo crochê, bordados, pinturas e muita arte. No recreio, íamos à cozinha tomar uma caneca de leite em pó que vinha embalado em sacos, onde se lia: "Aliança para o Progresso, Brasil-Estados Unidos". Legal mesmo era a Banda do Sr. João. Todo mundo queria tocar na fanfarra. Com uniforme de "pica-pau" – vermelho, azul e galões dourados –, os baixinhos ficavam na rabeira tocando pratos. O ensino médio chamado à época de "científico", deveria significar o fim das brincadeiras. Os professores bravos estavam lá. Veio um tempo de sermos artistas. Criamos o grupo teatral O Estopim e representávamos na escola e no cinema. Tínhamos um conjunto musical, chamado As Beatas, e tocávamos em serenatas e apresentações do Grêmio Cultural, Artístico e Literário do colégio. Particularmente, eu gostava muito de ler e de escrever. Fui diretora do jornal do Estadual, em que escrevi algumas crônicas. Por meio da Geografia e da História, conheci o mundo e os *Festins do Baltazar*, sem que sequer tivesse saído dos arredores da cidade. Tudo isso decorria da sensibilidade dos professores e contribuiu significativamente para minha história profissional, afetiva e emocional.

No científico fui aluna de Química do Padre Caprázio. De origem holandesa, tinha um português muito embolado, que comprometia sensivelmente o aprendizado. A fama de ser impiedoso com os alunos causava pânico coletivo. Acuada e com medo da severidade de minha mãe, dediquei-me à Química com especial zelo. Aprendi que a raiz de saber é sabor. Sabor que tenho tentado degustar com meus alunos e colegas de um modo mais prazeroso do que foi para mim. Só o Padre tinha a chave do laboratório onde suas aulas, nunca experimentais, aconteciam religiosamente. Encantada e seduzida pelo mistério, decidi estudar Química.

Concomitantemente ao científico, cursei o Técnico em Contabilidade noturno. Assim, poderia trabalhar no Banco do Brasil, explicou-me uma tia que intermediou uma bolsa de estudos no Colégio Comercial Alto Paranaíba – *Pobre tem que arranjar um jeito de ter um emprego*. A expectativa da família sobre quem eu viria a ser esteve tencionada pela dualidade estrutural do sistema educacional brasileiro[1]. Nunca trabalhei em Banco, mas, aos 18 anos, já era professora em Belo Horizonte, ganhando meu sustento e preparando meu ingresso na Universidade Federal de Minas Gerais. Em síntese, construí minha trajetória passando pelos bancos de boas escolas públicas e acreditando na escola como redentora dos pobres. Não podia ser diferente!

Fui professora em escolas da rede privada de ensino por duas décadas. Aprendi que elas são muito diversas nos seus projetos, na base material de que dispõem e nos tipos de aluno que recebem. Como professora substituta na rede pública estadual durante um semestre, experimentei minha primeira indignação com a falta de compromisso social com a viabilização de uma formação sólida, que fizesse sentido para a vida dos jovens adolescentes. Nela, pouco encontrei de comum com as escolas onde eu estudei.

No Mestrado, fiquei há "anos luz" da dura realidade da escola básica. A complexidade da escola e os problemas de minha prática como professora

---

[1] Dualidade estrutural é o termo usado para explicar a configuração da educação brasileira que se inicia em 1909, com a criação das escolas de artes e ofícios, precursoras das escolas técnicas federais e estaduais, e que mantém até hoje, com algumas reorientações de percurso. Em consonância com uma sociedade também dual, a formação profissional surge e desenvolve-se marcada pela divisão social do trabalho. Destinados às elites, foram criados os cursos de formação geral, voltados para o desenvolvimento de competências intelectuais superiores, enquanto aos trabalhadores ficaram reservados os cursos profissionalizantes, que priorizam o como fazer e o disciplinamento da vida e do corpo voltados para a inserção dos trabalhadores no sistema produtivo, em detrimento de uma articulação entre os modos de pensar e de agir. (KUENZER, 1998, p. 366)

não haviam sido sequer tangenciados. O reencontro com a docência foi complicado em decorrência do afastamento da lida da escola. Não sabia o que colocar no lugar dos conteúdos criticados. Logo senti necessidade de retornar à Universidade. Procurando brechas por onde espreitar, fiz, praticamente, outra Pós-Graduação com o professor Eduardo Mortimer. Conheci nova bibliografia e atualizei-me nas modas que iam surgindo e desaparecendo na academia. Numa pequena escola privada, chamada *O Precursor*, realizei-me como professora. Havia poucos alunos em classe e um grupo desassossegado de professores. Estávamos sempre estudando e inventando moda. Essa escola contribuiu significativamente para credenciar-me como formadora.

No final de 1992, a FUNEC – Fundação de Ensino de Contagem – passava por ampla reestruturação administrativa, com remanejamento de professores, aumento de carga horária de Química e mudança no programa de formação em serviço. A contratação de professores surgiu como uma grande oportunidade de trabalho. Eu havia sido demitida do Colégio Santa Maria, pertencente ao Sistema Arquidiocesano de Ensino, e estava vivendo, em conseqüência disso, uma tristeza profunda. Humilhação, vergonha, saudade, falta dos espaços de convivência, desatino nos caminhos, que, como se fossem feitos para levar ao trabalho, de repente, não pudessem levar mais a lugar nenhum.

Fui rindo conhecer duas escolas da FUNEC – Unidades Amazonas e Imaculada – e voltei, literalmente, chorando. Escola pública, curso noturno, distante de minha casa, sem carro, horário de metrô incompatível com o horário de término das aulas, filho pequeno, entre outros problemas, tudo conspirava contra uma nova inserção profissional. Apesar de tudo, assumi oito aulas na Unidade Amazonas, cujo acesso era menos difícil.

A superlotação das salas era justificada pelo fato de os alunos evadirem logo nos primeiros meses. Os professores, por seu turno, contavam com a evasão para melhorar as condições de trabalho. Nas salas superlotadas, além de faltarem carteiras, o aprendizado ficava comprometido, fazendo com que muitos alunos abandonassem a escola, fechando um ciclo que se repetia ano a ano. Uma política clientelista de vagas, cuja existência era denunciada pelas enormes filas que se formavam diariamente diante do gabinete do Diretor Educacional, alimentava um processo de deterioração do ensino. A pressão da comunidade por vagas não fugia à regra, o que resultou numa ampliação das Unidades[2].

---

[2] A expansão de vagas no sistema público de ensino brasileiro, principalmente no ensino médio, ocorrida no Brasil no início da década de 1990 e impulsionada a partir de 1994, deu-se de modo desordenado e movida por essa lógica perversa de exclusão. Houve um aumento do número de vagas sem que fosse acompanhado da ampliação do espaço físico

O programa de Química imposto era muito extenso e sem sentido. Tratava-se de uma compilação do índice do curso de Química, de Ricardo Feltre. Existia uma confluência de fatores que facilitavam a transgressão na adoção do livro. Não existiam exemplares suficientes nas bibliotecas das Unidades e muitos alunos não podiam comprá-lo. Algumas escolas contavam com máquinas de xerografia, mas os alunos tinham que arcar com os custos das cópias. Os laboratórios estavam abandonados, com exceção dos utilizados nos cursos de Patologia e Técnico em Química. Nós, professores, enfrentávamos a mais completa solidão. A consultoria da Universidade, tão anunciada quando da contratação, não acontecia.

Algumas áreas possuíam coordenadores. Eu ouvia dos colegas de outras disciplinas críticas ferrenhas a essa modalidade de "capacitação":

– *Você não foi para a capacitação ontem.*

– *Eu? Não sou incapaz. E tem mais! Em programa de reciclagem, também não entro. Não sou lixo!*

Ao que se seguia uma risada geral. Os professores que tinham coordenadores invejavam a situação dos professores de Química. Não tínhamos nem coordenador de área nem reuniões de "capacitação". Diante de tamanhas queixas dos colegas, eu já não sabia mais se estar sozinha, sem coordenação, era problema ou solução.

Na solidão: a lida da professora

O que ensinava, às vezes, causava certo estranhamento entre os alunos da Unidade Amazonas. Dos repetentes, eu ouvia que o conteúdo era muito diferente do que tinham estudado no ano anterior. De vez em quando, um perguntava: *Professora, que dia nós vamos aprender aquele negócio assim: $1s^2$, $2s^2$, $2p^6$... Aquilo é legal de fazer, é facinho, é só decorar.* Logo, alguns acudiam, validando meu curso e dizendo que, além de ser chato o assunto em questão, não sabiam para que servia.

---

e dos recursos financeiros e humanos, bem como de uma política de educação continuada mais significativa. Existe, hoje, uma prática dos Secretários de Estado de Educação de autorizar a matrícula de um enorme contingente de alunos nas redes de ensino, interessados no repasse de verbas, feito com base em critérios quantitativos. Assim sendo, mesmo aqueles alunos que permanecem na escola recebem uma formação de qualidade questionável. Os resultados do SAEB, divulgados em novembro de 2000, revelaram que a maioria dos estudantes chega à 3ª série do ensino médio aprendendo conteúdos do último ciclo do ensino fundamental, o que significa uma defasagem de, no mínimo, quatro anos.

À medida que fui conhecendo mais os repetentes e suas histórias de vida, passei a posicionar-me contra o modo indiscriminado de reprovar. Certo dia, um colega argumentou comigo que alguns alunos tinham mesmo que ficar reprovados, pois *não queriam nada com a dureza, além de serem muito fracos e não gostarem de estudar*. Nomeou um deles e perguntou-me se ele fazia alguma coisa e se andava muito na minha aula. Respondi que era muito esperto, participava das discussões e que eu estava fazendo um trabalho com ele de contenção física e disciplinamento intelectual, pois era mesmo irrequieto. Fiquei sabendo que esse aluno era carregador de caixotes na Central de Abastecimento – CEASA. De fato, já havia conversado com ele sobre sua dificuldade de permanecer em sala. Segundo depoimento dos colegas, na minha aula, ele andava menos e participava mais do que em outras. Estava repetindo a 1ª série pela terceira vez e já contava com a profecia de nova reprovação. Era casado, ia ser pai naquele ano e nem das piadas conseguia rir mais. Também eram as mesmas e ele já havia rido delas nos anos anteriores. O que acontecia era uma transferência de responsabilidade para o aluno, salvaguardando-se nossas dificuldades como professores em promover o aprendizado e o gosto pelo conhecimento. A escola pode constituir, em tese, uma forma de mediação, ainda que não suficiente, para se evitar, acentuar ou, até mesmo, para reduzir as desigualdades sociais, econômicas, culturais.

Estudamos as principais indústrias de Contagem, a poluição e as doenças cíclicas do aparelho respiratório de que a população padecia. Construímos modelos de partículas discutindo um fenômeno específico de emissão de gases que ocorre na *Grotta del Cane*, situada à margem do lago Agnano, perto de Nápoles, na Itália[3]. Acharam o texto difícil de ler, mas valeu a pena. Ficaram

---

[3] Conta-se que, do piso da gruta, se eleva um "vapor", visível a olho nu, que cobre por inteiro a superfície da caverna e não se dispersa no ar. Depois, volta ao solo, acumulando-se numa altura, de mais ou menos, dez polegadas. Dentro da gruta, homens e mulheres podem andar com segurança ao contrário de animais, que, para espanto dos visitantes, imediatamente caem ao chão. Diz-se que, certa vez, um homem manteve um cão sob o "vapor", durante algum tempo, segurando-o pelas patas. Imediatamente, o cão uivou e começou a contorcer-se. Então, rolando, virando os olhos e pondo a língua para fora, contraiu todos os nervos e desmaiou. Nesse estado, o animal foi atirado ao lago de Agnano e logo se recuperou. A água do lago evitaria que os cães retirados da gruta, nas condições descritas, morressem de fato? Uma serpente agüentou nove minutos na primeira vez em que foi colocada lá e 10 na segunda. Quando ela foi tirada de lá na primeira vez, ela encheu os pulmões de ar de tal modo que teve seu corpo dobrado de tamanho. O que teria acontecido para ela ter durado mais tempo na segunda vez? Essa gruta também causou a morte de alguns homens. Dizem que o imperador Tibério mandou dois escravos para dentro da gruta, a fim de lá morrerem acorrentados ao chão. Calculou-se que dentro da gruta, um cão morre em 3 minutos e; um gato em 4; um coelho em 75 segundos. No entanto um homem, se deitado no chão, viveria mais ou menos, 10 minutos.

muito excitados, interessados e falantes. Alguns professores relataram que o interesse se prolongou nas aulas seguintes. Pesquisaram o assunto e propuseram explicações para os fatos narrados. Discutimos o metabolismo dos animais, as mortes por intoxicação em garagens fechadas e, ainda, especulamos sobre a razoabilidade de se pensar numa estratificação dos gases atmosféricos, com os mais "pesados" embaixo e os mais "leves" em cima, e as conseqüências disso na respiração. Falamos da degradação ambiental e humana decorrente do lixo; da queima sistemática de pneus em Contagem; das pessoas que viviam do lixo; da falta de coleta diária do lixo residencial; da precariedade da rede de esgoto da cidade, etc. Assistimos ao curta-metragem *Ilha das Flores*. Ficaram chocados. Especulávamos sobre um novo material que era usado ou produzido nas indústrias onde trabalhavam, sobre um modelo de ligações para explicar as propriedades apresentadas e daí por diante. Às vezes, trabalhávamos no laboratório, mas, como existiam poucos recursos, valia-me mais de um *kit* feito com caixa utilizada em pesca. Com freqüência, chegava mais cedo à escola para rodar, em mimeógrafo a álcool, as cópias manuscritas em estêncil. Os alunos diziam que aquelas "folhinhas" ajudavam muito. Assim, fui ficando por lá, mesmo insatisfeita, ganhando pouco e sem interlocutores.

Aproveitei um momento de greve por recomposição salarial, para encontrar outro trabalho. Consegui aulas no curso Supletivo e Pré-Vestibular Carrier, onde comecei a trabalhar. Outra ducha de água fria. Embora tivesse mais aulas e o acesso fosse mais fácil e rápido, o aprendizado, nesse caso, foi outro. Já havia trabalhado com adultos, em cursos noturnos, mas em supletivos a coisa é diferente. É preciso saber conviver e lidar com as ansiedades de quem sabe que perdeu o "bonde da história", além de auxiliá-los a dar sentido ao que se é obrigado a ensinar[4], aprová-los nos exames e embarcá-los de novo "num bonde" sem destino, levando na mala um monte de sonhos. Dessa experiência, guardo saberes, que, a despeito de crenças mais generalizadas, se vão construindo na docência.

Como professor pensa narrando, vou contar outra história, sobre meu esforço infrutífero para ensinar cálculo estequiométrico aos alunos da

---

[4] Os Supletivos de massa caracterizam-se por constituírem cursos preparatórios a exames que são aplicados duas vezes no ano, pela Secretaria de Estado de Educação. O que se ensina e a forma como se ensina são orientados por um Programa divulgado e pelo tipo de questões dos exames. É difícil descrever e qualificar as opções ali materializadas, que merecem um estudo, em especial dos anacronismos existentes, bem como da sua falta de compromisso com alunos que já foram, em outros momentos, alijados da sociedade do conhecimento, como o são do acesso a bens culturais e materiais deste país tão desigual.

"suplência". Com poucos minutos de aula, eles começaram a reclamar. Bravos, disseram que não estavam entendendo nada do que eu explicava. Um deles, trabalhador da construção civil, levantou-se e disse-me: *Deixa que eu te ajudo, professora, porque eu acho que já entendi. Isso é igual a fazer massa lá na obra. É assim.* Pegou o giz e foi para o quadro, explicando: *Para fazer argamassa, você põe uma lata de cimento,* não sei quantas de brita e outras tantas de água... Da massa de cimento para as reações químicas, foi um pulo. Ainda hoje, tiro muitas lições de episódios como esse, que compõem meu repertório de histórias, nem tanto para dizer como ensinar isso ou aquilo ou sobre as dificuldades dos alunos, mas para dar a ver os múltiplos caminhos pelos quais vamos nos tornando professores e produzindo saberes. São essas experiências que formam nossa segunda pele.

Ao final da greve, procurei a Direção da Unidade Amazonas e apresentei os motivos de minha saída. Os diretores mostraram-se pesarosos, não queriam que eu deixasse a escola, porque, segundo eles, os alunos gostavam de mim. Dois dias depois, ouvi do Diretor Educacional da outa Fundação avaliação gratificante de meu trabalho, quando me foi feito o convite para ser formadora dos professores de Química. Agradeci o convite, alegando que já havia assumido aulas em outra escola e que meu tempo disponível ficara restrito. Ele não quis aceitar minha recusa e deu-me um prazo para pensar.

Voltei para casa, certa de que não podia aceitar o convite. Não sabia nada sobre formar professores. *Professor é professor* – pensava no caminho de volta para casa. De minhas andanças, sabia que o processo de educação é muito complexo, Química é muito difícil, em si mesma, os discursos, muito divergentes e, por vezes, contraditórios. Ensinar colegas não dava. Não tinha certeza de nada, vivia colecionando dúvidas e procurando ajuda de um lado para o outro. Quando pensava ter encontrado uma solução para um problema, descobria que, por trás dele, existiam outros mais complicados ou que ela nem sempre funcionava. Em cada escola, eu era uma e via sempre minha imagem desdobrada em várias. Cobrava de mim uma coerência e, não podendo corresponder a ela, avergonhava-me. Como é que, na ambivalência e na incerteza, podemos formar professores?

A formação cartesiana impregnara-me de uma visão unívoca na busca das explicações claras e objetivas, o que me deixava angustiada ao lidar com incertezas. Almejava respostas menos ambíguas e mais infalíveis para as situações escolares. Tinha pautado minha crença num ideal regulador, na existência de um ponto arquimediano com base no qual pudesse mover o mundo. O Mestrado havia-me feito mais reticente, o que não significa que tivesse desistido de procurar a Didática Magna[5]. Seria uma aventura colocar-me à frente de um grupo. Não possuía, porém, a chave, a qual buscava havia muito tempo.

Decorridos poucos dias, fui novamente contatada por telefone pela Direção Educacional e, mais uma vez, recusei o convite. Depois de alguma insistência, acabei me comprometendo a ir até a Administração Central. Ao chegar fui logo dizendo algo mais ou menos assim: *Eu sou professora. O que eu fiz a vida inteira foi dar aula. Não sei formar professor. Só sei dar aula de Química. Não posso ser formadora, porque não sei. Eu venho da lida...*

Quem vem da lida conhece o desassossego da profissão. Somos profissionais de tempo integral. Diante de uma notícia, de um filme ou, simplesmente, quando olhamos pela janela, lá estamos pensando na aula que demos, nas relações que não fizemos, na atitude que não tomamos, no planejamento da aula do dia seguinte. Vivemos sob o signo da incompletude e do inacabamento, sempre com a sensação de que era possível fazer mais e de que a sala de aula é muito mais complexa e incerta do que nos fizeram crer os cursos de formação. Não temos uma avaliação segura do que nossos alunos aprenderam e precisam. O produto de nosso trabalho é difuso. Enfim, ser educador é uma tarefa impossível:

> e muitos gostam disto, talvez porque seja uma tarefa, um trabalho muito especial. Qualquer ser humano sonha, pelo menos por um momento, em escrever seu nome na história, em não morrer, em ser lembrado depois que passou. O professor, o educador tem essa chance. (CODO, 2000, p. 41)

Quem vem da lida sabe de nossa perplexidade diante da multiplicidade de elementos que tecem as malhas finas da atividade pedagógica. Pensava: *Professor é professor e formador é pedagogo.* Constituíram-se profissionais da educação a partir de lugares diferentes e, portanto, não coincidem os modos como olham a escola. Como eu via a docência com base na minha história profissional, falaria sempre do lugar comum da professora. *De outras lidas eu não sei. Sempre fui professora. É isso mesmo!* – disse-me o Diretor Educacional. *Formar professor você aprende. O que eu quero é isto: que você vá lá e discuta com os professores o que você sabe do seu Mestrado, o seu jeito de dar aula, o que vinha fazendo com os alunos lá do Amazonas.*

Aterrorizada, aceitei discutir com meus colegas meu ofício de professora. O horário estaria limitado à minha disponibilidade e só me encontraria

---

[5] Refiro-me à Didática Magna de Comenius, que partia do pressuposto de que era possível, seguindo-se as orientações didáticas, ensinar qualquer assunto a todos os alunos.

com os professores aos sábados. Assim, sem deixar de ser professora, fui me formar formadora.

A Fundação e sua fase inicial de transição

A Fundação de Ensino de Contagem está localizada no município de Contagem, Zona Metalúrgica de Minas Gerais, que faz parte da Região Metropolitana de Belo Horizonte. A população do município era, em 1999, de 537.806 habitantes (IBGE, 2000). Como em outras cidades com características semelhantes, a população convive com graves problemas de poluição e saneamento. Desde o início da década de 60, do século passado, há um processo de desenfreada especulação imobiliária, em função, principalmente, dos loteamentos de fazendas pertencentes aos herdeiros de tradicionais famílias da região. A população operária que se fixou em Contagem a partir de 1941, quando foi criada a Cidade Industrial, instalou-se nas regiões cujos loteamentos eram mais baratos e nas vilas que foram sendo construídas em áreas pertencentes às fábricas Itaú e Magnesita.

Desenvolveu-se na cidade forte movimento operário e sindical entre os anos de 50 e 68, com histórias de importantes movimentos grevistas e perseguições políticas. Na década de 70, houve uma luta contra a poluição da cimenteira Itaú. A posição assumida pelo prefeito Newton Cardoso – de punir a empresa que não cumpriu os acordos para redução da emissão de poeira, determinando a interrupção de suas atividades - levou o General Geisel a impor medida que delegava ao Governo Federal a competência exclusiva de determinar a suspensão de atividades de empresas poluidoras. Por um lado, Contagem possui uma tradição de organização operária alicerçada no movimento trabalhista; por outro, a história do município foi, também, escrita por senhores de escravos, latifundiários, patrulheiros, funcionários do Registro, delatores do transvio, religiosos e taberneiros. Contrariando a folclórica história de que onde foi criada, em 1711, procedia à contagem de abóboras, Contagem nasce como posto de fiscalização do comércio de gado que se deslocava da região do São Francisco em direção às minas, cuja contagem era feita às margens do ribeirão das Abóboras.

A Fundação de Ensino de Contagem é uma instituição pública municipal, criada em 1973 pelo então chefe político e Prefeito de Contagem, Newton Cardoso. A Direção Educacional e Administrativa da Fundação é cargo de confiança do Prefeito e o primeiro mais importante depois do Secretário Municipal de Educação. Inicialmente, a Fundação contava com uma única escola – o Colégio Municipal de Contagem. Com a expansão de vagas e a criação de outras Unidades, transformou-se numa rede destinada a suplementar a ação da Municipalidade. Contava, em 1995, com 15 Unidades espalhadas em diversos bairros, atendendo, aproximadamente, 10.000 alunos[6]. Oferecia cursos de Contabilidade, Secretariado, Administração, Processamento de Dados, Química, Patologia Clínica, Segurança para o Trabalho, além do Magistério[7]. Em 1995, menos de 10% de suas vagas eram destinadas ao ensino médio, sem habilitação.

O projeto de educação continuada, tema desta pesquisa, englobou todas os professores de Química da Fundação, exceto os dos cursos Técnico de Química e Patologia Clínica. A ausência deles deu-se de modo deliberado e, possivelmente, por incompatibilidade entre as concepções de ensino que permeiam tais cursos e as idéias orientadoras do projeto. No entanto, alguns dos professores participantes do projeto lecionaram, também, no Curso Técnico de Química, sem que se concretizasse qualquer desarmonia entre as duas perspectivas.

Iniciei o projeto de formação com os professores em meados de setembro de 1993, dispondo de 20 horas semanais exigidas e rigorosamente cumpridas. O controle era feito por meio de cartão de ponto, mensalmente recolhido e entregue ao Diretor Educacional.

Inicialmente, passava horas na Administração Central, estudando e preparando-me para o encontro com os professores. Enquanto isso, fui entendendo como funcionava essa Administração. Os coordenadores de área eram

---

[6] Dados do Regimento Escolar, aprovado e datado de 13 de julho de 1995.

[7] Com a globalização da economia e a adoção de uma política neoliberal de racionalização financeira adotada pelo Governo Fernando Henrique Cardoso, iniciou-se no País, com a promulgação da Lei de Diretrizes e Bases da Educação Nacional – Lei nº 9394/96 –, um processo de reforma do ensino médio. Este passou a ser responsabilidade dos Estados, o que torna justificável, pela Lei, a redução das vagas destinadas a esse nível de ensino nos sistemas municipais. Seguindo as orientações ditadas pelas políticas do Banco Mundial para os países pobres do Terceiro Mundo, a LDB/96 teve seus desdobramentos no Decreto nº 2.208/97. Por meio desse, o Governo brasileiro instituiu os cursos de formação profissional independentes uma educação básica anterior, numa versão aligeirada e precarizada de formação, mediante cursos de treinamento. A reforma do ensino médio e profissional levou ao fechamento dos cursos profissionalizantes, em função da obsolescência destes diante das novas demandas no mundo do trabalho, como era o caso do curso de Secretariado. Os cursos de Magistério, por seu turno, também foram extintos por determinação da LDB/96. No bojo dessas reformas, a FUNEC iniciou um processo gradativo de extinção dos cursos profissionalizantes, de ensino médio e de magistério, culminando em 1998 com a criação da suplência de nível médio e do pós-médio, oferecido nas modalidades de Enfermagem, Segurança do Trabalho, Patologia Clínica, Informática, Química e Meio Ambiente, distribuídas em nove Unidades ou escolas.

professores efetivos e trabalhavam subordinados à Direção Educacional. Eram dispensados das atividades docentes e recebiam uma remuneração correspondente à de um professor com igual carga horária. O trabalho deles consistia em fazer planos de cursos, promover reuniões de área e visitar mensalmente as escolas.

Três dos coordenadores trabalhavam mais próximos da Direção Educacional, auxiliando no acompanhamento dos projetos em implantação. Trabalhavam na seleção e remanejamento de alunos para outras Unidades, na organização das turmas, na criação de grêmios estudantis, na promoção de eventos e na implantação do novo programa de educação continuada. Foi junto aos membros dessa equipe que aprendi não só a conhecer os caminhos de Contagem, como também as injunções próprias àquela rede de ensino. Fui iniciada no emaranhado da "política de Contagem". Atentos aos meus passos e ao modo de eu me dizer, apontaram-me o que podia ser dito e o que era prudente silenciar. Ensinaram-me a andar, literal e metaforicamente falando; com eles, conheci os atalhos, os retornos, os perigos, as alianças políticas, os amantes, os reféns, as disputas... Enfim, como quem toma uma criança pelas mãos, ensina e ampara, partejaram comigo uma experiência completamente nova. Criamos vínculos pelo compartilhamento de um trabalho concebido e desenvolvido em comunhão. Os afetos, quase sempre excluídos dos trabalhos acadêmicos, ajudam a compreender como as relações vão se dando nos coletivos.

A FUNEC pautava-se por relações de poder autoritárias e centralizadoras. O clima entre coordenadores de área e Direção Educacional era tenso e formal. Embora convivendo em salas vizinhas, as reuniões com a Direção Educacional eram agendadas previamente e ocorriam a portas fechadas. Os cartões de ponto eram conferidos e, quando nos ausentávamos da Administração, era necessário solicitar a rubrica da Direção.

Na condição de professora, assisti a um episódio exemplar desse controle. Era uma sexta-feira, véspera de carnaval, e já passava das 22 horas. No horário previsto para o encerramento das aulas, o Diretor Educacional chegou, inesperadamente à escola, colocando-se junto ao portão. Estava ali para averiguar se a escola estava cumprindo o horário com rigor.

O clima rígido de controle e subordinação foi vivenciado em várias ocasiões. No final de 1994, circulou entre os coordenadores uma história, em inglês, de um pardal que, durante uma nevasca, caíra num curral, bem no meio de um monte de esterco. As lições sobre a história, que se seguiam ao texto, também em inglês, eram a senha de como alguém se devia portar junto à Direção Educacional. A moral da história apontava: Quem parece nosso amigo nem sempre o é. Quem nos tira de um monte de esterco – no caso um gato – não é, necessariamente, nosso amigo – no final, o gato come o pardal. E se você está feliz e confortavelmente instalado num lugar seguro e quente, mesmo que seja um monte de esterco, mantenha sua boca fechada! Um gato pode estar passando por perto e ouvir seu piado.

Trabalhei por pouco tempo fazendo visitas às escolas. Por não conhecer Contagem, precisava contar com ajuda dos outros coordenadores. Até visitar a última delas, já não me lembrava mais do caminho que me levara à primeira. Nas poucas vezes em que fiz isso, não soube o que dizer aos professores. Tomei um cafezinho, sugeri que estava tudo bem e voltei mais cedo para casa. Isso era extremamente constrangedor. Todos os meus atos configuravam-se mais como iniciativa de controle e de intimidação do que de assessoria e acompanhamento propriamente ditos.

Logo, deixei de bater ponto e de agendar as famosas visitas. Os coordenadores ficaram na expectativa do que me aconteceria. Não informei minha decisão nem fui cobrada do que deixei de fazer. Centrei meu trabalho com os professores nas reuniões e, mediante relatórios sistemáticos, dei a ver o trabalho do grupo. Pouco tempo depois, o cartão de ponto foi extinto e, daí a um ano, acabaram, também, com as coordenações de área, voltando cada um deles para seus cargos de professor.

A FUNEC contou, ainda, com a assessoria da Professora Marinez Murta em gestão escolar, iniciativa fundamental para se repensarem as políticas mais gerais e se respaldar o trabalho dos formadores. Contudo seu maior impacto foi romper com as fortes relações de poder ali instauradas e contribuir para o avanço de práticas menos centralizadoras.

Os professores e seus muitos dilemas

Comecei o trabalho de formação dizendo-me e levantando um diagnóstico do ensino de Química. Para um começo de conversa, apresentei um texto sobre o que dei conta de escrever acerca da educação: *Proposta de trabalho na área de ensino de Química para a Fundação de Ensino de Contagem*.

Os problemas iniciais relatados pelos professores e algumas possíveis soluções apontadas por eles foram:

- Os alunos não gostam de Química, lêem mal e escrevem pior ainda, sem falar nas suas dificuldades de interpretação.
- O livro não agrada e poucos alunos podem comprá-lo.
- O programa exigido é muito extenso.
- A Química é uma ciência experimental e as escolas não possuem laboratórios e equipamentos adequados, com exceção das que oferecem

cursos técnicos de Química e de Patologia Clínica; logo a solução consistiria em contratar professores de laboratório.
- Outros coordenadores já passaram pela FUNEC, cheios de boas idéias, mas nada vai para a frente.
- Aluno pobre tem que ter um "ensino forte" para passar no Vestibular. (DI/93)[8]

Esse primeiro diagnóstico já me indiciava muitas coisas, em especial, que desconfiavam de minha fala "bem-intencionada" e de minha "continuidade" como assessora. Passamos a discutir *As três perguntas capitais que comandam nossas ações docentes*, (CHASSOT, 1990, p. 29). Por que ensinar Química? Que ensinar? Como fazê-lo? Para alguns, ensino de qualidade indica ensinar "o que está no livro" e é sinônimo de passar no vestibular. Para outros, é o que forma o aluno *crítico, criativo e capaz de pensar*. O que fazer e como fazer isso não ousavam dizer.

A sugestão de se excluírem alguns conteúdos ou de se conferir a outros menor importância dentro do currículo não ocorreu sem protesto de alguns. Com isso, instalou-se um falso dilema entre ensinar os conteúdos ditos "de vestibular" ou optar por outro mais conectado com a vida, de modo a ampliar a leitura de mundo dos alunos e de sua compreensão da realidade. Ponderei que preparar para a vida inclui, entre outras coisas, prestar vestibular, caso seja esse o desejo dos estudantes e que optar por um currículo "preparatório para o vestibular" significaria excluir uma maioria que não tem o vestibular como meta principal.

Quais eram as origens e os destinos desses alunos? Que ensino de Química demandavam? Com que objetivos o ensino deveria ser pensado e justificado? Só mais tarde, foram iniciados estudos visando a compreender a formação para o trabalho e a emergência de novos campos profissionais[9]. O resultado desse estudo reforçou algumas convicções já abaladas quanto ao centramento no vestibular e no desenvolvimento de habilidades específicas. Muitos dos alunos eram trabalhadores da indústria ou do setor terciário e, aspirantes a um cargo de técnico de nível médio – como, por exemplo, telefonista, secretária e outros. Apenas uma das Unidades escolheu orientar seu projeto de ensino para o vestibular. Projeto que teve vida curta.

---

[8] DI/93 significa "documento introdutório datado de 1993" e corresponde à Proposta de Trabalho na Área de Ensino de Química para a Fundação de Ensino de Contagem apresentada aos professores.

[9] Esses estudos foram desenvolvidos em parceria com Núcleo de Estudo de Trabalho em Educação – NETE –, da FaE/UFMG.

Fizemos uma crítica dos conteúdos ensinados e procedemos à análise de alguns livros didáticos. A partir daí, construímos o esboço de um projeto para o ano de 1994. *Mas, se não vamos ensinar mais essas coisas, o que vamos fazer então?* Essa é uma das perguntas que torturam os professores, quando desafiados a repensar suas práticas. Sentimento legítimo quando é posto sob suspeita o que fazemos e acreditamos ser importante. Era preciso dar tempo ao tempo. O imediatismo e o sentimento de que se podem aligeirar as ações docentes, apressando-os e pressionando-os por resultados, têm sido a tônica dos governos neoliberais: *Foi-se o tempo em que o tempo não contava. O homem de hoje não cultiva o que não pode ser abreviado* (VALÉRY, *apud* BENJAMIN, 1985, p. 206).

Mesmo a ala mais entusiasmada com as novas idéias e plenamente identificada com um projeto mais amplo de escola mostrava-se, por vezes, preocupada e reticente. Nesses momentos de incerteza, a outra ala aproveitava para retomar a argumentação a favor de uma escola propedêutica. Numa explosão emocional, uma das professoras resumiu, mais ou menos, assim o que pensava sobre mim: *Você quer um ensino pobre para um aluno pobre*. Que significado teria aquela explosão? De que teria adiantado todo o "meu latim" e meus *fundamentos teóricos*? A divergência residia nos sentidos do que se entendia por qualidade e nas mediações que julgamos necessárias. Deliberadamente, não confiavam nas minhas boas intenções. Os embates iniciais foram os mais difíceis de ser superados. Por onde começar a desatar esse nó? *A gente não se anuncia, dá a ver*[10].

O caráter obrigatório das reuniões de "capacitação" e a tradição autoritária da instituição contribuíram para que a maioria dos professores permanecesse indo aos encontros, mesmo que, neles, permanecessem calados. Outros nem apareciam por lá. Voltei a visitar as escolas, mas, dessa vez, para persuadir os resistentes a participar conosco do projeto.

Escolhendo caminhos e abrindo picadas

Três estudos auxiliaram na discussão e análise de livros didáticos de Química[11]. O diagnóstico de que os alunos não sabiam ler, escreviam mal, e solicitavam, sistematicamente, a presença do professor na carteira deveria ser levado em consideração na escolha de um livro que pudesse ajudá-los a desenvolver tais

---

[10] Devo essa idéia à professora Roseli A. Cação Fontana, quando das leituras e releituras que fez desta narrativa.
[11] Esses estudos foram os de Lopes, Casimiro (1992); Mortimer, Fleury (1992); Schnetzler (1981).

competências[12]. Ler e escrever foram tomadas como competências transversais. Portanto, os professores passariam a se empenhar nesse trabalho, além de ficar mais atentos para o modo como os alunos reagiam a esse aprendizado. Assim, o livro que fosse adotado deveria trazer textos em vez de esquemas, abrir debates sobre questões polêmicas, desenvolver nos estudantes a capacidade de argumentar e solicitar deles produções escritas mais elaboradas em detrimento das corriqueiras cópias de enciclopédias.

A falta de familiaridade com a Matemática também foi diagnosticada como origem de dificuldades dos alunos no aprendizado químico. Se o pensamento matemático e suas ferramentas eram importantes, então, fazia-se necessário ensiná-los sempre que surgissem dúvidas. Como ex-aluna do professor Mortimer, aprendi a não me queixar da "falta de pré-requisito" dos alunos, mas tomá-la como objeto de atenção sempre.

Empenhei-me com editoras para fornecerem livros didáticos a fim de que fosse efetuada uma escolha. Foi uma alegria geral. O motivo dessa alegria decorreu do fato de que os professores das escolas públicas vinham sendo discriminados pelas editoras em relação à distribuição gratuita de livros. Entretanto, vislumbrando a possibilidade de venderem muitos livros para uma grande rede, elas renovaram as bibliotecas dos professores. E venderam muitos livros por lá, é claro!

Depois de algum tempo analisando livros, os professores estavam desanimados. Quase em dezembro, percebemos que o livro que queríamos não existia. Tinha conhecimento da experiência de um colega com o livro *Telecurso Segundo Grau* e vinha, esporadicamente, utilizando-o juntamente com as fitas de vídeo. Como estava descartada a possibilidade de não se adotar nenhum livro, solicitei uma coleção do Telecurso para cada professor. Assistimos a uma videoaula e realizamos nova discussão. Concluímos que aquele era o livro que mais se aproximava dos critérios estabelecidos. Apresentava textos menos esquemáticos, abordagem mais articulada com o cotidiano, clara redução de conteúdos, sem extensas listas de exercícios para memorização. Além disso, os conteúdos compunham um único volume, o que poderia significar maior flexibilidade ao se estruturarem os cursos; era de fácil acesso e de baixo custo, demandava do professor a proposição de atividades complementares – vantagem para uns, desvantagem para outros.

---

[12] Competências estão sendo entendidas, neste estudo, em termos de aquisição do conhecimento científico universalmente acumulado como ferramenta para o pensar e o agir em situações concretas da vida cotidiana, orientada, tal como aponta Boaventura Santos (1989, p. 41), para a *phronesis aristotélica, ou seja, para um saber prático que dá sentido e orientação à existência e cria o hábito de decidir bem*.

Entretanto muitos professores julgavam inconveniente adotar um "livro de supletivo". Havia um preconceito contra a suplência e isso foi dito com a aquiescência de muitos colegas. A adoção desse livro foi decidida por votação, mediante compromisso de trabalharmos na produção de um material didático capaz de realizar os sonhos que nos tínhamos permitido sonhar. A ala contra ficou emburrada. Para meu desespero, havia criado uma situação que não sabia como materializar. Não era autora de livro. Desconhecia, portanto, tal "arte". Compunha minhas aulas como um mosaico de textos de diferentes fontes.

A década de 90 do século XX viveu uma reorientação do mercado editorial para a publicação de livros paradidáticos. Desde 1992, eu já vinha desenvolvendo algumas experiências com esse tipo de livro. Introduzi, então, a idéia de, na FUNEC, usar-se o mesmo recurso para complementar o livro do Telecurso. Foi outra festa: os professores receberam vários exemplares de paradidáticos. Ficou definido que os alunos leriam um livro a cada semestre e os títulos escolhidos estariam relacionados com os conteúdos planejados.

Na passagem da primeira série para as séries posteriores, havia uma redução na carga horária de quatro aulas na primeira, para três na segunda e na terceira. Além disso, dos 4.000 alunos da primeira série, apenas 800 prosseguiam estudando Química. O programa dessa série era o mesmo para todos os alunos, independentemente do fato de pretenderem cursar Técnico em Química ou Contabilidade. Assim, nosso maior desafio seria o de repensar a Química na primeira série de modo a circunscrevê-la numa proposta global de formação.

Via de regra, os cursos de Química de nível médio seguem os livros didáticos e são estruturados por uma lógica conceitual hierárquica, baseada na idéia de antecedência e soma de partes, iniciando-se pelos aspectos "microscópicos" relativos à teoria atômica da matéria. Uma seqüência histórico-temporal de modelos atômicos é apresentada como pré-requisito. Essa lógica de introdução do estudante no universo do conhecimento químico é contra-intuitiva, principalmente quando se considera a história da ciência. A idéia de estrutura da matéria que orienta o estudo é uma aquisição do século XX e, portanto, ponto de chegada da humanidade – e não, de partida –, bem como lógica e organizadora do pensamento apenas para os já iniciados no universo desse conhecimento.

A nossa opção orientou-se para os fenômenos propriamente ditos, em vez de se dar ênfase às suas representações. Para os professores, isso significava, naquele momento, a exclusão do estudo de funções inorgânicas, uma vez que o entendimento desse tópico estava restrito à notação e nomenclatura de substâncias e não à reatividade química.

Cada escola recebeu um *kit* de seis fitas de vídeo do Telecurso com assuntos variados de Química, recurso de grande valia, já que permitia, além de diversificar as aulas, proporcionar um momento de descanso para professores e alunos.

As decisões foram apresentadas à Direção Educacional, juntamente com a solicitação de outra consultoria para a produção de um material didático identificado com os novos propósitos. Cheios de planos, compromissos e fantasmas, fomos para as férias de verão.

Buscando novos parceiros: o Grupinho e o Grupão

A idéia de se levar adiante a produção do material didático da FUNEC foi aprovada pela Direção Educacional e implementada com a consultoria do professor Eduardo Fleury Mortimer.

Operacionalmente, foram criados dois grupos de trabalho, autonomeados "Grupinho" e "Grupão", em função do número de componentes. O Grupão era o mesmo que já se vinha reunindo e manteve a mesma dinâmica de trabalho, mudando apenas o dia e o horário das reuniões, que passaram a ser realizadas nas noites de terça-feira. Os encontros eram no Centro de Referência do Professor, localizado na escola Vasco Pinto, em Contagem. Abrangia, aproximadamente, 30 professores, que eram remunerados por mais cinco horas aulas semanais, totalizando 20 ou 25 horas mensais, dependendo do número de reuniões[13].

Em consonância com as necessidades apontadas pelos professores, as reuniões eram organizadas com o objetivo de abordar, a cada bimestre, três níveis diferentes de formação, a saber:

- *Temas gerais, mais relacionados à educação* – como, por exemplo, a reorganização no mundo do trabalho, o neoliberalismo e suas conseqüências na educação, a informática como recurso de ensino, a interdisciplinaridade, a avaliação e a disciplina.

---

[13] O número de professores participantes não pode ser precisado, porque oscilava de um ano para outro, em função da expansão da rede, ou, mesmo, dentro do período letivo, por diferentes motivos. O dia e a hora da reunião também sofreram mudança ao longo dos anos para atender aos interesses coletivos.

- *Epistemologia e educação em Química* – entre outras questões, a epistemologia e história da Química, o papel da experimentação, o movimento das concepções alternativas, o movimento de CTS – que relaciona Ciência, Tecnologia e Sociedade. Nessas discussões, alguns autores tornaram-se recorrentes – como, por exemplo, Piaget, Vigotski e, de modo muito incipiente, Bachelard.
- *Conteúdos específicos* – como, por exemplo, o ensino de propriedades específicas dos materiais, as reações químicas, o modelo corpuscular da matéria, as ligações e interações químicas, a radioatividade, as pilhas, e o tratamento de água, esgoto e lixo.

Eram, ainda, promovidos seminários com convidados externos para falar, por exemplo, de tratamento de água e esgotos de Belo Horizonte e Contagem, a história da construção do conceito de molécula, a política ambiental em Contagem, radioatividade, energia nuclear e outras fontes alternativas de energia, sistemas de avaliação, entre outros temas.

Estabelecia-se um cronograma de atividades com os respectivos nomes dos professores responsáveis por tarefas específicas – organizar os seminários, testar um experimento ou, ainda, falar sobre determinado tema:

Tales: Uma vez, você [ME] me pediu que eu desse uma aula [na reunião do grupo] sobre tabela periódica. Eu coloquei essa questão um pouco memorística, um pouco assim repetitiva. Aquela coisa muito macetosa, muito macetosa mesmo. Quer dizer: não fui tão criativo. Hoje, se eu precisar dar uma aula já é uma coisa que extrapola, eu tenho critérios alternativos. Diferentes... (RA/95)

Os textos sugeridos eram sempre lidos e discutidos no tempo destinado à formação, exceto por uma dupla de professores que ficava responsável por fazer uma preparação prévia do assunto. Havia, também, uma definição das duplas responsáveis pelo lanche. O "dia da pipoca" era avisado com antecedência: *Na próxima reunião não precisa trazer material, vai ter surpresa*. Nesse dia, era exibido um filme em sessão conjunta. Entre outros, vimos "Madadayo", que, na versão da professora Luiza, ficou conhecido como "Meu querido professor".

Do grande grupo, aproximadamente, 10 professores formavam o Grupinho, que se reunia na UFMG, sob orientação do professor Mortimer. Essas reuniões ocorriam nas tardes de segunda-feira, não eram remuneradas e, portanto, não tinham caráter obrigatório. Inicialmente, ficou definido que o uso do material em produção estaria restrito às turmas de primeira série de cinco escolas da rede. A escolha dessas escolas deu-se em função do interesse dos diretores e dos professores, da disponibilidade dos professores para estar na UFMG no horário determinado e da existência de uma infra-estrutura material mínima nas escolas. Estas receberiam as cópias das atividades para os alunos e recursos de laboratório. As demais também poderiam participar, mas sem o compromisso de criar, naquele momento, a base material necessária.

As reuniões do Grupinho eram organizadas visando-se a contemplar a vivência do material produzido, referenciadas nos pressupostos teóricos e epistemológicos orientadores daquela opção. As atividades de ensino eram digitadas e, após discussão e ajustes, eram levadas para a FUNEC, onde se fazia uma matriz para ser reproduzida em *offset*. A equipe técnico-pedagógica distribuía as cópias nas escolas. Outras vezes, os próprios diretores buscavam o material na Administração Central. Processo que, por vezes, gerou atrasos no recebimento.

A filosofia desse projeto foi apresentada aos professores de Química em fevereiro de 1994, seguida de uma palestra intitulada *A ciência do cientista, do professor e do aluno*. Em linhas gerais, foram explicitadas as seguintes concepções de ensino:

- Não se trata de um ensino por meio de descobertas.
- O aluno adquire consistência de raciocínio, mediante reconstrução conceitual.
- Aprender ciências é aprender a pensar sobre os fenômenos e a falar sobre eles.
- O aluno é ativo e deve falar como sujeito do conhecimento.
- A essência da proposta consiste na discussão da teoria a partir dos fenômenos.
- Os fenômenos podem ser contados ou vivenciados por uma observação experimental. (CA2/94)[14]

O documento que fundamenta essa iniciativa anuncia que o grupo piloto deveria receber não só treinamento para o uso do material didático produzido, mas também uma formação teórica, capaz de conferir aos seus participantes autonomia para se tornarem multiplicadores.

A produção do material deveria estar de acordo com os propósitos construtivistas e sociointeracionistas de ensino. A idéia de que a construção do conhecimento científico em sala de aula envolve um processo de negociação

---

[14] CA2/94 significa Caderno de Anotações correspondente ao período de 15 de maio a 27 de setembro de 1994, conforme inventário dos documentos.

social, em que os significados vão sendo apropriados pela mediação da linguagem, foi motivo de muitas inquietações. Para enfrentar tais desafios, foram feitos muitos estudos sobre perfil conceitual, evolução do atomismo em sala de aula, teoria da equilibração, concepções alternativas dos estudantes, e outros temas. (CA2/94)

As reuniões dos dois grupos, apesar de ocorrerem espacial e temporalmente separadas, muitas vezes se confundiam, porque os pressupostos teóricos que orientavam nossa prática, o planejamento elaborado, a produção de material didático, bem como sua utilização, estavam em permanente discussão com todos os professores.

O ano de 1994 foi altamente formativo e de intenso trabalho. Produzimos o livro para a primeira série: *Introdução ao estudo da Química: propriedades dos materiais, reações químicas e teoria da matéria*. Esse livro foi publicado em duas versões: a primeira, com capa rosa, para o ano de 1995; a segunda, revisada, com capa azul, para 1996. O livro da segunda série foi produzido em 1995 e impresso numa única versão, com capa verde. A versão completa e revisada foi planejada para 1996, mas não ocorreu.

A participação em eventos

A participação dos professores em eventos regionais e nacionais foi fundamental para divulgar o trabalho do grupo. Para viabilizar essa participação, buscamos recursos na Secretaria de Educação do Estado de Minas Gerais, no Conselho Regional de Química, na FUNEC e em editoras.

Em 1994, participamos do VII Encontro Nacional de Ensino de Química – ENEQ –, realizado na UFMG, auxiliando na organização do evento e na coordenação de grupos de discussão. Fizemos festa, pão de queijo e conhecemos muita gente. Dançamos com representantes de todo o País no Elite, uma gafieira muito apreciada naquela época pelos mineiros. Os professores do projeto sentiram-se felizes em conhecer alguns dos autores dos textos sobre ensino de Química que faziam parte de nosso repertório. Prestamos-lhes homenagens, com direito a foto e tudo.

No ano seguinte, participamos de outro Encontro Regional de Química em Goiânia, comemos peixe na telha e terminamos a noite em uma roda de piadas numa esquina da cidade. Na volta, alguns professores experimentaram sua primeira viagem de avião. Lembro-me de ter acompanhado um deles a uma agência de viagem para marcar seu bilhete, oportunidade em que, justificando sua aventura, me disse algo, mais ou menos assim: *A viagem de ônibus é muito demorada e cansativa. Eu dou um duro danado o ano inteiro. Acho que eu valho isso.* Valer, professor, a gente vale muito mais. Mais que isso, a gente merece. Pena que nem sempre nem todos podemos! Nessa viagem de volta a Belo Horizonte, o professor Luiz Otávio Amaral, do Departamento de Química da UFMG, sugeriu-nos apresentar um trabalho no Encontro Nacional de Campo Grande, em 1996.

O evento de Goiânia coincidiu com minha primeira experiência como professora substituta de Prática de Ensino de Química, na Faculdade de Educação da UFMG. Começava, portanto, a se concretizar maior estreitamento de vínculo do grupo com a academia. Alguns dos professores já faziam o curso de Especialização no Centro de Ensino de Ciências de Minas Gerais – CECIMIG –, enquanto outros cursavam o Mestrado em Educação na FaE/UFMG. Minha ida para a Universidade, no ano seguinte, como professora efetiva abriria mais oportunidades de formação e aproximação com a pesquisa. Defini um projeto de pesquisa e dei início a uma série de entrevistas com os professores do grupo. Perguntava-lhes: *Que é um bom professor?* As entrevistas foram gravadas, transcritas e abandonadas por completa falta de sentido para responder às questões de nosso atribulado dia-a-dia.

O ano de 1996 foi marcado por um longo período de greve de professores na FUNEC, o que implicou inúmeros transtornos na preparação da ida a Campo Grande. Ir às reuniões significava furar greve; entretanto, a desarticulação do grupo comprometeria a participação no evento. O outro receio em interromper nossas reuniões era o de que isso pudesse servir de pretexto para acabar com o projeto, o que já vinha sendo cogitado pela Administração Central alegando contenção de gastos.

Foram definidos um tema e um cronograma de trabalho com os alunos para a coleta de dados e para a elaboração de um relato de experiência fundamentada no tratamento de problemas do município e nas dificuldades de lidar com tarefas abertas ou semi-estruturadas[15]. Não foi sem espanto que o Encontro de Campo Grande recebeu um ônibus de professores de Belo Horizonte, na sua maioria da FUNEC. Alguns deles levaram junto membros de suas famílias. Ao final do evento, o ônibus foi para Bonito levando todo o grupo – um presente que nos pudemos dar.

De encontro em encontro, fomos nos encontrando, conhecendo e segredando nossas vidas. No X ENEQ de Química em Porto Alegre, em 2000,

---

[15] Apesar da greve, uma das professoras do grupo conseguiu desenvolver algumas situações de ensino e aprendizagem dentro dessa orientação. O trabalho resultou numa publicação conjunta: LIMA, Maria Emília Caixeta de Castro; SILVA, Nilma Soares. Estudando os plásticos. *Química nova na escola*, n. 5, p. 6-10, maio 1997. O trabalho apresentado no evento de Campo Grande pode ser consultados nos *Anais* do encontro.

encontrei cinco ex-professores da FUNEC. Entre abraços e risos, a professora Leila disse-me: *Olha! Nós somos um grupo. O grupo não acabou.* Que é um grupo? Que sentidos um grupo pode guardar para diferentes sujeitos?

Muitos de nós seguimos estudando. De vez em quando, alguns me procuram para trocar idéias, pedir uma sugestão de bibliografia, solicitar a leitura de um trabalho acadêmico, dizer do sucesso profissional de um colega que se tornou diretor de escola, de outros que, também, foram narrar suas experiências para colegas, na condição de formadores e, como formadores, viraram igualmente arqueólogos. Remexem nosso passado em busca de pegadas, marcas que deixamos e com que fomos irreversivelmente marcados. Refazem caminhos. E isso me lembra outra história, a metáfora do oleiro:

> Um oleiro, estando para se aposentar, escolhe entre as suas peças a que mais gosta, entregando-a ao jovem oleiro. Este a contempla, tateia sulcos, planos, saliências, demoradamente. E quebra. Cada pedaço é delicadamente quebrado. Comete o sacrilégio colocando juntos no aranhol o barro queimado e o barro virgem. Por muito tempo, sairão nas peças do jovem oleiro, feitas com riscos e sem riscos, fragmentos do velho. No início grandes, depois pequenos. Até que um dia, não os perceberá mais. E virá outro oleiro, outra peça, outr... (PAULA, 2000, p. iii)

Forjando compromissos

> Acho que eu não tinha conciso medo dos perigos: o que eu descosturava era medo de errar – de ir cair na boca dos perigos por minha culpa. Hoje, sei: medo meditado – foi isto. Medo de errar. Sempre tive. Medo de errar é que é a minha paciência. Mal. O senhor fia? Pudesse tirar de si esse medo-de-errar, a gente estava salva. O senhor tece? Entenda meu figurado.
>
> Guimarães Rosa

A avaliação está presente em toda a constituição e desenvolvimento do grupo e é essa síndrome que vou contar agora. No final de 1993, foi impresso, no formato de caderno, um documento distribuído amplamente para os estudantes, conhecido como *Caderno do Aluno*. Constavam dele a ementa do curso, os objetivos, o cronograma de acompanhamento das atividades, a metodologia do trabalho, as referências de livros paradidáticos, a concepção e os critérios de avaliação, o conteúdo programático e os nomes dos professores do grupo. Nele, esclarecia-se o que entendíamos por avaliação e os parâmetros que deveriam orientá-la:

> Entendemos a avaliação como um processo contínuo de aperfeiçoamento do trabalho conjunto do professor e do aluno. Os momentos avaliativos devem nortear os trabalhos que virão a seguir. Trata-se, portanto, de elemento fundamental para se refazerem novos "contratos de trabalho", isto é, para se repensarem as metas a alcançar e os meios necessários e mais eficazes de fazê-lo. Assim, para nós, professores e alunos, a avaliação não pode ter um caráter punitivo ou coercitivo, mas deve ser um instrumento de construção e desenvolvimento das potencialidades mútuas.
>
> A partir dessa concepção de avaliação, indicamos:
>
> 1) avaliação contínua;
>
> 2) pesos iguais para todas as atividades de avaliação propostas no planejamento;
>
> 3) avaliação do curso, do professor, dos métodos e técnicas, do conteúdo trabalhado, dos alunos de forma coletiva e para além das notas, o que deverá ser feito pelo menos a cada bimestre (PC/95).[16]

A proposição de que, a cada bimestre, os professores deveriam discutir com seus alunos como pretendiam avaliá-los, os critérios que seriam adotados, as ênfases e expectativas quanto ao que seria ensinado e se eles concordavam, ou não, com o proposto trouxe uma preocupação generalizada aos professores. Temiam que conferir nota às atividades de classe comprometesse a disciplina e o compromisso dos alunos no final do ano, quando todos já estariam aprovados. Outra preocupação era a de que a implementação de uma avaliação aberta do curso pudesse ser usada contra o professor. (CA1/94)

Visando a aprofundar a discussão sobre a avaliação, esse tema foi pautado para uma reunião em que discutiríamos, também, "As imagens que fazemos de um mundo que não vemos" (CHASSOT, 1990). Esses dois temas, casualmente unidos, mostraram-se intrinsecamente articulados, de modo que um pôde alimentar e dar sentido ao outro.

Nessa reunião, falamos do compromisso e da responsabilidade dos professores para com seus alunos, da necessidade de avaliação e de dar a ver o trabalho por nós conduzido, entre outros. A decisão foi a de implementar a proposta de avaliação e acompanhamento, para ver se teríamos problemas. Em seguida, passamos a fazer uma atividade sobre a *Grotta Del Cane* – situação vivenciada com os estudantes da Unidade Amazonas e já relatada. Os professores, além de lerem o texto e responderem a algumas questões, deveriam construir um modelo dos gases dentro e fora da gruta. O constrangimento

---

[16] PC/95 significa Plano de Curso e, no caso, seu respectivo ano.

não poderia ter sido maior: não sabiam como proceder na resolução da tarefa. Muitos "modelos" que apresentaram eram coincidentes nas representações do ar dentro e fora da gruta.

O professor Moacir fez um desabafo quanto a sua dificuldade, desapontamento e constrangimento por não entender, inicialmente, o que estava sendo solicitado. O que seria um modelo? Qual a relação entre modelo e modelado? Ao ser desafiado a pensar e a propor um modelo, ele viu-se na condição de aluno que não sabe e, por não saber, sofre. *A gente nem pensa o que se passa com nossos alunos diante de uma situação dessas. A lição é que nós estamos sempre aprendendo e revendo nossos modelos. É preciso nos colocar no lugar deles. É difícil para o aluno fazer um modelo atomístico* (CA1/94). A questão da avaliação começara a tocar fundo nos professores.

Procedemos à elaboração das Fichas de Avaliação. Várias delas foram utilizadas. A do primeiro bimestre era mais extensa e detalhada, para possibilitar maior interação com o estudante que estava chegando. Parte era dedicada à discussão da aprendizagem, confrontando-a com os objetivos gerais e específicos e com os resultados obtidos. Foram incluídas, também, questões que envolviam as habilidades, o grau de dificuldade dos conteúdos ensinados, a metodologia adotada, a relação entre teoria e prática, bem como o envolvimento do aluno e do professor. Desse modo, a aula, na sua acepção mais ampla, e seus atores eram postos em avaliação, em que se incluía, ainda, a da "capacitação" e da formadora, é claro. Esse procedimento justificava-se por causa das mudanças em curso e da necessidade de compreender e monitorar o que se passava.

Os alunos discutiam a ficha e preenchiam-na juntos. Uma de cada grupo era devolvida ao professor. De posse delas, os professores discutiam os resultados com a Direção da escola. Direção e professor faziam uma síntese da avaliação que era, então, discutida em nossas reuniões. Alguns professores relatavam a falta de tempo da Direção para discutir os resultados e, por isso, levavam todas as fichas para essas reuniões. Outros pediam ajuda à Orientação Educacional para fazê-lo fora do horário de aula, o que aconteceu em várias escolas, dando suporte aos alunos quanto ao entendimento da proposta, dos objetivos a serem alcançados, da metodologia adotada, etc. Esse serviço – o de Orientação Educacional – funcionava, ainda, como mediador de conflitos. (CA2/94)

O valor desse procedimento para professores e alunos pode ser ilustrado por este episódio:

Moacir: Meus resultados foram horríveis, bem aquém do que eu esperava. Eu coloquei ali no relatório que os alunos trazem aquele vício lá do Primeiro Grau. Aquela dificuldade de raciocinar, de pensar. Uma preguiça de escrever [...] Outra dificuldade que encontrei, também, foi em fazer com que um maior número de alunos participasse dos debates. Porque, na realidade, são poucos que participam. Ficam esperando que os outros façam e ficam querendo que a gente faça para eles. Então, na verdade, eles não entenderam o sentido do projeto. À noite, então, isso nem se fala! À noite, tem a questão do cansaço dos alunos, o que é natural. A falta de material... Ainda tem aluno que não tem a apostila.

Maria José: ...meu resultado está bem próximo do Moacir, um pouco melhor talvez, porque os meus alunos são um pouco mais novos que os dele. Os alunos mais velhos, que pararam de estudar, eles não têm, eles não estão tendo condições de aprender. Eles estão tendo muita dificuldade mesmo! Eles não acompanham. Eles não têm raciocínio. Nós temos alunos que não sabem ler. Então, sinceramente esses alunos têm muitas dificuldades. Tem alguns que estão demonstrando, assim, um certo desinteresse pela matéria. Estão achando que está muito difícil, sabe? Então, o que a gente observa também é a preguiça. Uma turma colocou na minha avaliação que o livro dá preguiça. É cansativo porque eles têm que ler.

Moacir: Isso.

Maria José: Então, como a gente não lê [para eles], eles acharam que eu tinha má vontade de responder. Porque eles não queriam pensar, porque *"Pensar... Que saco pensar! É tão difícil pensar! Porque você não responde as respostas para gente?"* Então, aí, o que eu fiz? Eu tive um trabalho! Eu achei muito cansativo, sabe ME? Eles estavam pensando que podiam conversar, que não precisava pensar, não precisava de nada. Um fazia e o outro copiava tudo. Pedi à orientadora do colégio para fazer um trabalho com eles [...] para me ajudar. Eu tentei várias formas de trabalho de grupo com essa sala, sabe? [...] Aí, quando chegou na avaliação, deu para sentir que eles melhoraram. [...] Gente! Gastei duas aulas para fazer a avaliação nessa turma. [...] eu acho que isso foi muito importante para mim, foi um caminho novo que me abriu e que despertou neles a atenção para a aula.

Tales: Eu fiz com que eles lessem alternadamente: cada um lia um parágrafo e, a cada parágrafo, a gente parava um pouquinho para discutir as idéias ali contidas. No início, eles sentiram meio pressionados, mas a avaliação final é de que a aula assim produz muito mais.

Maria José: A gente trabalha assim, né, Moacir? Só depois da atividade concluída em grupo, quando a gente acaba de discutir com a turma toda, é que a gente lê o texto e fala com eles. Então, eles sentiram muita dificuldade na leitura e de raciocínio também, porque o que queriam era que a gente lesse cada pergunta e interpretasse cada item com eles. Inclusive o primeiro E, por exemplo, me pediu aula no quadro. Teórica. [...]

ME: Eu estou achando interessante essa nossa conversa porque as escolas passam para mim que os alunos estão tendo dificuldade em Português, Literatura e Química. O que nos uniu nessa avaliação com a Literatura e o Português? [...] (RA/95)

A avaliação trouxe, ainda, muitas angústias em decorrência das variadas experiências de uma prática mais interativa. São diversas as formas de os professores expressarem suas angústias e as tensões vividas com a autoridade e o controle:

Raquel: Agora, vejam as sugestões que os alunos colocaram para mim que eu achei bárbaro: *"Já que nós trabalhamos tudo em grupo, professora, por que não fazer uma prova em grupo?"* Eu até concordo, eu vou até propor para eles, eu não sei se o grupo concorda. Eu posso dar uma prova em grupo e sortear um componente para fazer uma prova individual pelo grupo [...] Eu tiro uma média das duas provas, entendeu? O grupo faz... Vamos supor: um grupo de cinco... Um faz uma prova individual, pode até ser a mesma e os quatro fazem a mesma prova em grupo. Eu tiraria uma média das duas. Eu não sei... É uma idéia assim, entendeu?

ME: Hoje, na reunião da manhã, saiu uma angústia semelhante em relação à avaliação. Então, estamos chegando em alguns nós do ato avaliativo. [...] a sugestão que eu dei foi que, nesse próximo bimestre, o tema geral de educação que nós fôssemos tratar fosse avaliação, e a gente traria a alguém aqui. Não para nos fazer palestra, mas para colocar em discussão todas as angústias que nós estamos tendo em relação à avaliação. [...] em vez de a gente abrir um debate agora do que eu acho; a gente deveria deixar para depois, trazer uma pessoa com maior competência para nos auxiliar. Eu passaria para a ela qual é o ponto em que nós estamos. Quais são as dúvidas que nós estamos tendo até hoje, porque aí ela viria para fazer um trabalho nesse sentido.

Raquel: Mas é uma palestra para a gente discutir... Não é palestra, não!

ME: Não, não é palestra. Um grupo de estudo. Se precisar, ela pode até mandar alguns textos com antecedência. A gente lê esses textos aqui e levantamos as nossas questões. (RA/95)

Essa tensão, explicitada por mirabolantes arranjos nas formas de avaliar, pode ser percebida por meio do exercício que os professores fazem para se pensar. Decidimos buscar a ajuda de um especialista em avaliação. Entretanto isso de nada nos adiantou. O especialista limitou a nos fazer uma conferência sobre a necessidade de mudar a avaliação. A cada momento, os professores intervinham dizendo: *A gente não faz isso;* ou *Mas a gente já faz isso*. A tão esperada interlocução entre as questões práticas e as teóricas não apareceu.

Posteriormente, os relatos sobre o desempenho dos alunos na produção de texto e sobre a qualidade de suas intervenções mudaram muito. Segue-se, a propósito, o depoimento de Juliana, ex-professora do curso Técnico de Química, que recebia, portanto, alunos egressos da primeira série do projeto:

Juliana: A proposta é boa mesmo. Eu, de fora, via a repercussão deste trabalho através dos alunos que chegavam para mim. Era professora do segundo ano e sei os alunos que chegavam para mim. O nível de perguntas deles, o nível de curiosidade. Eles não aceitavam qualquer explicação. Eram muito mais curiosos e essa era uma característica da turma inteira, não era um ou outro aluno muito curioso. Era uma turma inteira: a gente tinha que correr atrás. Outra coisa: este ano, eu pedi aos alunos que fizessem um texto, uma redação com base em um problema real, com dados reais que desenvolvemos aqui com a ME. Pedi, primeiro, por exemplo, que calculassem a massa de álcool existente no sangue para um motorista ser considerado embriagado pelo Código de Trânsito – são coisas desse tipo que temos trabalhado com eles, são problemas de Química, mas com dados reais. Eles tiveram o maior interesse em calcular. E, no final, pedi uma redação sobre o álcool no trânsito. Eu fiquei, assim, boba de ver. Eu nunca vi um nível tão bom de redações, assim em nossos alunos. Primeiro, eu sorteei quem iria ler. Então, um rapaz me disse assim: "*Ô Juliana, por que você não deixa todo mundo que quiser ler poder ler?*" Eu disse: "Tudo bem. Você quer ler?" Ele respondeu: - "Quero". E leu. Os 21 alunos que eu tinha em sala leram e todas as redações eram muito boas. Por quê? É um trabalho que faz o aluno pensar, escrever o que pensa e não ficar com aqueles exercícios rotineiros e sem relação com a vida dele. (RA/96)

Os gráficos de rendimento escolar da Unidade Riacho apresentados em outubro de 1994, para suas 12 turmas, indicavam nota acima da média para mais de 90% dos alunos. A disponibilização de dados sobre rendimento, evasão e repetência passou a existir com a implantação do serviço de informatização da FUNEC, a partir de 1994, embora ainda de modo precário. Com as sucessivas mudanças na Direção Educacional, perderam a importância, uma vez que deixaram de ser divulgados. Ao final de 1996, não tínhamos mais acesso a nenhum dado estatístico dessa natureza.

O começo do fim

Em junho, a Fundação realizou o Seminário de Política de Capacitação Docente na FUNEC – 1995, quando apresentou um Plano de Ação para o triênio 94-96, com o objetivo de construir uma proposta global de formação em serviço com base nas diferentes concepções e modelos que vinham sendo implementados. A reunião em que isso ocorreu foi gravada e transcrita. No entanto, antes que pudesse promover tal reestruturação na política interna de formação, foi anunciada a saída do Diretor Educacional. O grupo recebeu, apreensivo, a notícia. Havia uma incerteza quanto ao nosso futuro. Organizamos uma reunião em Nova Lima para sabermos por onde caminhar. Num cartão de despedida, escrevi:

> De tudo ficaram três coisas:
> a certeza de que está sempre começando,
> a certeza de que era preciso continuar e
> a certeza de que seria interrompido antes de terminar.
> Fazer da interrupção um caminho novo.
> Fazer da queda um passo de dança,
> do medo uma escada,
> do sono uma ponte,
> da procura um encontro.
>
> Fernando Sabino

E, em retribuição, foi-me escrito outro:

> Os sonhos são os mapas dos navegantes que procuram novos mundos. Na busca dos seus sonhos, você terá de construir um novo saber, que eu mesmo não sei... E os seus pensamentos terão de ser outros, diferentes daqueles que você agora tem...
>
> ...Agora o que desejo é que você aprenda a dançar. Lição de Zaratustra que dizia que, para se aprender a pensar, é preciso primeiro dançar. Quem dança com as idéias descobre que pensar é alegria. Se pensar lhe dá tristeza é porque você só sabe marchar, como soldados em ordem unida. Saltar sobre o vazio, de pico em pico. Não ter medo da queda. Foi assim que se construiu a ciência: não pela prudência dos que marcham, mas pela ousadia dos que sonham.
>
> Todo conhecimento começa com o sonho. O conhecimento nada mais é que a aventura pelo mar desconhecido, em busca da terra sonhada. Mas sonhar é coisa que não se ensina. Brota das profundezas do corpo, como a água brota das profundezas da terra. Como mestre só posso então lhe dizer uma coisa: *conte-me seus sonhos, para que sonhemos juntos!*
>
> Rubem Alves

> Maria Emília,
>
> A cada momento da nossa trajetória, um sonho foi conquistado, mesmo que parcialmente, por isso, neste momento, não poderia jamais deixar de agradecer a você pelos instantes de alegria, de medo, de conquistas, de controvérsias, de desespero, de vitórias e sonhos que vivemos juntos.
>
> Assim, chegamos ao final de mais uma etapa das nossas vidas com a certeza de ter edificado não só um trabalho, muito mais do que isso, uma grande amizade que me possibilitou realizar conquistas que me pareciam impossíveis ou talvez inalcançáveis. No entanto nossa equipe arregaçou as mangas e partiu à procura da construção dos novos sonhos.
>
> Muito obrigado pela cumplicidade, pela credibilidade e pelo trabalho. A você, muito sucesso e muitas felicidades.
>
> Joaquim Gonçalves

Com a segunda gestão, fomos passados em revista: era preciso "avaliar" o trabalho dos formadores. Essa avaliação foi presidida por um psicólogo recém-contratado pela Administração Central. Ouviu cada um dos formadores e, quando fiz o relato do projeto de Química, ele deixou escapar seu sentimento: *Vai ser difícil acabar com este grupo.*

Sob a nova Direção, que tomou posse no segundo semestre de 1995, foi realizado um concurso geral na FUNEC para preenchimento das vagas em todas as disciplinas, preparado na gestão anterior. Havíamos auxiliado na organização do concurso, indicando bibliografia, programa e sugerido elaboradores de provas identificados com a concepção filosófica, epistemológica e pedagógica do projeto. O concurso aconteceu no primeiro semestre de 1996 e foi anulado. Outro foi promovido com base em novo programa, nova concepção e outra equipe elaboradora. A prova de Química trouxe uma perspectiva diferente, que não correspondia ao perfil de professores que pretendíamos que fosse selecionado. O resultado foi desastroso para o grupo e para a continuidade do projeto. Uma das professoras reprovadas relatou-me, num misto de riso e choro, que a Direção me havia responsabilizado pessoalmente pelo insucesso dos professores no concurso: *Manda os professores irem chorar no ouvido da ME. A culpa é dela que não soube ensinar para eles direito.*

Um clima de "Sexta-Feira da Paixão" abateu-se sobre o grupo. Na reunião que se seguiu ao anúncio do resultado do concurso, os professores estavam emudecidos. O silêncio era constrangedor. A prova foi discutida e os erros comentados. Alguns choravam sem conseguir falar. Preferiam escrever. Anonimamente, deixaram alguns registros. Neles, criticam a prova, falam de dúvidas, da baixa auto-estima, da indignação, do sentimento de perda, entre outros.

>Concurso lembra concorrer. Correr com.
>Ou correr contra alguém?
>Destino? Uma vaga.
>Classificação. Prova classificatória.
>Questões para eliminar candidatos.
>(In) justo?
>É a nova pedagogia? Tem isso algo a ver?
>O que aprendi ainda está valendo?
>Onde?
>Um ser humano na berlinda.
>Um professor em julgamento.
>Será este o único caminho? (Professor 1)

>Quando comecei a fazer a prova, achei que ela era muito tradicional. Não tem nada a ver com o nosso trabalho. Ao saber que muitos colegas não passaram, senti revolta, insatisfação e indignação. Pessoas competentes vão deixar o grupo por isso. (Professor 2)

Prestei três concursos, com menos de um mês do outro. O primeiro da FUNEC, em janeiro, errei somente uma questão de Química; meu concurso, em março, na Prefeitura de Belo Horizonte, fui aprovada com 80 pontos. Terceiro concurso, em abril, reprovada na FUNEC, Será que estou desaprendendo? Minha decepção foi grande, porque, depois que entrei para a FUNEC, foi que cresceu em mim a vontade de continuar estudando. (Professor 3)

Dormi mal naquela noite, sentia-me envergonhada. Hoje, neste momento, me sinto melhor vendo que foram muitos os reprovados, não pelo fato de estar compartilhando minha derrota com os colegas. Muito pelo contrário. É pelo fato de valorizar o conhecimento de muitos que também não conseguiram que posso me ver melhor. (Professor 4)

Ao sair da prova, me senti uma pessoa "burra", incapacitada. Comecei a lembrar da dificuldade que eu tive para me formar e me pareceu tudo inútil. (Professor 5)

A princípio, o meu sentimento foi de que eu não sabia Química. Eu tinha feito o curso errado; enfim, eu estava arrasado. Não tive nem motivação para ir trabalhar. Foi um sacrifício. (Professor 6)

Ao conferir o gabarito, veio a sensação de perda não só do emprego mas principalmente do curso de capacitação e de um trabalho feito durante anos... Mas não foi totalmente perda, pois ganhei muito aqui e tenho condições de sair, batalhar e enfrentar novas situações. (Professor 7)

As condições de trabalho na instituição vinham piorando significativamente. Uma professora explicita sua insatisfação diante de tal situação, o que teria corroborado para que ela não tivesse prestado o concurso:

- A condição de contratados que nos colocou por um bom tempo.
- A falta de responsabilidade no concurso de janeiro.
- A falta de respeito quanto às condições de trabalho, principalmente em escolas coabitadas[17].
- A falta de respeito em relação aos atrasos no pagamento.
- Enfim, a FUNEC está em um ponto que não vale mais a pena lutar ou sacrificar tanto por ela. (Professor 8)

---

[17] Escolas coabitadas eram aquelas onde funcionava tanto o ensino fundamental, quanto o médio. Todas eram públicas municipais e, portanto, mantidas com recursos públicos do Município, mas historicamente se construíram em separado, por grupos políticos diferentes.

Passado o impacto do resultado do concurso, começamos a discutir formas de viabilizar a manutenção do grupo. Aprovados e reprovados continuariam trabalhando até que se começasse a dar posse aos aprovados. O grupo rearticulou-se e resistiu, mesmo tendo sofrido baixas. Com o início do processo de posse dos concursados, o grupo viveu permanente renovação dos seus membros. Nas escolas e em nossas reuniões, os novatos sentiam-se estrangeiros. Muitas discussões não faziam sentido para eles.

O ano de 1996 foi, também, marcado por prolongadas greves em razão dos atrasos sistemáticos de pagamento, o que implicou enorme sofrimento por causa do grau de incerteza diante do que poderia acontecer. Além disso, as mudanças na Direção Educacional traziam o anúncio renovado e explícito de contenção de gastos.

De onde vinham tantas dúvidas, que chegavam a desnortear o grupo? Faz-se greve na escola, mas continuam-se realizando as reuniões de "capacitação"? Vai-se à reunião e discute-se a greve? E os novatos, o que vão fazer? *Sem salário, não dá.*

Comecei a pensar: Será que a "vaca" estava perdida? Talvez ela nem existisse. A discussão de nossas angústias foi motivada por um texto do Budismo Zen, que narra, em 10 quadros, "A doma da vaca"[18].

O último golpe veio com a convocação de uma reunião pela Direção Educacional. Os professores desconhecem a pauta e estranhavam, também, o meu desconhecimento a respeito da própria reunião. Como eu não sabia de nada, estava conseqüentemente excluída. O tempo vinha nos ensinando a melhorar nossos registros e a ficarmos mais atentos com o que chamávamos de salvo-conduto: a divulgação das decisões do grupo. Munidos de gravador, foram todos para a reunião convocada e pediram licença para gravar o que fosse discutido nela.

A questão que orienta a reunião é praticamente uma só: por que o grupo de Química funciona e quem pode dar "continuidade" ao processo? Na medida em que vão narrando a experiência, sua positividade vai sendo indiciada. Tematizam o caráter de novidade do projeto, o prazer e a auto-estima resgatados, a ascensão profissional, o prestígio social e intelectual, a afetividade pelos alunos e colegas, o nível intelectual dos alunos, a redução da evasão e da repetência, a entrada dos novatos, o

---

[18] Conheci esse texto em 1996, acompanhando o professor Luiz Otávio Fagundes Amaral, numa de suas aulas de Instrumentação para o ensino de Química – IEQ –, no Departamento de Química da UFMG.

material didático, o sentimento de incompletude e a demanda permanente de interlocução.

A despedida

Há registros de apenas mais um encontro do grupo de discussão do texto: "Ensinar o que não se sabe", de Rubem Alves.

De novo, é Natal! Quando cheguei para a festa, o Sirley bordava, no quadro-negro com giz colorido: "Boas Festas!" Festa, ceia, presentes, fotos. A Direção Educacional passou rapidamente por lá. Tudo indefinido: posse do novo Secretário só em janeiro.

Em fevereiro de 1997, fui convocada por uma nova Diretora Educacional. Comunicou-me a decisão de se suspenderem os projetos por contenção de gastos. Com um ar distraído, informou-me que não havia dinheiro, naquele momento, para me pagar os meses em débito, mas que, assim que regularizassem a situação eu seria chamada para receber. E até hoje!

O processo de afirmação e constituição dos grupos representa uma tessitura diurna dedicada e comprometida, como a de Penélope. Tecemos de dia, à luz do Sol, dando a ver nossos percursos, cuidadosamente avaliados e divulgados. Entretanto a história do desmantelamento dos vários grupos tem sido ardilosamente pensada, como um destecer noturno, premeditado pelas políticas de formação "descontinuada" de professores. Resistimos tecendo até que o destecer se torna mais rápido e a disputa desleal.

Aprendi com Portinari que éramos como mourões de cerca. Permanecíamos juntos e de pé porque atados uns aos outros por um projeto de escola, de vida e de sociedade, já que educar é sempre um projeto de vida. E, hoje, mesmo separados, ainda somos uma *comunidade de destinos* (BOSI, 1998).

Lições do vivido

> O que era de vidro quebrou-se.
> O que era de papel molhou-se...

Lição: [do lat. *lectione*.] *S.f.* 1. Matéria ou tema ensinado ou explicado pelo professor ao aluno. 2. Aquilo que é aprendido ou assimilado pelo aluno através dos ensinamentos do professor. 3. Unidade didática no conjunto de cada matéria ou curso, destinada ao ensino e ministrada por meio de explicações em classe ou de textos; aulas: *um curso em 10 lições*. 4. Trabalho escolar preparado pelo aluno para ser apresentado ao professor. 5. Exposição didática feita pelo professor, aula, preleção. 6. Leitura litúrgica. 7. *E. Ling.* Forma particular de um texto, em comparação a outra forma do mesmo texto. 8. *Fig.* Ensinamento, conselho ou exemplo que serve de orientação à conduta, ao procedimento: *Quem é você para me dar lições?* 9. *Fig.* Experiência que serve de exemplo ou aviso, especialmente em caso de falta ou erro: *Que isto lhe sirva de lição.* 10. *Fig.* V. repreensão. (Aurélio Buarque de Holanda Ferreira. *Novo Aurélio Século XXI: O dicionário da língua portuguesa*, p. 1210).

Aquilo que é aprendido ou assimilado. Ensinar e aprender estão no fundamento da lição. O professor pede a atenção dos alunos e explica a lição; o estudante atende à convocação e aprende a lição. O professor "toma" a lição, o aluno "dá" a lição. O professor abre o livro e convoca os alunos à lição, à leitura:

> O texto, já aberto, recebe àqueles que ele convoca, oferece sua hospitalidade. Os leitores, agora dispostos à leitura, acolhem o livro na medida em que esperam e ficam atentos. Hospitalidade do livro e disponibilidade dos leitores. Mútua entrega: condição de um duplo devir. (LARROSA, 1999, p. 139)

Unidade didática... 1. um dizer público: preleção; 2. um ler com o outro: congregação/comunhão; 3. um escrever: dispersão.

> A leitura torna-se assim no escrever uma tarefa aberta, na qual os textos lidos são despedaçados, recortados, in-citados e ex-citados, traídos e transpostos, entremesclados com outras letras, outras palavras. Os textos são entremeados com outros textos. Por isso, o diálogo da leitura tem a forma de um tecido que constantemente se destece e tece de novo, isso é, de um texto múltiplo e infinito. (LARROSA, 1999, p. 146)

Um trabalho escolar... escrever a tese (lição de casa) e se preparar (antecipar-se) para "apresentá-la" ao professor (a banca), para a argüição e a defesa. Defender-se.

Ensinamento, conselho ou exemplo que serve de orientação à conduta... O conselho da experiência é um ensinamento moral, uma sugestão prática, um provérbio ou uma norma de vida. O narrador é um homem que sabe dar conselhos:

> Mas se "dar conselhos" parece hoje algo de antiquado, é porque as experiências estão deixando de ser comunicáveis. Em conseqüência, não podemos dar conselhos nem a nós mesmos nem aos outros. Aconselhar é menos responder a uma pergunta que fazer uma sugestão sobre a continuação de uma história que está sendo narrada. Para obter essa sugestão, é necessário primeiro saber narrar a história (sem contar que um homem só é receptivo a um conselho na medida em que verbalize a sua situação). O conselho tecido na substância viva da existência tem um nome: sabedoria, A arte de narrar está definhando porque a sabedoria – o lado épico da verdade – está em extinção. (BENJAMIN, 1996, p. 200)

Embora Benjamin fale explicitamente de aconselhar, a perspectiva de poder tirar ensinamentos de experiências narradas foi assumida como lições. Hoje dar conselhos parece antiquado e presunçoso, na medida em que o conselho tem sido encarado como norma ou modelo. Sabedoria, também, não goza de melhor avaliação, podendo ser traduzida como esperteza e astúcia, forma de tirar proveito pessoal de certa situação. Sinto-me espreitada e interditada por esses sentidos e, assim, não posso falar de sabedoria. *Que isto lhe sirva de lição*:

> O que se trata aqui é de propor a experiência da leitura em comum como um dos jogos possíveis do ensinar e do aprender. E, simultaneamente, estabelecer o que tem a ver esse jogo, a experiência da liberdade, com essa curiosa relação de alguém consigo mesmo, à qual

> chamamos de liberdade, e com a experiência da amizade, com essa curiosa forma de comunhão com os outros que chamamos de amizade. (LARROSA, 1999, p. 139)

Então, optei por falar de lições do vivido. Lições lembram aula. Ensinamentos que lembram, por sua vez, escola.

> Na leitura da lição não se busca o que o texto sabe, mas o que o texto pensa. Ou seja, o que o texto leva a pensar. Por isso, depois da leitura, o importante não é o que sabemos do texto, mas o que – com o texto, ou contra o texto ou a partir do texto – nós sejamos capazes de pensar. (LARROSA, 1999, p. 142)

Você, leitor, agora lê as lições.

Primeira lição: Solidão e trabalho

Os professores, para dizer quem foram e em quem se tornaram, resgatam suas trajetórias profissionais e suas primeiras restrições em participar do grupo. Na medida em que narram suas histórias, confrontam seus modos de ser/estar na docência. O lado da lida, bordado com o mesmo ponto com que se borda o direito daquilo que é exibido, é o avesso que procuram resguardar como garantia de não-invasão. Por que, no entanto, esconder o avesso? Como somos/estamos no trabalho? Olhemos, pois, o avesso. (LACERDA, 1986)

Raquel: Quando me foi colocado, em 1993, que haveria uma coordenação, pelas informações que tinha dos outros grupos, eu pensei: Que saco, né? Que saco que eu vou ter que enfrentar uma capacitação. Vai vir uma ditadura, aí. Vai vir uma fiscalização. Vai haver uma mudança do meu querer, vai haver um doutrinamento, um policiamento, uma catequese em cima de mim. Pensei, que saco! Daí eu não pude. Eu me senti dividida porque eu não podia participar da capacitação aos sábados, porque eu tinha um curso, eu tinha que dar aula no Estado repondo greve. Não compareci na época e todo mundo me cobrando: Vai que é bom. Esse povo tá querendo que eu vá, mas eu tenho que dar minha aula, não tem jeito de eu ir. Quando foi em 94, comecei a freqüentar, foi quando eu comecei a sentir firmeza da coordenação, comecei a sentir que o grupo estava querendo era aprender, que ninguém era dono da verdade, que ninguém era autoritário. E eu tinha muito medo. Eu tinha medo de entrar no laboratório. Eu tinha medo de ser colocada em xeque, do grupo saber mais que eu. Eu tinha esse medo. Eu acho que todo mundo tinha. Não tinha, não? Eu tinha medo de falar alguma coisa e falar besteira e o grupo morrer de rir de mim. Eu tinha essa vergonha e eu comecei a sentir que eu comecei a aprender um pouco de Química e que eu não sabia era nada! E eu aprendi eu acho que, com o grupo. Eu aprendi a lidar com as minhas limitações, com o que eu não sei e trazer essas minhas limitações para o grupo, para a gente tentar resolver. Tentar construir alguma coisa em cima. Tentar crescer. É isso que eu sinto na capacitação e nas coisas que são trazidas para nós que são de sala de aula e isso é o que eu acho que é o grande e simples x da questão, que não adianta nada a gente ficar teorizando em cima da educação se você não sabe lá dentro como você vai mexer dentro da sala de aula. Então, para mim, o mais importante foi isso. Eu hoje entro no laboratório como se eu fosse dona do laboratório. Para mim foi assim. Você sabe disso, né, ME? Eu hoje sou a pessoa que mais mudou a postura.

ME: É. Raquel foi aquela que me recebeu assim: *Não entro no laboratório.* Falei: Calma! Vamos conversar primeiro – *Não adianta não dou aula de laboratório. Você quer que eu entre, mas eu não vou entrar. Eu tenho medo. Eu não vou.* Eu falei: *Calma, Raquel. Então, não vai. Não tem problema, vamos conversar, vamos para a reunião. Vamos discutir.* De repente, a Raquel começou a ir para o laboratório, correndo atrás. [...]. Vocês já viram como o trabalho solitário é muito improdutivo? [...]

Raquel: Talvez você, no trabalho individual, insiste no mesmo erro. Você banca a mula. Você fica ali empacado. Você precisa de outra visão, de outra cabeça pra ver de outra maneira.[...]

Carmem: Eu estou na FUNEC desde fevereiro de 1994 e eu já trabalhei em anos anteriores na rede particular. E eu nunca tive, nesses anos todos, um acompanhamento do meu trabalho em sala em sala de aula. Nunca! Nunca um orientador ou uma supervisora chegou perto de mim e conversou comigo sobre o meu trabalho em sala de aula. Era eu e Deus. E, abaixo de Deus era eu a toda poderosa. Fazia o que queria e o que não queria não fazia. Quando a ME me avisou que eu deveria participar das reuniões, eu tive também a primeira impressão que a Raquel teve. Seria doutrinamento. Seria uma condução de meu trabalho. Como é que vai ser minha reação? Mas eu vou lá! O que eu posso fazer, eu vou ver o que que é, né?

ME: Quem tem juízo obedece, né?

Carmem: Aí, eu cheguei na primeira reunião até muito assim... muito séria, não é, ME? Cheguei assim, caladinha, e fiquei só "urubus-servando". Olhava... Olhava... Um falava, outro falava, e eu olhando. E, desde a primeira reunião que participei, eu vi claramente o quanto aquele grupo poderia crescer e se atualizar dentro das propostas que eu ouvi da parte da ME. Eu ouvi as propostas dela de trabalho. Foi bem a primeira reunião. [...] No início eu não estava no projeto e, depois, eu passei a estar. E eu vi o quanto o grupo começou a se unir. Não tinha críticas ao trabalho de ninguém. Foi sempre assim: um passando experiência para o outro, um querendo ajudar o outro...

Raquel: Ninguém amarrando informação.

Carmem: Ninguém amarrando informação. Nada, nada. Nada disso ocorreu.

Raquel: Um trazendo um vidrinho de reagente para dar...

Carmem: Ah! Não tem reagente aqui. O outro trazia... Ou seja, a cooperação do grupo. Isso foi muito importante.

Raquel: Foi!

Carmem: Um querendo cooperar com o outro, porque nós sabíamos que isso ia nos ajudar, né? E um outro fator que foi determinante no nosso crescimento foi o fato da ME sempre trazer para o grupo propostas interessantes de trabalho, textos ...(acaba a fita). [...] Nosso trabalho também foi propiciado pelo incentivo que a ME dava para gente. Sempre trazendo coisas novas, informações. A gente lia alguma coisa necessária e trazia para o grupo. Então, isso foi enriquecendo. E eu tenho certeza que, hoje, se propuserem outro tipo de trabalho pra nós, nós vamos recusar. Por quê? Porque o grupo está unido, o grupo está coeso. Não tem nenhum professor que é melhor ou pior que o outro. Nós estamos coesos, nós estamos trabalhando na mesma linguagem, no mesmo nível. Por quê? Porque nós cooperamos uns com os outros. Então, eu acho que é por isso que a gente está aqui até hoje. É por isso que o pessoal fica perguntando: *Por que só o grupo de Química se reúne?* Porque nós temos interesse em crescer. Eu creio nisso, eu totalmente creio nisso. Os nossos colegas saíram; e a gente sente falta deles. Por quê? Porque nós formamos uma família praticamente.

[...]

Raquel: Eu trabalho nas duas formas. Eu trabalho no Estado de forma tradicional e, aqui, no projeto. Eu me sinto muito mais à vontade de dar aula aqui na FUNEC, sabe? É mais tranqüilo pra mim.

ME: Agora, como é a cabeça? São duas Raquéis?

Raquel: Ah! Não sei, eu estou sentindo...

ME: É uma Raquel na Funec e outra no Estado?

Raquel: É que eu estou sentido necessidade de já mudar lá no Estado. Entendeu? Eu não estou agüentando mais dar aquela aula tradicional.

ME: E por que não muda lá?

Raquel: Eu vou mudar, eu vou mudar, porque...

Tales: Porque o coordenador...

Raquel: Lá eu não tenho coordenador. A diretora me dá total liberdade para trabalhar, autonomia pra eu trabalhar do jeito que eu quero. Ela confia no meu trabalho. E eu vou mudar. Eu só queria mudar. Eu queria ter, assim, o segundo e o terceiro ano. Eu estou me sentindo ainda amarrada. O primeiro tá muito bom...

ME: Você quer ver o trabalho inteiro?

Raquel: Eu quero ver o trabalho inteiro. Eu acredito no trabalho seu. Senão eu não estaria aqui. Mas eu quero experimentar o trabalho inteiro. Então, foi isso que eu coloquei aqui basicamente.

Tales: ...A gente está no Estado, por exemplo. Meu caso no Estado é diferente do dela. A minha coordenadora exige que eu cumpra o conteúdo necessariamente. Tem que ser aquela coisa *ipsis literis*. Então, inclusive a Direção da escola também avalia a coordenação e vê se eles estão cumprindo isso. Então, fica uma coisa muito enquadrada no sistema. Muito neurótica.

Raquel: Engraçado, porque [...] é uma escola grande, difícil de controlar. Assim, de você fiscalizar professor por professor. É ou não é?

Tales: É verdade, mas existe isso, porque lá é...

Raquel: Numa escola pequena, por exemplo. A minha escola não é pequena, mas de Química tem eu e outro. Ficaria fácil de você controlar. (RA/95)

A recusa em participar do grupo

A convivência social, embora seja uma característica das relações entre humanos, nem sempre orienta as condutas e, em contextos hierárquicos, pode não ser desejada pelos trabalhadores. A recusa em participar de espaços coletivos é um modo de dizer que as interações, nesses espaços, são desfavoráveis. É nesse sentido que as professoras Raquel e Carmem evitam estar no grupo e adiam sua entrada nele por causa da desconfiança que desenvolveram em relação a esse espaço.

A preferência delas pelo isolamento é revelada mediante julgamento inicial quanto ao convívio com especialistas e pares. Raquel tem medo de se expor aos superiores hierárquicos, da tirania da formadora e de sua possível recusa aos saberes construídos no trabalho, medo da crítica dos colegas, medo de perder-o-seu-querer e de ver-se submetida a infindáveis discussões teóricas, sem se chegar ao que acontece na sala de aula.

Seria uma *fiscalização, catequese, policiamento, doutrinação* e *ditadura*. É contra isso que ela reage exclamando: *Que saco!* E conclui dizendo: *Daí, eu não pude ir*. Os depoimentos dos colegas deixam-na dividida: *Eu me senti dividida, porque eu não podia participar da capacitação aos sábados, porque eu tinha um curso, eu tinha que dar aula no Estado repondo greve*. Havia um argumento forte para ela adiar sua entrada no grupo. *Não compareci na época e todo mundo me cobrando: vai que é bom. Esse povo tá querendo que eu vá, mas eu tenho que dar minha aula, não tem jeito de eu ir*. Apesar do depoimento de autoridade dos colegas para que ela fosse, o desejo de ir ainda não era dela. Quem estava querendo que ela fosse era "o povo", os seus colegas; então, ela não pôde ir.

A recusa da Raquel de participar do grupo reside não apenas na crítica à insensibilidade dos especialistas, mas também no medo dos pares. Medo de ser colocada em xeque, de o grupo saber mais que ela. As relações de poder são vividas tanto entre níveis hierárquicos diferentes quanto entre os próprios colegas de profissão. A professora confessa: *Eu tinha esse medo: eu tinha medo [...] Eu tinha medo de falar alguma coisa e falar besteira e o grupo morrer de rir de mim. Eu tinha essa vergonha [...] eu não sabia era nada!* Esse medo não é só da Raquel na medida em que a declaração dela não é contestada pelos colegas, nem mesmo quando fala pelos outros, indiciando que se trata de um medo que era coletivo. A professora que é convidada para ser formadora também recusa, inicialmente, expor seu não-saber, seus dilemas em decorrência da exposição pública pela marcas de uma demissão recente. Medo e vergonha são sentimentos diferentes, mas intrinsecamente ligados no mundo do trabalho. O não saber, se revelado/flagrado, leva ao desprestígio profissional, enquanto o saber reconhecido publicamente é motivo de orgulho e de reconhecimento.

Dos superiores tem-se medo e a eles deve-se obediência. Dos colegas tem-se medo e vergonha, pois esses são, na condição de pares, autoridade para dizer e julgar a estética do trabalho docente. O medo do professor em perder o trabalho ou de não gozar de prestígio junto aos colegas passa pelas nossas fragilidades ante o conhecimento, suposto primordial patrimônio de trabalho.

Na medida em que se nega a complexidade e a singularidade do que acontece no espaço da escola, fugir das explicações canônicas e apresentar dificuldades e dúvidas tornam-se sinônimos de incompetência. A incompetência é marcada pelo desprezo, pela humilhação, pelo castigo e pela perda da auto-estima e do emprego.

Culturalmente, nossa sociedade é intolerante com o erro. Não se é permitido errar. O erro está associado a um sentimento de falta e negação. Apagamos o erro desmanchando com a borracha, pintando por cima, desculpando-nos com sentimento de culpa. "Eu sinto muito". É uma sociedade em que as coisas estão postas, dadas como certas e inquestionáveis.

A recusa inicial dos professores de compartilhar dos espaços coletivos está, desse modo, relacionada com: 1. a falta de convencimento quanto à identificação política com o grupo; 2. a não-garantia da invisibilidade pelo medo de não estarem sendo o que se espera que sejam; 3. a produção de singularidades.

A solidão no trabalho produz um duplo efeito: o sentimento de abandono e a garantia de não-invasão. A invisibilidade pelo isolamento é vivida no trabalho, assombrada por muitos fantasmas.

A solidão como uma clandestinidade imposta

Carmem recupera alguns dos argumentos de Raquel para explicar sua ausência inicial no grupo. Ao mesmo tempo que declara sua recusa inicial de participar do projeto de educação continuada, ela também se queixa da solidão que viveu na rede privada. Solidão e recusa são dois lados de uma mesma moeda, mas sempre dois lados.

A solidão e o isolamento fazem parte de uma realidade que marca profundamente a docência pela falta de tradição na construção de espaços coletivos de trabalho. O fato de a Carmem nunca ter tido ajuda de especialistas em educação aparece na forma de ressentimento pelo abandono em que foi deixada. O que fazem as orientadoras e as supervisoras na escola, se não acompanham o trabalho docente? Por que se omitem diante da tarefa de partejar o trabalho docente com os professores? Isso nos remete a uma antiga discussão sobre a divisão social do trabalho e sobre o papel dos especialistas na escola.

Há certa estranheza da professora em relação a essa falta de acompanhamento de seu trabalho. Como esteve só por tanto tempo? Por que nunca um orientador ou uma supervisora chegou perto dela durante tantos anos? Quando a professora diz que fazia o que queria não significa descaso ou falta de compromisso com a docência, mas que os docentes trabalham como podem, como acreditam e como sabem fazer na ausência de espaços coletivamente partilhados. "Por que os pedagogos não gostam dos professores?" (HOUSSEAYE, 1995). Por que os professores se queixam tanto dos pedagogos como interlocutores do seu trabalho?[1]

Os especialistas que Carmem conhece são (des)qualificados por ela como *doutrinários* e *condutivistas*. Ela, assim como Raquel, não acredita que o projeto de educação continuada possa ajudá-la e, conseqüentemente, não sabe qual será sua reação no grupo. Raquel adota mecanismos semelhantes ao postergar sua entrada. O que vai, ou não, dizer/fazer? Evidência de que alguma forma de recusa aos pares e à formadora identificada como "pedagoga" estaria sendo gestada. A professora Carmem trabalha com uma *memória de passado*, originária da rede particular, que se reflete nas expectativas dela em relação ao projeto de formação. Contudo ela sabe quando precisa recuar sem, necessariamente, submeter-se às ingerências e aos doutrinamentos da formadora.

Há, entretanto, um momento em que as correlações de força e de poder, existentes no interior da instituição, tornam-se desfavoráveis. É quando a professora percebe a necessidade de mudar de estratégia para sobreviver dentro da instituição. Para continuar invisível, tem de se tornar uma igual a seus colegas que participam do grupo.

Ao se indagar sobre o que pode fazer, Carmem revela que estava no limite da sua recusa em participar das reuniões. Ao perceber isso, ela desenvolve novos modos de "estar" nesses espaços não-compartilhados, sem desenvolver, contudo, a noção de pertencimento, porque desconhece as opções políticas do grupo. Compartilhando da condição de docente e estando, portanto, consciente da correlação de forças desfavoráveis entre posições hierárquicas, a formadora reforça a atitude de prudência da professora: *Quem tem juízo obedece.* Manda, quem tem poder. Estava-se tornando visível pela diferença. No grupo, pode-se continuar invisível: basta calar. Estar sem pertencer.

---

[1] Essa questão, embora muito importante, é apenas tangenciada neste trabalho, considerando-se que é necessário delimitar análises e focos.

Os atos de insubordinação no espaço do trabalho costumam ser resolvidos com dispensa e perseguição dos "professores resistentes". Como os professores de Química, naquele momento, eram, em sua maioria, não concursados, a dispensa era colocada sempre como uma possibilidade e, por isso, uma ameaça constante. Carmem decide agir em função de um "aconselhamento", em nome do juízo e da prudência. Continuar invisível. A participação no programa de formação de professores era condição para ser contratado na FUNEC. A freqüência ao grupo era sistematicamente acompanhada e cobrada pela Direção Educacional, por intermédio da formadora. Outros professores também foram pressionados a freqüentar as reuniões e, descontentes com a nova condição, abandonaram a Instituição.

Os casos de afastamento por negação radical ao projeto foram poucos e providenciados de maneira dissimulada. As justificativas apresentadas, por vezes, eram muito diversas do que originalmente suspeitadas, porém convincentes – como licença médica, casamento e mudança, entre outros.

A professora Raquel justifica sua recusa inicial com o compromisso que tem com seus alunos da rede estadual. Tinha um curso a dar, que estava comprometido em função de uma greve de professores. Como, naquela época, as reuniões de formação eram aos sábados, Raquel evoca a coincidência entre as reuniões e suas aulas de reposição em decorrência da greve. Permanecem as marcas dos indícios de resistência, mas com o apagamento de provas.

As recusas em entrar para o grupo, bem como os mecanismos sutis de resistência, não foram, à época, objeto de uma leitura mais atenta como a presente, o que não significa, é claro, que houvesse do desconhecimento que estava acontecendo.

Pelo modo como decidem ir para a reunião de formação, percebem-se as tensões que marcaram a estruturação do grupo. Havia, sem dúvida, uma desconfiança dos professores, pela participação imposta e pelo temor de uma submissão obrigatória a determinadas normas e condutas.

A incorporação dos professores foi diferentemente motivada: juízo, curiosidade, obediência, reação ao isolamento, remuneração adicional, insatisfação com o próprio trabalho, e outros. Certamente, alguns desses motivos estiveram combinados. O que não se encontra nos dados é uma adesão em massa, sincronizada e incondicional. Cada um, a seu modo, vai decidindo sua entrada.

Os professores evitam expor-se nos espaços públicos de discussão sobre a docência. Em última instância, esses espaços vêm-se configurando como espaços de denúncias e de críticas ao professor e seu trabalho, o que os coloca sob suspeita. A abertura das salas de aulas aos olhos curiosos e cheios de autoridade dos especialistas revela um modo de ser, de estar e de conceber a docência. Desnuda-a e mostra o seu avesso, sem, contudo, contribuírem para o avanço da prática e da reflexão pessoal. Mesmo nos projetos de educação continuada que dizem respeitar os espaços internos de trabalho – meio públicos e meio privados –, estar neles é sempre um risco.

O silenciamento como garantia de não-invasão

Uma dúvida:

> *E se estiver na pausa e não no assovio o significado da mensagem? Se for no silêncio que os melros se falam?* (O assovio seria neste caso um sinal de pontuação, uma fórmula como "dito, câmbio".) Um silêncio, na aparência igual a outro silêncio, pode exprimir cem intenções diversas; até mesmo um assovio; falar calando-se ou assoviando, é sempre possível; o problema é entender-se. (CALVINO, 1994, p. 26)

Examinem-se os silêncios.

O silêncio deixa ruídos, ainda que difusos e, por vezes, murmúrios difíceis de ser percebidos (CERTEAU, 1998, p. 115). Neste texto, tento significar o ruído que fica entre os dizeres. Os silêncios só funcionam como signos quando é frustrada a expectativa de um signo. Os discursos que circulam são permeados de silêncios. O que eles – discurso e sujeitos – querem dizer quando calam só pode ser compreendido interpretando-se o silêncio perante o que está dito, porque o que foi silenciado não diz. Portanto o silêncio de Carmem, que se interpõe entre um dizer e outro ou que atravessa todo o seu discurso, só poderia significar em contraponto com o que foi dito.

O silêncio surge pela falta do signo. É o que, estando para ser dito, é silenciado. Surge, pois, na confluência da expectativa do dizer, que não chega a ser materializado. O silenciamento da professora, na medida em que foi narrado por ela, deixou de ser silêncio, muito embora tenha produzido outros tantos. Silêncio e silenciamento são dimensões diferentes dos discursos e dos sujeitos.

> A elaboração da noção de silêncio na perspectiva discursiva tem conseqüências, ademais, para a concepção de linguagem. Se a Análise do Discurso contribuiu para difundir e expandir a concepção de que a linguagem não é transparente, mas opaca, polissêmica, habitada por múltiplos sentidos e vozes, indeterminada, a elaboração da noção de

silêncio, por sua vez, permite levantar suspeitas em relação aos sentidos que parecem fixos e cristalizados, em relação às vozes que falam. Podemos, assim, prestar atenção ao fato de que, quando alguém fala, alguém cala, alguma coisa é silenciada. Onde há linguagem, há também silêncio. (LAPLANE, 2000, p. 66)

Ao reportar-se à primeira experiência com o grupo, Carmem narra o modo como é introduzida na corrente histórica, produzindo significados sobre a docência e o processo de formação. "Ajuizadamente" ou "censuradamente" ela nega-se a falar. *Cheguei assim, caladinha, e fiquei só urubusservando. Olhava... Olhava... Um falava, outro falava, e eu olhando.*

O estar em silêncio numa relação de interação decorre de diferentes motivos. Carmem foi admitida recentemente e, depois de algum tempo de recusa, decide participar de um processo em curso. Ela entrara num grupo que já possuía certa identidade, tanto que ela vai perceber que os professores se ajudam mutuamente e que têm respeito um pelo outro. Além disso, ela é portadora de uma história pregressa com especialistas em educação que, na avaliação dela, foi frustrante. Entre falar e calar, opta por não falar. Seu silenciamento foi-lhe imposto por relações de poder vividas. A professora está censurada por sua condição de novata e por experiências de formação anteriores.

A expressão "caladinha" não corresponde, necessariamente, à ausência de palavras, gestos e sons. Significa que, num primeiro momento, os recortes entre o que se diz e o que não se diz são mais bem e deliberadamente cuidados.

As relações de dominação levam os indivíduos a criar *esconderijos secretos de uma clandestinidade imposta* (DEJOURS,1992, p. 26). O grupo torna-se o esconderijo de muitos professores, que, para não desafiar ordens superiores, passam a ser um presente/ausente.

Ao falarem do silêncio, as professoras exteriorizam suas relações com a censura que decorre de um discurso doutrinário que paira nas reuniões pedagógicas e que não compartilham. É exatamente por conhecê-lo que Carmem se cala. Calada, ela vê os outros falarem. É isso que lhe permite compreender uma história diferente da que ela construíra.

O silenciamento pode ser compreendido como manifestação decorrente de variados motivos – censura ou interdição, alheamento ou dispersão, recusa deliberada ou resistência, assombro ou ameaça, humildade, sabedoria, introspecção na produção de sentidos e outros.

O silêncio originado da censura ou da interdição auxilia na compreensão da historicidade dos processos de significação dos discursos em alguns espaços de formação, principalmente, quando prevalece uma relação autoritária dos formadores ou, mesmo, diante do não-reconhecimento do saber-fazer do formador.

O controle sobre o trabalho pode expor as fragilidades pessoais; por isso, prefere-se não dizer. Somos censurados naquilo que, ao ser dito, nos diz. E que, ao nos dizer, expõe nossos fantasmas. Silenciados e mantidos no isolamento do trabalho espreitamos, mas também não ficamos isentos de sermos espreitados. Construímos esconderijos.

Em silêncio e numa atitude de observação, Carmem não está alheia ao que acontece na reunião. É lá, no fluxo das interações discursivas, entre os ditos e os não-ditos, que ela se vai constituindo como parte do grupo. Estar calada é, também, uma atitude de quem espera pelo dizer do outro. É uma atitude de escuta, como se estivesse em compasso de espera, próprio aos processos de compreensão. O silenciamento da professora entre a recusa e a escuta vai-se ressignificando e ganha outra dimensão. Ao contrário de estar só e não ter com quem trocar, no grupo, Carmem escolhe não falar, mas, mesmo silenciada, ela participa dos discursos que circulam. Trata-se de um modo de estar em face dos sentidos. Sou *eu caçador de mim*, tentando compreender o que se passa, aperceber-me como parceiro e construtor do grupo pela cooperação, pelo trabalho e pela confiança.

Calando ou discordando, os professores desconfiam da legitimidade dos formadores e de seus projetos de escola e de ensino. Presentes ou ausentes, lá estão eles: visíveis, mas invisíveis.

Os fantasmas que nos acompanham

A solidão no trabalho decorre das relações que ocorrem no âmbito dele. Essas relações não são apenas de produção, mas constituem, sobretudo, relações de poder e, como tais, *produzem o modo de SER moral de todo e qualquer trabalhador* (ROSA, 1994, p. 3). Essas relações produzem, igualmente, um modo de estar no trabalho e desempenham papel preponderante no professor em que nos tornamos. A emissão de opiniões contrárias é, em geral, recebida como sinônimo de insubordinação ou, ainda, de um não-saber. Em decorrência disso, o professor tende a ser penalizado no espaço do trabalho. O castigo pode vir em atos sutis – horário de aula ruim, turmas mais difíceis de trabalhar, redução de carga horária –, culminando, em muitos casos com a demissão.

A reestruturação produtiva do capital instalada pelo projeto neoliberal está baseada, entre outras coisas, nas iniciativas de enxugamento, de desregulamentação do mercado e dos direitos dos trabalhadores, além de se pautar pela redução drástica de custos com pessoal. A conseqüência disso, entre muitas outras, foi a de ter gerado, nos últimos anos, um medo inconteste do desemprego. A flexibilização e a terceirização resultaram, para alguns, numa crescente intensificação e precarização do trabalho e, para muitos, em desemprego em massa, sem precedentes na história. Quem tem trabalho está "produzindo" mais; quem não tem fica excluído economicamente e obrigado a viver à margem da sociedade. Esse quadro de recessão, de desemprego e necessidade de manutenção do emprego a qualquer custo, conforme Antunes (2000, p. 82),

> acaba por criar as condições desfavoráveis para uma atuação mais visivelmente crítica dos trabalhadores, impulsionando-os no sentido da necessidade de seu envolvimento como forma de preservação do próprio trabalho. Menos do que envolvidos no projeto empresarial, com a aceitação e adesão de seus valores, o que se coloca para o conjunto dos trabalhadores é a necessidade de preservação do emprego nas condições mais adversas, em que, qualquer forma de questionamento acaba se convertendo num elemento de indisposição na empresa, com a possibilidade iminente de demissão.

O desemprego, fantasma muito em moda, representa a negação do direito legítimo de produção da própria existência, de prestígio e de reconhecimento social. Em tempos de globalização e neoliberalismo, o direito ao trabalho não só está sob suspeita, como também o não-trabalho se tornou "naturalmente" aceito. Da exploração da força de trabalho e da extração de mais-valia, como discutida por Marx (1978), passamos a conviver, na contemporaneidade, com a exploração da criatividade e da inventividade humana, que já pôs em questão a organização do trabalho, tal como concebida por Taylor.

O medo dos professores à iminente perda do cargo em decorrência da reprovação no concurso público corrobora a tese de Rosa (1994, p. 188) sobre os sentidos das perdas sofridas em momentos de demissão:

> A dispensa/punição representa não só a perda, mesmo que temporária, das condições imediatas de sobrevivência, mas particularmente a perda, sob a forma de desapropriação, do vínculo do trabalhador com "seu" trabalho e espaço de trabalho – do seu modo de ser profissional – tecido no interior de relações de poder que se materializam em relações de trabalho, no transcurso do tempo que permaneceu trabalhando na empresa.

O sentimento de perda do vínculo afetivo com os alunos, os colegas e com o próprio espaço da escola, associado à vergonha de ser marcado publicamente pelo rótulo de incompetente, vai conformando determinados modos de se estar no trabalho. É compreensível que o papel que o outro desempenha na constituição da subjetividade cause mais recusa, medo e vergonha do que esperança/confiança de que se possa promover construções positivas por meio do conhecimento.

Conhecedor de seus limites, o professor sabe do muito que não sabe. Ele também desconfia de que existem muitas coisas que os especialistas não sabem, mas desconhece que seus pares compartilham da mesma dúvida, vivam os mesmos dilemas e dificuldades no próprio trabalho. O medo de trabalhar em grupo decorre da consciência de que dele não se sai ileso. Fica-se exposto e, paradoxalmente, fragilizado pelo trabalho, que dá sentido ao fazer. Ignorando outras condições semelhantes à sua, vivida por seus pares, o sujeito resiste a falar. O isolamento anunciado pelos professores pode ser entendido, também, como uma estratégia para evitar a perda dos sentidos do seu trabalho – isto é, como negação da expropriação do saberes produzidos no trabalho.

Sintetizando, esse modo de ser e de estar no trabalho, como garantia de não-invasão, permite ao professor, na invisibilidade,

- manter seu trabalho;
- resguardar seu saber;
- ocultar seu não-saber;
- afastar de si as ingerências de terceiros.

A divisão social do trabalho produz a solidão

A separação entre a concepção e a execução do trabalho pedagógico serve para legitimar modos e saberes diferentes e, conseqüentemente, estatutos epistemológicos igualmente diferentes para professores e pedagogos. Mantido no anonimato, o sujeito pode escapar de ser criticado por aqueles que entram na sua sala, esquadrinham seu espaço, vasculham suas práticas registram suas idiossincrasias, escrevem e publicam artigos e teses sobre o que ele não é e sobre o que ele não sabe fazer.

Que paradoxo é esse que os professores vivem ante o desejo de estar ora a sós, ora com outros, quando falam da presença/ausência dos "pedagogos" no cotidiano do trabalho escolar? Qual é a origem dessa contradição? De qual parceria os professores se ressentem e por qual anseiam nos projetos de educação continuada?

Se partilharmos da idéia de que é pelo trabalho que nos constituímos como seres sociais e históricos, solidão, em princípio, não se conjuga com trabalho. O isolamento entre as pessoas não é próprio do processo de humanização. O trabalho, sendo um fato da vida social, possui centralidade na constituição da consciência humana. Nesse sentido, é a chave para entender-se a gênese do humano que há em cada indivíduo. As funções psíquicas superiores criam-se e desenvolvem-se no coletivo, ensina Vigotski em *O manuscrito de 1929*.

No modo capitalista, o trabalho restringe-se à labuta diária que se desenvolve ao longo da vida, promove a canseira humana e é, marcadamente, caracterizado por relações de poder e de dominação que subjugam e expropriam as pessoas do caráter humano que é próprio dele.

Baseando-se no modo como os professores se relacionam no trabalho, é possível compreender o porquê da solidão. São eles que revelam essa atitude de isolamento e de negação de partilha. A solidão, atitude que está associada ao medo de algum tipo de perda, constitui-se em oposição à cooperação e à solidariedade.

As análises feitas quanto à associação entre a solidão e o medo são recorrentes e resultantes de um modo de produção que controla, vigia e coordena os movimentos no espaço do trabalho[2]. A divisão social e técnica do trabalho não só fragmenta os conteúdos do fazer como também instala o medo e a impotência diante do trabalho que marca nossa existência e nossa constituição como humanos:

> O trabalho taylorizado engendra, definitivamente, mais divisões entre os indivíduos do que pontos de união. Mesmo se eles partilham coletivamente da vivência do local de trabalho, do barulho, da cadência e da disciplina, o fato é que, pela própria estrutura desta organização do trabalho, os operários são confrontados um por um, individualmente e na solidão, às violências da produtividade. Tal é o paradoxo do sistema que dilui as diferenças, cria o anonimato e o intercâmbio enquanto individualiza os homens frente ao sofrimento. (DEJOURS, 1992, p. 39)

Do divórcio entre a concepção e a execução e, conseqüentemente, da separação entre os que mandam e os que obedecem, instala-se o medo de cair nas armadilhas em que o trabalho pode nos enredar. Não ignorando o funcionamento da organização do trabalho, os professores desenvolvem outros mecanismos em resposta, ou seja, funcionam, de maneira singular, conforme a organização do trabalho a que estão submetidos e, assim, vão-se constituindo de maneiras diversas. A divisão social e técnica do trabalho, na medida em que homogeneíza e massifica os trabalhadores, joga-os na vala comum

---

[2] Em outro momento, realizei uma primeira aproximação com a temática (LIMA, 1990), que agora é ampliada, pela identificação dos mecanismos de resistência desenvolvidos pelos professores.

da invisibilidade e do anonimato. Solidão e invisibilidade são, pois, efeitos da organização do trabalho.

A divisão social do trabalho leva a uma relação neurotizante

A divisão social do trabalho criou, entre outras, a figura do especialista. Especialista em conceber, controlar e gerir o trabalho alheio. Enquanto Carmem se surpreende com a omissão dos especialistas, Tales vive a relação neurótica dessa convivência. Ele tem uma coordenadora como companhia em sua prática, que se desenvolve de modo neurotizante para ele.

Dejours (1992, 1994, 1999) ajuda a compreender as relações existentes entre as violências da divisão social do trabalho e o funcionamento mental. Ciente da violência desse controle, *ipsis literis*, sobre seu funcionamento mental, o professor não desconhece que é assim que a escola se organiza. Ele tem consciência da existência de níveis hierárquicos de controle e compreende as ações dele conseqüentes, já que, quem está controlando, é, também, controlado. Daí, seu permanente sentimento de controle reconhecido como neurótico:

> O medo e a ansiedade são os meios pelos quais se consegue fazer respeitar os preceitos hierárquicos. No primeiro plano, aparece a ansiedade: agir conforme as ordens recebidas, obedecer e proteger-se da ansiedade originada pelo risco de ser pego em erro. O condicionamento constitui, de certa maneira, a sintomatologia da neurose marcada pela organização do trabalho. (DEJOURS, 1992, p. 102)

O professor é "naturalmente" cobrado nos mínimos detalhes. Quanto mais se cobra dele, mais ele procura seguir o manual, prestar contas, correr com a matéria, solicitar aos alunos muitos deveres de casa. É assim que o sofrimento, causado pela ansiedade de produzir como desejam e esperam que o faça, gera mais trabalho, mais intensamente ritmado e alucinante. Daí, a conclusão de que o sofrimento intensifica o trabalho, gerando exploração do medo pelo medo.

A alienação e a subserviência não são marcas de nascença, mas mecanismos que desenvolvemos contra a organização do trabalho, preservando nosso corpo e nossa mente da doença. Via de regra, quanto mais a organização do trabalho é acentuada, menor é o conteúdo significativo do trabalho e menores são as possibilidades de mudá-lo. Correlativamente, o sofrimento aumenta. (DEJOURS, 1992, p. 52)

A mente é a morada do desejo, do prazer, da imaginação e dos afetos. A neurose emerge do confronto entre uma história pessoal de crenças, desejos, afetos e uma organização do trabalho que embrutece e desumaniza.

Nas relações fortemente hierarquizadas, produz-se maior ansiedade e sentimento de perda do que e do como fazer. A hierarquização impõe um ritmo que, alheio às necessidades dos alunos e dos professores, acaba por gerar neles ansiedade, insatisfação e, por via de conseqüência, desinteresse pelo trabalho, porque eles conhecem a improdutividade de tais ações desencadeadas pelos mecanismos de controle e expiação.

O resgate da autonomia de trabalho, da construção de espaços coletivos e o desenvolvimento da criatividade, entre outros sonhos antigos acalentados ante a desumanização taylorista, estão sendo redefinidos e incorporados pelos princípios de novas organizações, ditas mais ágeis e produtivas, conhecidas por flexibilização, toyotismo, e outros.

A "autonomia", no contexto da flexibilização, ganha outra conotação. Trata-se de formar profissionais autodirigidos, auto-regulados e "membros" eficientes de uma equipe. Isso sugere nova organização, que supostamente pretende superar a dicotomia entre trabalho manual e trabalho intelectual, concepção e execução, controle e autonomia. Poderíamos concluir que a flexibilização leva à restituição das potencialidades de construção do conhecimento no e pelo trabalho, bem como ao desenvolvimento da inventividade e da cooperação:

> Opondo-se ao contra-poder que emerge das lutas sociais, o capital iniciou um processo de reorganização das suas formas de dominação societal, não só procurando reorganizar em termos capitalistas o processo produtivo, mas procurando gestar um projeto de recuperação da hegemonia nas mais diversas esferas da sociabilidade. Fez isso, por exemplo, no plano ideológico, por meio de um culto de um subjetivismo e de um ideário fragmentador que faz apologia ao individualismo exacerbado contra as formas de solidariedade e de atuação coletiva e social. (ANTUNES, 2000, p. 48)

Entretanto, na contemporaneidade, a organização do trabalho está sendo concebida dentro de novo modo de regulação da subjetividade humana, conformada à exploração. A solidão continua sendo produto da organização do trabalho, seja ela taylorista, seja ela toyotista, e produz, como efeito, um sentimento de abandono. Ao mesmo tempo em que se vive o sentimento de abandono, embora convivendo em grupo, predomina a lógica da competição. Daí, o isolamento e a invisibilidade como formas de manutenção do espaço privado.

A divisão social do trabalho expropria o conteúdo significativo do trabalho

Raquel convivia com outro fantasma que a afastava, no princípio, do projeto de formação. Ela se refere ao medo de ter seu querer expropriado. A experiência de coordenações de área era amplamente criticada pelos professores de outras disciplinas, o que servia de referência negativa para o grupo da Química. Os coordenadores de área eram colegas, ex-professores, cuja relação estabelecida com os coordenados se caracterizava pelo controle, pela vigilância e pela autoridade de definir o trabalho dos professores com base em clara divisão do trabalho. Essa *memória de passado* fortalece a desconfiança de participar de espaços coletivos. Em outras palavras, ir às reuniões do grupo não era nada motivador: *Que saco que eu vou ter que enfrentar uma capacitação*, afirma Raquel. Enfrentar vem de enfrentamento. Encarar é colocar-se de frente e mergulhar nos embates. As situações que se configuram nas reuniões são sempre dialógicas e, portanto, de embate de idéias, sejam elas verbalizadas, sejam elas não-verbalizadas. Diante das palavras dos outros, retruca-se, complementa-se, confirma-se, nega-se com as próprias contrapalavras. A cada enunciação, a disputa de sentidos coloca-se presente. (BAKHTIN, 1997a)

O parcelamento das tarefas no âmbito escolar expropria o professor do seu saber, restando-lhe fragmentos de um saber-fazer, mais ligado à rotinização do que à compreensão dos princípios que regem as "opções" feitas. Isso porque as escolhas, em última instância, não recaem sobre o professor. Estes são, em maior ou menor grau, alienados do seu trabalho desde a definição dos programas, passando pela gestão do tempo e dos espaços, até a avaliação.

Quando diz que goza da liberdade de escolha e de autonomia no trabalho, Raquel esquece-se de que os programas já vêm definidos pelo mercado editorial de livros didáticos, pelos programas de vestibular, pela pressão social da comunidade escolar. É comum a submissão a um calendário escolar de provas, à adoção de um número determinado de provas com pesos/notas previamente definidos, etc. Suas concepções e práticas resultam desses modos canonizados de pensar e gerenciar a educação.

A organização do trabalho aparece como veículo da vontade de um outro a tal ponto poderoso, que, no fim, o trabalhador se sente habitado por um estranho (DEJOURS, 1992, p. 137). Os professores já vivem a expropriação do processo de trabalho no interior das escolas e esse processo potencializa-se nos espaços coletivos de formação pelas novas situações de imposição e controle criadas. Diz Raquel: *Vai haver uma mudança do meu querer...* Mesmo dentro dessa organização do trabalho que lhe nega a condição de autor, o professor produz muitos saberes que costumam ver negados ou, simplesmente, desconsiderados ou até mesmo plagiados pelos formadores.

Então, a recusa ao compartilhamento é também vivida como contraposição à expropriação do conteúdo significativo do trabalho. Trata-se de um mecanismo que resguarda significação àquilo que faz. A atitude de isolamento apresenta-se em contraposição à *frustração narcísica* – isto é, dos elementos que compõem a imagem de si mesmo. Assim, a frustração e a ansiedade são vivenciadas no isolamento e na solidão afetiva que as aumenta ainda mais. (DEJOURS, 1992, p. 77)

Nos espaços escolares, em que as relações são marcadas pelo jogo de poder, mando e obediência, mesmo contando com serviços especializados de supervisão, orientação e coordenação pedagógica, o trabalho resultante não se constitui como obra coletiva, mas como tarefas individuais e parcializadas. O trabalho uniformiza os indivíduos porque apaga as iniciativas espontâneas (DEJOURS, 1992, p. 40). Não deixa espaço para a criação.

Como pertencer a um grupo sem que haja mudança do querer no sentido de homogeneização das práticas? É possível, contudo, haver identidade política com o coletivo resguardando as singularidades? A pertença é um processo longo em que cada um, a seu modo e a seu tempo, vai-se aproximando do grupo e aderindo a um projeto que é coletivo.

Não adianta nada a gente ficar teorizando

Convivemos com uma organização do trabalho que hierarquiza o que fazer, o como fazer e o para quem fazemos. Na divisão social e técnica do trabalho, planejamento e execução nascem cindidos. Há aqueles a quem compete pensar e decidir sobre o trabalho, enquanto à maioria da massa trabalhadora resta um fazer consentido. A vigilância sobre o trabalho do professor cria uma forma de convivência coletiva que reveste o cotidiano da escola de um caráter autoritário e hierárquico próprio das relações de poder – são as falsas colegialidades de que fala Hargreaves (1996).

A posse da "verdade" é um fantasma que persegue os professores e orienta-se no sentido daqueles que detêm o poder. A sociedade em que vivemos, marcada pela exclusão social, confere valor a determinados saberes e àqueles que os detêm, dividindo-se entre os que sabem e os que não sabem.

Na interação discursiva, os professores explicitam a relação contraditória existente entre eles e os especialistas. Busquemos os especialistas. *Não para nos fazer palestra sobre avaliação, mas para colocar em discussão todas as angústias que nós estamos tendo em relação à avaliação.* Mas quem são eles? *Uma pessoa com maior competência,* completa a formadora. Não há negação quanto à competência do saber do especialista, mas restrição no modo de relacionar-se com os professores, falando sobre algo e não falando com eles de algo. Raquel temerosa descarta o caráter de palestra: *Mas é uma palestra para a gente discutir...* E a formadora, por seu turno, concorda que precisam estar abertos ao estudo, às leituras, mas que buscam interlocução. *Não, não é palestra. Um grupo de estudo. Se precisar, ela pode até mandar alguns textos com antecedência. A gente lê esses textos aqui e levantamos as nossas questões.*

Raquel reforça o condicionante da formadora: *Não é palestra, não!* Não é alguém para falar consigo mesma. Quem é que detém a verdade? Quem é que está autorizado a falar sobre o funcionamento interno dos espaços de trabalho?

> Não é qualquer um que pode dizer a qualquer outro qualquer coisa em qualquer lugar e em qualquer circunstância. Em outras palavras, o emissor, o receptor e o conteúdo da mensagem, assim como a forma, o local e o tempo de sua transmissão dependem de normas prévias que decidem a respeito de quem pode falar e ouvir, o que pode ser dito e ouvido, onde e quando isso pode ser feito. (CHAUÍ, 1980, p. 27)

Aos planejadores é conferido o direito de falar *sobre* o trabalho alheio. É a regra da competência:

> quando o discurso da unidade social se tornou realmente impossível em virtude da divisão social, surgiu o discurso *sobre* a unidade, quando o discurso da loucura tem que ser silenciado, em seu lugar surge o discurso *sobre*, onde não pode haver um discurso *da* revolução surge um outro, *sobre* a revolução... Ora, essa passagem do discurso *de* ao discurso *sobre* caracteriza várias de nossas atividades intelectuais. (CHAUÍ, 1980, p. 26. Grifos da autora)

Para silenciar o que os professores têm a dizer da educação, surge o discurso *sobre*. O que Raquel teme é esse discurso, que se chama a si mesmo de teoria. Pelo caráter educativo que guarda, o trabalho reveste o trabalhador de uma compreensão importante acerca de seu funcionamento, o que autoriza este a desconfiar de quem apenas planeja e controla os ritmos alheios. Fundando-se na distinção entre o discurso *de* e o discurso *sobre*, pode-se distinguir pensamento de conhecimento. Enquanto a reflexão e o pensamento emergem do trabalho e não se apropriam de nada, o conhecimento é uma apropriação intelectual do mundo:

> Para que o trabalho do pensamento se realize, é preciso que a experiência *fale de si* para poder *voltar-se sobre si* mesma e compreender-se. O conhecimento tende a cristalizar-se no discurso *sobre*; o pensamento se esforça para evitar essa tentação apaziguadora, pois quem já sabe, já viu e já disse não precisa pensar, ver e dizer e, portanto, também, nada precisa fazer. *A experiência é o que está, aqui e agora, pedindo para ser visto, falado e feito.* (CHAUÍ, 1980, p. 26. Grifos da autora)

É possível compreender a recusa inicial de professores em participar dos coletivos escolares mediante falas recorrentes quanto ao divórcio entre teoria e prática. O receio de os encontros se embrenharem por infindáveis discussões teóricas é bastante lembrado, ainda que de modos diversos.

A falta de conexão entre as teorias pedagógicas e o que-fazer da sala de aula é evocada como indício de que os professores não "resistem" simplesmente, mas "reagem" a projetos que não configuram sentido para sua prática. A mesma professora, quando fala do que sente em relação ao projeto, volta com o argumento da relação entre teoria e prática. Ela mesma afirma que o fundamental é o nexo entre a formação que está em processo e o ensino de Química que se pratica.

Em oposição aos discursos que se faz de fora e sobre a educação, teorizar significa enriquecer o sentido sobre o próprio trabalho:

> reconstruir a experiência a partir de dentro, junto com os professores, para teorizar sobre ela e torná-la comunicável. E teorizar não quer dizer outra coisa que dotar o que se viveu na sala de aula, no trabalho, no grupo, dos significados que adquire, para cada um, a própria experiência. Não é a visão de quem a recolhe e a escreve a que domina e se apresenta e, sim, o resultado de contrastar com o professorado o valor, a seqüência interna, a explicação da tomada de decisão nas quais se fundamentou a prática. Teorizar quer dizer, também, ir detectando as concepções e as teorias que subjazem numa determinada seqüência de trabalho, uma estratégia de avaliação ou uma intuição decisória. (HERNÁNDEZ, 1998, p. 15)

A professora Raquel quer falar da educação e, com a educação, teorizar o próprio trabalho pelo esforço pessoal de compreender seu fazer para elevar sua experiência à condição de fazer inteligível. O trabalho, ao ser pensado, pode ser compreendido. Ela se coloca como sujeito do seu trabalho, para superar a alienação daquilo que faz, para resgatar o conteúdo significativo do trabalho.*Ter a visão do todo.*

Segunda lição: Resistência e trabalho

Os professores resistentes são tidos pelos formadores como os que se distanciam das propostas ideais daqueles que se especializaram em propor soluções. As resistências correspondem à inventividade dos professores. A prudência é orientada pelo medo de errar, pela responsabilidade de acertar. A experiência é a mãe da prudência.

Eliana: Ô ME, eu acho que, a princípio, eu custei muito a... a aceitar, porque...

ME: Aceitar ou entender? Você estava entendendo?

Eliana: Não. Eu estava entendendo, mas eu não estava sabendo me aceitar e conduzir esse tipo de trabalho. Puxa vida! Dez anos... Quase onze anos... Com giz e quadro, cuspe e giz, né? Agora não! Eu acho assim: eu me aceito melhor, eu mudei demais.

[...]

Raquel: Para mim, foi muito fácil de trabalhar. Eles [alunos] estavam assim ansiosos. Eu achei que o material demorou um pouco, mas não comprometeu o trabalho do primeiro ano. Não tive problemas. Das quatro turmas de primeiro ano, uma turma eu tive problema de motivação, que era uma turma mais dispersa, mais bagunceira. Então, eu tive um pouquinho de problema com ela, mas, depois, tudo entrou nos eixos.[...] Agora o que eu sinto mais dificuldade no projeto é saber dosar o discurso autoritário com discurso persuasivo. Para mim, o mais difícil é saber... É chegar nessa hora, chegar nesse momento, sabe? Eu me sinto insegura, eu não sei se eu cheguei na hora, se eu deixei passar muito tempo, eu acho que isso é uma dificuldade, eu acho, que de todo mundo...

Carmem: Se você falou uma coisa que não deveria falar naquele momento...

Raquel: Se eu dei uma dica errada. Isso a gente fica muito inseguro [...] E a dificuldade que eu sinto no primeiro ano é de fechar o trabalho. Quando fechar? Se eu falei de mais, se não falei, se eu falei de menos – essa é a minha grande insegurança. Quanto ao segundo ano, eu fiquei muito... Como é que eu vou falar? Insegura mesmo. Tradicional ou o projeto? Material vem, material não vem? Enrolo aula, não enrolo aula? Trabalho no livro, não trabalho no livro? Eu me senti muito insegura e eu acho que passei isso para eles, porque na avaliação eles me colocaram isso...

Carmem: Eu tenho duas turmas de terceiro ano e queria fazer uma crítica [...]. Nessas duas [turmas] de terceiro ano eu trabalho com o projeto do [Pré-Vestibular] e o material que a gente trabalha é produzido por eles. E é um trabalho que a gente tem que fazer umas críticas, porque é muito... Não está dentro da nossa proposta. Então, sempre quando posso, eu discuto com o coordenador [do Pré-Vestibular]. Peço que ele traga questões abertas para se trabalhar com os alunos. E, se isso não ocorrer, eu vou, a partir de agora, dar aulas aos sábados só de questões abertas. Fiz a proposta para a diretora da Unidade. Ela gostou e vai ficar como opção para o aluno. Se ele quiser participar das aulas aos sábados, eu irei dar, porque eu acho que tenho de fornecer isso para o aluno. Tem que dar essa opção para ele. Eu acho que a gente tem que introduzir de alguma forma um pouquinho desse nosso trabalho no terceiro ano. Como eu tenho só três aulas, não há tempo suficiente. Pegar esse material do primeiro ano e levar para eles no sábado. Quem for na aula quer aprender; então, esse vai aprender. Vamos deixar claro que se refere ao primeiro ano que ele não teve. E fazer um trabalho de questões abertas.

[...]

Antônio: No terceiro ano, lá no Amazonas, nós já levamos os meninos para o laboratório. Eles estão fazendo algumas práticas das propriedades dos compostos orgânicos, ponto de fusão e ebulição – se queima ou não –, identificação de carbono... Umas praticazinhas simples que eles vêem sem precisar ficar decorando quando passa no quadro.

[...]

Carmem: Então, eu estou assim, tentando mudar as coisas. Assim, como o Antônio falou. A questão das funções inorgânicas... Eu vou dar funções inorgânicas. Agora, eu não vou dar nomenclatura. Eu não! Ensinar *eto, ato, ico* não! Eu vou dar os principais compostos e suas propriedades.

[...]

Carmem: Olha. Este ano, como a Raquel já disse, como houve uma demora na produção do material, eu comecei a trabalhar o livro do Telecurso. Como a FUNEC já havia adotado com os alunos e a maioria dos meus alunos havia comprado esse livro, eu achei que poderia trabalhar esse livro. Achei que seria um momento bom para trabalhar o livro, porque ele reflete a concepção de trabalho na mesma linha de nosso projeto. Então, eu trabalhei até o sexto capítulo do livro, que tratou das propriedades físicas, das transformações físicas e químicas e aplicações das propriedades... Eu fiz uma avaliação com os alunos e percebi claramente que não assimilaram, mesmo trabalhando o livro com aulas expositivas, com vídeos, eles não assimilaram a matéria. Foi assim: 40% não conseguiu 60% da prova. Quer dizer, ainda estavam... Aí que eu questionei mesmo. Aí chegaram as apostilas e eu comecei a desenvolver o trabalho com ela e fui começando a trabalhar e os meninos só gostando.

[...]

João: É o seguinte: eu estou de acordo, eu vejo que o projeto é uma boa coisa que está acontecendo, porque valoriza muito o aluno dentro de sala de aula. Mas a minha preocupação é a seguinte: você está propondo mudar e nós realmente estamos dentro de um sistema que ainda não mudou. Como é que fica esse aluno quando ele sair fora? Encarar esse outro sistema. Esse sistemão que está aí fora?

ME: Alguém gostaria de responder?[...]

Carmem: Nós já tivemos uma preocupação dessa no passado. Nós tivemos no início, em 93 e em 94. Então, o que a gente coloca é o seguinte: nós estamos preocupados em dar, no primeiro ano, a Química básica, que o aluno precisa para a vida dele, para sempre. Nós não estamos preocupados em formar químicos. Quem quiser continuar no segundo ano em Química vai ter o curso específico de Química. Então, nosso curso de primeiro ano é o curso básico. Ele terá que estar formando conceitos químicos, que vai usar no dia-a-dia dele. Então, se ele for um químico, ele vai aprofundar mais em Química, porque as pessoas estudam Química no segundo grau e nunca mais vêem Química. Também nunca aprendem nada. Estudou três anos de Química e não aprendeu nada. Então, nós queremos que o aluno saia do primeiro ano com os conteúdos básicos, para que ele atue na sociedade com esses valores...

Raquel: Eu falo a verdade. Eu estudei na Faculdade. Saí do segundo grau e entrei na Faculdade. Não sabia fazer um cálculo de concentração e decorei aquelas fórmulas todas. Pra quê? Eu ficava vendo meus colegas lá da Escola Técnica fazendo aquelas contaiada. Ficava: Meu Deus, o que que é isso? Nunca vi isso na minha vida. E vi, porque eu fiz primeiro, segundo e terceiro ano científico. (RA/95)

Dois anos depois...

Moacir: Com relação a esse projeto logo que iniciou é.... Realmente foi como a Carmem colocou, houve não resistência, mas uma certa dúvida porque a proposta é completamente diferente de tudo que já se tinha feito em anos anteriores. A coisa aqui com outros coordenadores não fluía. A proposta que veio era bastante diferente, tanto é que levava a atitudes como da Raquel, quero dizer, era uma coisa nova para gente. Depois dos primeiros passos nós vimos que realmente a idéia era bastante interessante e as aulas realmente mudaram muito e para melhor, é claro.[...]

Carmem: Ô Marta, a gente, na última reunião do grupo, ficou de pedir que a FUNEC, até o final do ano, faça um levantamento estatístico de aprovação dos alunos por ano e por Unidade, porque a gente sabe que vai mudar a política. Então, nós precisamos de dados impressos para mostrar para quem for entrar como evoluiu a aprovação em Química na FUNEC. Temos que ter dados concretos de aprovação. Se o projeto caminhou tão bem nesses anos, como foi o índice de aprovação? A gente tem que ter acesso a esses dados. (RA/96)

A busca do sentido oculto

No exercício da profissão, aprende-se a agir nos diferentes contextos de trabalho de certo modo, próprio à condição docente, (con)formado ao longo do exercício da profissão[3]. É preciso, portanto, que os formadores ao fazerem suas propostas de ensino considerem as condições sociais de produção do trabalho docente. A rigidez das práticas vai tornando, cada um, de certa maneira, refratário às mudanças. Essa invulnerabilidade às mudanças é, muitas vezes, associada à idéia de resistência. Resistência esta que possui conotação pejorativa de como os professores vivem a docência e reagem aos projetos de formação e de revisões curriculares, entre outros limites:

> Em termos individuais, a adesão, ou não, a uma mudança proposta do exterior é semelhante. Cada indivíduo é portador duma cultura pessoal construída não só a partir do grupo social de origem, mas também das interações com outros padrões constatados, experienciados ou mesmo rejeitados, em todo o trajeto biográfico, como vimos, e reage a um modelo novo, imposto ou proposto, de modo por vezes muito diferenciado. É vulgar categorizar essas reações pelo menos de aceitação e rejeição ou resistência, mas é importante reter que não há uma cultura ideal nem uma cultura universal. (VIEIRA, 2000, p. 96)

A resistência tem servido para responsabilizar os professores pelos mais variados insucessos no campo profissional, até mesmo por aqueles problemas que são de ordem social e econômica. O "professor resistente"

---

[3] Nesse caso, conformar aqui pode ser entendido como "adaptar", "moldar" ou colocar numa forma, isto é, como resultado de uma adesão a um conjunto de valores, normas e princípios orientadores da ação docente.

não é reflexivo, não é crítico, não é pesquisador. Orientar-se pelo velho, concebido pela tradição, tornou-se motivo de crítica e depreciação. Os resistentes são explicados pela limitação pessoal de entendimento das propostas ideais dos produtores de soluções. Trata-se de uma rotulação que desqualifica o trabalho docente, ao mesmo tempo que qualifica as orientações dos formadores.

A idéia de resistência, nesse caso, pode ser compreendida como sinônimo de atraso, aversão ao novo, anacronismo, alienação, conservadorismo, decadência ou, simplesmente, falta de entendimento. É como se os professores fossem incapazes de entender as idéias que os especialistas possuem. Porque, caso as entendessem, se faria a luz. O iluminismo pelas letras. Quando a professora Eliana fala de sua "resistência" inicial ao programa de educação continuada, a pergunta que lhe é dirigida pela formadora revela essa concepção: *Você estava entendendo?* Nesse caso, resistência está associada à falta de entendimento. *Aceitar o projeto, me aceitar* e *entender* não é mero jogo de palavras escolhidas ao léu. É, porém, a expressão do pensamento da professora, de como esse faz refletir sua constituição no projeto contra uma prática conformada por muitos anos.

A resistência pode ser também compreendida como reação a um acontecimento da vida que agride o indivíduo e nega sua condição de sujeito. Ela tem, portanto, caráter de autopreservação da constituição pelo trabalho, pela produção social do conhecimento, das crenças e dos valores. É um mecanismo próprio, que se aciona de negação pela negação do sujeito. Resistências como uma (re)existência. Resistência como uma necessidade de compreender o que faz, os sentidos do próprio trabalho.

Quando é preciso aceitar outra prática, cuja concepção vai contra as crenças pessoais, os sujeitos e suas práticas estão sendo negados. As concepções que nortearam a prática de quase 11 anos com *giz e quadro, cuspe e giz* estão em conflito com a concepção de educação que orienta o projeto. É isso que ela diz com a expressão *eu não estava sabendo me aceitar e conduzir esse tipo de trabalho*. A resistência resulta do conflito entre a professora que Eliana era e a outra que se foi constituindo. Os novos sentidos emergem confrontados com aqueles sem-sentidos próprios da rotinização das práticas.

À medida que o projeto de formação avança e ganha contornos mais bem definidos, a formadora vive a "ilusão" da configuração de sentidos únicos e de um fazer que ela supunha homogêneo. É comum a eleição de uma única perspectiva na configuração de sentidos. A tendência é a de fechar alguns sentidos, e o esforço é para fazer convergir outros tantos, empreitada de pouco sucesso, conforme explica Bakhtin nos estudos sobre a polifonia. Eliana passa a se aceitar melhor, mas não totalmente: *Agora não! Eu acho assim: eu me aceito melhor, eu mudei demais.* Entretanto, pode-se perguntar: há alguém que se aceita totalmente? Aceitamos a tudo e a todos do mesmo modo? Convergiram sentidos, mas estes não se fecharam num mesmo entendimento.

É possível encontrar elementos em Certeau (1998: 12) que auxiliam na contraposição à falsa suposição de homogeneidade das concepções e práticas, se se considerar que o autor

> toma por objeto não a escuma dos dias, o desconcerto e a confusão do discurso político, as lamentações de uns, as censuras dos outros, mas o sentido oculto daquilo que, mais profundo, e ainda misterioso, se manifesta essencial em uma grande confusão de palavras.

A *escuma dos dias* que se adensa aos olhos do pesquisador diante do confronto com os dados empíricos, por vezes, dificulta e até impede uma leitura mais aprofundada dos sentidos das resistências. O sentido oculto está na compreensão das singularidades dos atos desviantes, nas formas de viver o cotidiano miúdo da lida. Compreender as resistências e as transgressões, para além do reducionismo das críticas atuais, requer, conseqüentemente, argüir os sentidos que atravessam os discursos de modo geral. Os indícios das resistências são mais difusos e difíceis de ser captados, porque ser resistente implica estar fora da norma. Assim, o transgressor joga com a possibilidade do apagamento das pistas e com a própria invisibilidade.

A busca do sentido oculto exige entrar na confusão das palavras dos professores e deslocar a atenção do consumo supostamente passivo dos produtos recebidos para a criação anônima, nascida da prática e do desvio no uso desses produtos. *É preciso interessar-se não pelos produtos culturais oferecidos no mercado dos bens, mas pela operação dos seus usuários* (CERTEAU, 1998, p. 13), por práticas desviantes e pelas maneiras diferentes de marcar ou apagar socialmente o desvio operado.

Resistência inteligente[4]

Mais que resistir, no sentido de negar o outro, os professores, assim como os formadores, experimentam, testam e conhecem-se. A rigor, não existe resistência que não seja inteligente. Para Certeau (1998, p. 20), é sempre bom lembrar que não se deve tomar os outros por idiotas:

---

[4] Tomei de Gusmão e Von Simson (1989) a idéia de *resistência inteligente* e, de Dejours (1994), outra idéia, complementar: a de *inteligência astuciosa*.

Nesta confiança posta na inteligência e na inventividade do mais fraco, na atenção extrema à sua mobilidade tática, no respeito dado ao fraco, sem eira nem beira, móvel por ser assim desarmado em face das estratégias do forte, dono do teatro de operações, se esboça uma concepção política de agir e das relações não igualitárias entre um poder qualquer e seus súditos.

As derivações de sentidos resultantes da não-passividade, ante o fazer cotidiano, ajudam a pensar outros sentidos para a resistência. A coesão dos professores contra as investidas externas leva à falsa idéia de que compõem um todo único, homogêneo e afinado em suas concepções, suas práticas e suas condutas. Entretanto é no momento de maior distensão, quando os grupos não se encontram sob ameaça externa, que se explicitam as diferenças, porque interessa a interlocução para resolver as angústias pessoais. Nesses momentos, é possível flagrar, por meio das diferenças reveladas, os desvios da norma:

> As pessoas não são simplesmente reatoras: elas são criadoras, inventando seus próprios mecanismos de sobrevivência, suas próprias ferramentas ideológicas e redes de reações sociais, seus próprios veículos de luta através do tempo e do espaço. Este é um processo cultural, uma expressão criativa, dinâmica da totalidade das relações que caracterizam sua realidade física e cultural. (HAMILTON *apud* GUSMÃO e von SIMSON, 1989, p. 239)

Por trás dos mecanismos ditos de resistência, estende-se um movimento turbulento de os sujeitos se pensarem perante situações adversas àquelas a que estão acostumados e de responder a elas procurando a superação da turbulência instalada. Significa dizer que, no anonimato da labuta diária, criamos e recriamos, incessantemente, a nossa própria história. Somos sujeitos da cultura. As resistências correspondem também à inventividade dos professores mediante suas reapropriações e usos de produtos impostos pelo sistema. Certeau (1998, p. 146) utiliza-se da metáfora do equilibrista para dizer da instabilidade dos sujeitos ordinários que recriam seus caminhos e desvios. Trata-se de uma coreografia, que depende de uma arte de viver de modo pessoal e irrepetível o cotidiano. É um saber invisível que só permite aos demais fazerem o mesmo quando se conhece o truque:

> Dançar em uma corda é de momento em momento manter um equilíbrio, recriando-o a cada passo graças a novas intervenções, significa conservar uma relação nunca de todo adquirida e que por uma incessante invenção se renova com a aparência de "conservá-la". A arte de fazer fica assim admiravelmente definida, ainda mais que efetivamente o próprio praticante faz parte do equilíbrio que ele modifica sem comprometê-lo. Por essa capacidade de fazer um conjunto novo a partir de um acordo preexistente e de manter uma relação formal

malgrado a variação dos elementos, tem muita afinidade com a produção artística. Seria uma inventividade incessante de um gosto na experiência prática.

Os professores assumem atitudes de resistência nos vários momentos em que a constituição e a existência do grupo é posta em questão. A princípio, recusam-se a ir para o grupo e, quando nele, desenvolvem mecanismos de garantia da invisibilidade. Diante da eminência da perda do trabalho e do espaço coletivo de formação, os professores criticam a prova do concurso, solicitam a anulação de questões, articulam-se em outros espaços, prepararam com antecedência suas estratégias de participação, gravam a reunião, solicitam provas documentais sobre evasão e repetência, mantêm o grupo em vigília durante a greve, entre vários outros mecanismos de resistência inteligente.

É importante observar que os dados solicitados por eles são os mesmos que, em outros momentos, serviram para desqualificar suas práticas e definir a necessidade de um programa de formação em serviço. A resistência dos professores surge das relações assimétricas que se instalam no seio do trabalho docente. É, portanto, um modo de reafirmar as diferenças e de negar as verdades alheias como universais e inquestionáveis.

De modo velado e difuso, o cotidiano da escola é marcado por resistências e transgressões. Em alguns momentos, o jogo de forças torna-as mais exacerbadas; em outros, menos. O fato é que todos jogam e, também, blefam. O jogo tem a ver com o risco, mas também com a confiança em que se pode ganhar. Os mecanismos mobilizados para orientar o jogo fazem parte da arte da transgressão – a arte do fraco. Cada movimento é um passo decidido em determinado instante, como o do equilibrista na corda. A resposta tem que ser rápida. No jogo em curso, cada um, por seu turno, vai jogando não só com suas cartas, porque sempre confrontadas com as do adversário:

> Falando de modo mais geral, uma maneira de utilizar sistemas impostos constitui a resistência à lei histórica de um estado de fato e a suas legitimações dogmáticas... O que aí se chama sabedoria define-se como trampolinagem, palavra que um jogo de palavras associa à acrobacia do saltimbanco e à sua arte de saltar no trampolim, e como trapaçaria, astúcia e esperteza no modo de utilizar ou de driblar os termos dos contratos sociais. Mil maneiras de jogar/desfazer o jogo do outro, ou seja, o espaço instituído por outros, caracterizam a atividade sutil, tenaz, resistente, de grupos que, por não ter um próprio, devem desembaraçar-se de uma rede de forças e de representações estabelecidas. Tem que "fazer com". (CERTEAU, 1998, p. 79)

Caladinhos, só observando, jogam com o grupo até que conheçam um por um. Noutros momentos, usam da astúcia ao exigirem os documentos oficiais que podem favorecer o grupo num momento de mudança de governo. Dependendo das relações de poder e das circunstâncias, indiciam os pontos que os aproximam e os afastam do projeto de ensino. Outras vezes, revelam as transgressões às orientações da formadora.

Há uma distância entre o ideal dos formadores e aquilo que os professores em formação praticam no cotidiano das escolas. Ou, conforme Dejours (1992, 1994, 1999), há uma distância entre a *organização prescrita do trabalho* e a *organização real do trabalho*. Com freqüência, esse descompasso, quando flagrado, é tomado como resistência. A transgressão sugere uma arte de viver e de aprender com o trabalho. A arte de ser sujeito da própria história.

O trabalho real e o trabalho prescrito

O zelo é, segundo Dejours (1999), fundamental para a eficiência do trabalho em função da defasagem existente entre a organização prescrita e a organização real e é decisivo no funcionamento do sistema. A imersão na profissão docente desenvolve um senso de compromisso, zelo e vigilância com a própria prática nem sempre percebida e entendida.

Carmem já havia feito uma análise crítica do projeto do pré-vestibular e confrontado-o com o projeto do grupo, reconhecendo as limitações do primeiro. Havia, por parte da professora, gradativa superação da crença na transmissão de conteúdos e no adestramento dos alunos pela resolução de questões de múltipla escolha, mesmo com vistas ao vestibular.

Ela sabe que está cometendo uma infração quando coloca em questão a orientação da escola. Balizada no projeto de que se sente autora, ela confia na própria conduta. Entre a reação ao projeto prescrito pela escola, e a afirmação da proposta do grupo, há o zelo pelo aluno. Abandonar, porém, o projeto da escola significa uma transgressão visivelmente denunciada e uma crítica aberta à sua Direção. Por isso, Carmem mantém a execução do que está prescrito e mobiliza sua inteligência para encontrar saídas:

> é preciso não apenas dar mostras de inteligência para suprimir a defasagem entre a organização do trabalho prescrita e a organização do trabalho real, mas também admitir que, muitas vezes, essa inteligência só pode ser usada semiclandestinamente. (DEJOURS, 2000, p. 56)

Cumprir à risca o que estava sendo prescrito pelo projeto da escola de preparação para o vestibular, como proposto, não seria formativo nem levaria à aprovação dos alunos. Ater-se rigorosamente àquelas prescrições, numa "operação-padrão", seria desastroso quanto aos fins projetados. Daí, o desdobramento da professora com aulas aos sábados, questões abertas, incorporação de atividades do projeto do grupo, com a retomada de assuntos que, no julgamento dela, os alunos não sabiam.

Mudar o sistema para mudar a escola

Um modo de buscar cúmplices é fazer alianças com os pares. Solicitar que um colega responda a dúvida do outro significa reorientar o lugar da autoridade. Ao perguntar se alguém gostaria de responder à indagação do João, a formadora põe em jogo a recusa de reconhecer que, na base da proposta de formação, haja imposição por parte dela própria. Outro elemento importante a analisar é o fato de que, por conhecer o grupo e muitas de suas crenças compartilhadas, ela pode transferir o discurso de autoridade para o grupo, sem correr o risco de criar uma situação generalizada de desconfiança no projeto. A professora que toma a palavra coloca-se num lugar de poder quando diz que aquela era uma preocupação do passado e que quem está chegando ainda não sabe das coisas. Raquel sabe. Ela é dona da verdade quando dá seu depoimento como aluna: *Eu falo a verdade*.

Mudar o sistema para mudar a escola. Seria essa a lógica a ser seguida pelos professores mais obedientes a uma ordem maior que conforma as instituições? A obediência trabalha com a expectativa de que surja um momento propício para realizar uma mudança consentida. João reconhece alguns méritos do projeto – como, por exemplo, a valorização do aluno e uma relação menos assimétrica no processo de ensino e aprendizagem. No entanto a proposta de ensino, identificada por ele como sendo formadora, estaria na contra-mão do que acontece com a educação de modo geral. Fora da norma.

Carmem não é obediente. Diz que, ao contrário do que é proposto no momento, vai ensinar funções inorgânicas e ao modo dela. Valendo-se do seu jeito próprio de ser, de conceber e de ensinar. Nesse caso, socializa o produto das transgressões como troféu, muito embora a regra seja a de ocultamento, para manutenção da invisibilidade.

Na ordem e na contra-ordem do grupo, Carmem transgride. Conjuga o velho e o novo. O velho consistia numa prática, insistentemente criticada no grupo, quanto aos limites de um ensino fortemente orientado pela memorização de nomes e fórmulas.[5] A radicalização contra essa ênfase levou

---

[5] O atual ensino de Química tem-se caracterizado pelo excesso de informações de caráter pseudocientíficas e pela sua restrita capacidade de contribuir para a formação de competências sociais e de se afirmar como instrumento para a leitura de mundo, uma vez que é desenvolvido de modo fragmentário, dogmático e detalhista. Essa vocação do ensino de Química divorcia as representações abstratas da ciência e os fenômenos para os quais foram elaborados. (LIMA; AGUIAR, 2000, p. 40)

à exclusão desse tópico de conteúdo do planejamento de trabalho. Essa iniciativa tirou o chão de muitos professores e causou reações variadas – da obediência cega à indignação, passando, é claro, pela transgressão semiclandestina até se chegar ao entendimento do lugar que a dimensão representacional ocupa na elaboração do pensamento químico, a transgressão de Carmem mostra-se teoricamente acertada, ainda que diferente da verdade universal que a formadora quis prescrever.

Há aqueles obedientes, que acatam os discursos de autoridade em maior grau; há os que, simplesmente, desconsideram tais orientações e continuam dando o curso que acreditam e sabem fazer, às vezes, justificando essa posição na fala difusa de uma autoridade maior, o sistema escolar; e, por último, há aqueles que redefinem suas práticas de modo particular e, sempre que sentem uma conjuntura favorável, voltam a posicionar-se dando a ver aquilo que fazem, independentemente dos discursos de autoridade, porque são produtores de conhecimentos.

Carmem e Antônio explicitam que vão ensinar ou já estão ensinando funções inorgânicas. Outros professores, de modo mais velado, confessam suas transgressões apenas na hora do lanche, nos corredores, quando de nossa chegada e saída, nas caronas compartilhadas.

Posteriormente, fundados nas experiências pessoais, eles reafirmam a necessidade de não se descuidar dos nomes e das estruturas dos compostos, como ocorrera antes, cujas conseqüências foram sentidas no estudo de estequiometria. A linguagem química é constitutiva do pensamento químico e, portanto, justifica a não-dicotomização entre pensamento e linguagem (VIGOTSKI, 1999).

A resistência em seguir essa orientação leva alguns professores a desenvolver um currículo próprio e diferente, em alguns aspectos, do que estava planejado. Os professores fazem opções pessoais orientadas por suas crenças e saberes oriundos da prática. Essas opções são, porém, pesquisadas por eles no interior de seu trabalho.

A opção de Carmem para implementar o projeto da escola voltado para o vestibular não está em contradição com a concepção do projeto do grupo. Ela cria um modo pessoal de ensinar Química. A obediência cega – seja ao projeto da escola, seja ao projeto do grupo – não ocorre. A professora não está suficientemente convencida a ponto de optar por um ou por outro. Anos mais tarde, alguns dos professores dizem: *Meu curso é um misto do projeto e do tradicional*. É interessante pesquisar em que consiste esse projeto pessoal de ensino. Que elementos do velho permaneceram e que elementos do novo estão sendo incorporados?

Experiência, prudência e resistência

> Quem pensa opõe resistência.
> Adorno

Os dados indiciam uma vigilância constante dos caminhos adotados. As desconfianças indicam cautela por parte do professor na condução de seu curso. Eles apresentam ponderações, explicitam transgressões e, ao revelarem as investidas pessoais por outros caminhos, socializam os conhecimentos produzidos.

Os professores experientes confrontam o novo com o velho de forma criteriosa. A prudência está orientada pelo medo de errar, pela vontade e responsabilidade por acertar.

Etimologicamente, prudência é a qualidade de quem age com moderação e comedimento. Ao agirem com ponderação, os professores experientes conjugam saber e compromisso ético, fazendo interagirem virtudes intelectuais e morais. Os professores experientes temem colocar a educação dos seus alunos em risco. Agir em situações complexas de interatividade humana comporta risco; conseqüentemente, a prudência é a virtude do risco (GAUTHIER, 1998, p. 355).

As novidades são tateadas pelos professores experientes. Assim, elas são estudadas e, paulatinamente, introduzidas valendo-se de pequenas iniciativas. Os riscos corridos são meticulosamente calculados com base nos saberes da prática e referenciados no contexto mais amplo da escola. As virtudes intelectuais e morais referem-se ao desejo, às crenças e utopias compromissadas com o aluno sempre no sentido de "ganhar a aposta", de acertar. Trata-se de uma atitude zelosa. É nesse sentido que a resistência pode ser entendida como uma atitude de prudência em salvar e em salvaguardar a prática pedagógica:

> A phronèsis, virtude intelectual, está indissociavelmente ligada às virtudes morais, virtudes da parte desejante da alma de cujo funcionamento ela participa intimamente e com uma eficácia que vai até o desencadear da ação. (GAUTHIER, 1998, p. 353)

Os professores iniciantes, até por não ter um saber consolidado em situações específicas de trabalho, são menos resistentes às novidades. Isso porque lhes faltam saberes referenciais, com base nos quais possam comparar e avaliar as possibilidades de sucesso na ação. A prudência decorre da experiência e do compromisso ético com o outro e com o trabalho. Só pode ser prudente quem é experiente.

Para alguns, a resistência vem justificada pelas pressões externas a que estão sujeitos. João se preocupa, não sem razão, com um projeto que estaria sujeito a muitas pressões externas. Ao contrário dele, Raquel lança mão de outro expediente que se refere aos mecanismos internos que estão afetando o próprio trabalho. Ela está na corda bamba e precisa ser equilibrista. Quer mudar o pé, deslocar-se do lugar que lhe traz incômodo, mas sente que seu equilíbrio na outra escola em que trabalha é frágil. A motivação interna é intensa, mas ela sabe que a responsabilidade é, exclusivamente, dela. Lá, ela não tem o grupo para dividir dificuldades e responsabilidades. Portanto é compreensível que ela tema inovar na escola da rede estadual.

Raquel, na medida em que se anuncia tradicional, confessa que não está mais agüentando ser assim. Interpelada por Tales, ela conta que não tem coordenadora e que a diretora confia nela. E por que não muda lá? Prudência e sabedoria: *Eu acredito no seu trabalho, sim*, retruca. Entretanto ela precisa ter uma visão geral das três séries do ensino médio, dominar todo o processo. A segunda série foi concebida como currículo em ação[6], a terceira fora marginalmente tratada. Logo é compreensível sua insegurança. A resistência não vem somente pela falta de crítica sobre a própria prática. Para o professor, é igualmente importante vislumbrar o que pôr no lugar do velho. "Não jogar a criança fora, junto com a água do banho". A exigência de experiência do trabalho inteiro é a exigência de um saber incorporado, encarnado por ela própria, para deixar de ser uma crença no trabalho da formadora.

Como professora experiente, a dispersão, a motivação e a disciplina dos alunos são questões menores. Sabe o que fazer, mas reconhece problemas que a deixam insegura para aventurar-se na outra escola, onde vai estar só, sem o grupo para respaldá-la. Um deles está relacionado com a gestão do tempo e da aula; o outro refere-se ao dilema entre adotar integralmente o projeto ou recorrer, quando necessário, ao ensino tradicional.

Quando o material atrasa, ela se sente vulnerável e não sabe o que fazer. Então, administra o tempo a seu favor, até o material didático chegar. Ora enrola aula na expectativa da chegada do recurso didático, ora cria situações pessoais de continuidade: um "quebra galho" (DEJOURS, 1994). Contudo, se a demora na chegada do material é longa, ela já não pode mais enrolar aula e aluno. A astúcia da professora em tentar administrar um não-saber-o-que-fazer é, porém, flagrada pelos estudantes, que lhe revelam isso na avaliação. Não se trata exclusivamente de ter em mãos um material didático para as três

---

[6] Sobre currículo em ação, consultar GERALDI (1994).

séries em que vai ensinar, mas, também, de dominar a nova organização do trabalho pedagógico.

Aprender Química, conforme Mortimer (2000), envolve a introdução do aluno num mundo que é ontológica e epistemologicamente diferente daquele que se vive. Há um modo de pensar e de interrogar a natureza que é distinto daquele que se emprega normalmente no cotidiano. Entendo que ensinar ciências comporta, pelo menos, duas dimensões: uma externa aos sujeitos que conhecem e que diz respeito à cultura; e outra interna, associada à construção do conhecimento propriamente dita. Essas duas dimensões demandam uma gestão tensa da sala de aula, entre abrir e fechar sentidos, nem sempre negociáveis:

> Essas duas dimensões, cultural e pessoal, às vezes se contrapõem nas práticas do ensino e da aprendizagem em sala de aula. De um lado, aprender envolve uma liberdade de explorar e criar modelos explicativos de outro, o ensino guarda um compromisso de convergir significados numa dada direção. O equilíbrio entre essas duas dimensões é frágil, não podendo ser determinado de antemão, mas regulado no curso das interações em sala de aula. (LIMA, AGUIAR; BRAGA, 2000)

A introdução aos paradigmas da ciência envolve, necessariamente, instrução – ou seja, ação intencional do professor –, mesmo que ela seja acessada pela via do diálogo e da negociação de sentidos O professor trabalha para configurar certos sentidos reconhecidos e validados publicamente pela comunidade científica. Além de instrução deliberada por parte dos professores e dos recursos didáticos, envolve, também, construção por parte de quem aprende. Os alunos, como sujeitos do próprio conhecimento, interpretam o mundo e constroem explicações que são pessoais. Essa dimensão interna dos sujeitos gera modelos explicativos não aceitos pela educação formal, demandando dos estudantes esforço e abertura para rever pontos de vista. Em contrapartida, demanda do professor a capacidade de persuasão para configurar os sentidos tidos como consensuais pela ciência (LIMA, AGUIAR; BRAGA, 2000). Como entender os dilemas vividos por muitos professores com base na introdução de uma aula mais dialogada e na dosagem do "discurso persuasivo" e de autoridade?

A introdução, a manutenção e o encerramento de um diálogo não podem ser concebidos e antecipados na sua totalidade. O diálogo é determinado somente no curso da aula e isso implica, para o professor, novo aprendizado quanto à gestão da classe, do tempo e da matéria, que são aspectos surpreendentemente novos e difíceis mesmo para professores experientes, como são as autoras das falas apresentadas.

Assim, as inovações demandam dos professores experientes não só uma aposta na mudança. Não se referem unicamente à mudança nas crenças pessoais, mas à posse de um conhecimento novo quanto à gestão do conteúdo, da classe e do tempo escolar. Há, portanto, uma tensão entre um saber ajuizado na experiência docente, que configura um conjunto de crenças, e uma projeção, como possibilidade alternativa ao velho, mas genuinamente diferente na sua gestão. Aprender essa nova gestão é tarefa altamente angustiante:

> Se considerarmos essa dificuldade essencial a toda situação de trabalho, deve-se admitir que o trabalho não decorre jamais da "execução", mas que todo trabalho implica uma parte da gestão da distância entre a organização do trabalho prescrito e a organização do trabalho real, isto é, decorre ainda, por um lado, de uma dimensão estritamente humana, e mesmo inter-humana, resultantes da ação. (DEJOURS, 1999, p. 25)

A complexidade do trabalho escapa ao professor e é permanentemente um enigma a ser decifrado. Ele contém em si o caráter de acontecimento sujeito a reveses e retruques. A atividade da docência, como qualquer outra atividade humana, por si só, demanda permanentes reajustes, rearranjos. Em se tratando de uma situação nova que implicou mudança nas justificativas, no que e no como ensinar e avaliar, na organização do espaço e dos tempos escolares, com maior razão, os professores ver-se-ão em situações de sofrimento, mas também de criação, para agir em situações que lhes são contingenciais.

Terceira lição: Sofrimento e prazer no trabalho

O prazer no trabalho tem motivo. O motivo é o objeto mesmo do trabalho, aquilo que lhe confere sentido – o que não tem um motivo não tem sentido. Um trabalho pleno de sentidos é, pois, um trabalho motivado. A formação continuada, bem como o trabalho docente e discente, pode levar ao prazer, ou não, dependendo do motivo que o fundamenta. É preciso investigar qual é esse motivo, seu relacionamento com o trabalho em si, sua natureza, sua filosofia e sua função social.

Antônio: Eu vou ler o que escrevi. A Química, como uma ciência experimental, passou a ter mais sentido com a metodologia empregada. O caráter científico, bem como a metodologia científica, retornaram à sala de aula [...]. As aulas tornaram-se mais participativas e motivadoras. [...] O aluno pergunta, ele quer saber, ele lembra de uma situação do cotidiano dele e traz para a sala de aula. Isso nos força a buscar soluções e a dar respostas para ele. Então, se a gente não conseguir naquele momento, leva para discutir no grupo.

[...]

Carmem: Toda vez que eu chegava em sala de aula eles falavam: *Professora, nós vamos para o laboratório hoje?* Todos os dias! Quero dizer, o laboratório, para eles, começou a ser uma coisa comum. Então, para eles, o interessante era as aulas práticas. Eu ficava assim, eu até brincava com eles, eles ficavam olhando o termômetro na maior alegria de descobrir como mede a temperatura. Que felicidade deles!

Raquel: Eu tirei uma aula para ensiná-los a trabalhar com a balança. Eles acharam fantástico! [...]. O que eu vejo é que a gente instiga o aluno, cutuca o aluno. Não é a experiência. Experiência você pode fazer uma demonstrativa lá na frente pra ele [...]. Ele começa a pensar. É um mecanismo que está enferrujado. A cabecinha dele lá está enferrujada, porque ninguém bota ele para pensar e, de repente, você começa a fazer a engrenagem funcionar, a engrenagem andar. Na hora que ele sente que a engrenagem está, realmente, funcionando, é delicioso. Você sabe que é gostoso. [...]

ME: [Outras escolas da rede estadual] também têm aula prática e, nem por isso, deixou de ser relatado aqui como um trabalho tradicional e desmotivador. Qual é o motivo do sucesso aqui que você relata? Precisamos refletir mais sobre isso, para compreender o que estamos fazendo.

Carmem: A questão é a seguinte. Deixa eu relatar. Por exemplo: nas escolas convencionais, como que são as aulas práticas? O professor passa para o aluno o roteiro tal. Pega isso, pega aquilo. Ele coloca reagentes e aparelhagens lá. Já está tudo montadinho. Ele só executa, sem nem saber com que ele está trabalhando... Na nossa prática, não. O aluno chega e nos vamos trabalhar, por exemplo, na determinação da temperatura de ebulição da água. Fazemos algumas questões prévias para ele. Perguntamos em qual temperatura que ele acha que água vai ferver. Então, ele vai colocar o que ele pensa daquilo. [...] Eu acho que, nas nossas aulas práticas, o aluno é um agente ativo; ele que faz, ele que discute, ele participa, ele que detém os dados, ele que discute com o seu colega. Ele não executa mecanicamente. Depois dessa aula, existe uma discussão em cima do experimento. Depois, nós vamos trabalhar com o aluno dados que ele obteve na prática e nós vamos estudar o fenômeno através das experiências. [...]

Raquel: Eu percebi isso claramente quando nós construímos o gráfico. O primeiro gráfico foi uma luta. Eu gastei três aulas para construir aquele gráfico. Quando chegou no segundo, eles reclamaram: *Outro gráfico?* Eu falei assim: *Oh! Vocês estão com tanta prática porque fizeram o primeiro gráfico, três ou quatro vezes, que, agora vocês vão tirar de letra.* E foi dito e feito. Escala perfeita ocupando o espaço que eles podiam. Foi uma gracinha. Foi aí que eu percebi: os danadinhos gostam de ser cutucados. O trem precisa lubrificar para funcionar. ...Eles têm gostado. Eles estão muito motivados para a aula. Eles vão assim numa satisfação para a aula de Química. Sabe? Num prazer! Eu acho que fiz um bom trabalho no primeiro bimestre.[...] E eu aprendi – eu acho que com o grupo –, eu aprendi a lidar com as minhas limitações, com o que eu não sei, e trazer essas minhas limitações para o grupo, para a gente tentar resolver. Tentar construir alguma coisa em cima. Tentar crescer. É isso que eu sinto na capacitação. E coisas que são trazidas para nós, que são coisas assim, de sala de aula. E isso é o que eu acho que é o grande e simples x da questão: que não adianta nada a gente ficar teorizando em cima da educação, se você não sabe, lá dentro, como você vai mexer, dentro da sala de aula.

[...]

Carmem: ... com o passar do tempo, a gente foi percebendo que o grupo foi se unindo, foi se organizando de tal forma, que nós passamos a trabalhar com as nossas próprias experiências. Nós falávamos as nossas experiências de sala de aula e aquilo ali passava a ser...

Raquel: ...o motivo de nossa reunião

Carmem: o objeto, exatamente! Ah! Aconteceu isso com você? Então, eu já sabia: se isso acontecesse comigo, eu poderia saber... Eu já sabia que atitude eu poderia tomar.

Raquel: Na realidade, a gente até perguntava pra você que estava trabalhando no projeto: *Mas como é que o aluno enxerga isso?*

[...]

Fátima: Eu estou aqui na FUNEC desde 92, desde antes da ME, antes das reuniões. E eu sinto uma mudança muito grande. Antes, eu era uma professora tradicional, as minhas aulas eram bem teóricas. E, hoje, não! Hoje, nós estamos mais voltados para a prática mesmo [...]. Vários alunos já chegaram perto de mim para comentar que, assim, é muito mais fácil aprender e que eles estão achando menos... Encontrando menos dificuldades. A partir do momento que a gente vai para o laboratório, que a gente discute... E eles gostariam que nós tivéssemos mais aulas no laboratório. Porque nós fazemos as práticas, discutimos as opiniões deles. Eles colocam as idéias, a gente discute, chega a uma conclusão [...] Agora, eu tenho notado, também, que eles têm feito a ponte entre o trabalho deles e as aulas. Os alunos do noturno, eles trabalham na região industrial. Então, muitas vezes, eles trazem questões do trabalho deles para mim. Então, eles estão fazendo a ligação. E isso eu acho importante: eles sentirem que a aula de Química está inserida no cotidiano dele, não só dentro de casa mas no trabalho também. E eles dizem que aula está bem interessante e é comum você estar dando aula e, de repente, a aula acaba e eles falam: *Oh! já acabou?* Você sente que está interessante, porque, se não tivesse, ele diria: *Graças a Deus! Como essa aula demorou.* Eles sentem que a aula passou, assim, como um raio.

[...]

Marilda: ... aqui, eu vejo essa possibilidade de aplicar e ver onde está dando erros ou acertos. Porque não adianta nada você criar um estudo teórico e não ter aplicação. Então, esses são alguns dos fatores que até eu já comentei no Amazonas. Lá, dizem que eu estou bem. A questão financeira de eu vir para cá, me deslocar de ônibus, acordar 5 horas da manhã... O que me mantêm na FUNEC é o projeto de Química, que eu acho que está saindo muito bom. Eu tenho pensado muito. Agora, se eu for pensar só em termos financeiros e salas superlotadas, né? Eu não ficaria. Eu não ficaria, porque a distância da escola para minha casa é muito grande e não compensa. Poderia dobrar numa outra escola mais perto. Então, assim, o que me mantém na FUNEC é esse trabalho, é a equipe de professores que está me ajudando a crescer. Fermentando as idéias. E as idéias, elas... crescem na cabeça da gente. Mas, se elas não forem fermentadas, elas acabam. Então, o que eu gosto aqui na capacitação é esse compartilhamento de idéias, que contribui para o crescimento. E, quanto a esses encontros, eu acho que eles são diversificados. Nunca é repetitivo e nem cansativo. Até que eu coloquei aqui: eu quase nunca falto. Eu nunca faltei um dia. O ano passado, eu não faltei nem um dia. Porque eu acho que o interessante é participar. Eu nem estou pelo dinheiro. Não é pelo que eu recebo quando venho aqui. É porque o interessante é o trabalho.[...] Mas é claro que a mentalidade de quando eu comecei e a mentalidade de hoje - o conhecimento -, ela muda um pouco a cabeça e a gente fica incomodado, querendo mudar. Porque a gente vê a ansiedade dos alunos em querer aprender. De repente, tem aluno que fala assim: *Professora, Química é interessante, né?* E, ai, a gente vê que ele quer, ele quer mais. [...] Aí, ele vê que é interessante aquela matéria, que não é chata, assim como ele pensava. [...]. Ele tem essa visão de uma Química mais próxima dele. Por isso que eu acho que ela fica interessante. [...] Eu acho que aqui tem um espaço que a gente pode estar aprendendo, renovando dentro de sala, que eu tenho condições de discutir, de chegar aqui e tirar as minhas dúvidas e compartilhar, né? Olha! Vamos fazer isso aqui; logo, um colega passa para você as informações de como é que se faz. E eu acho que, cada dia que passa, é mais interessante. Traz novidades e está sempre trazendo novidades para a gente. E eu estou aprendendo e, com isso, eu estou me sentindo mais confiante, mais culta. Hoje, quando eu vou para sala de aula, com certeza, eu tenho muito mais confiança. E é importantíssimo você ter confiança. Dentro de sala de aula, você sentir essa confiança e passar para os seus alunos. É tanto que, na ficha de avaliação, eu fiquei feliz. Eu tenho vários defeitos, é lógico! Mas uma coisa que eles colocaram, assim, foi o meu profissionalismo, que eu explico bem a matéria. E isso, para mim, é muito importante. E as outras coisas a gente vai mudando. Outras são difíceis de mudar, porque defeito a gente vai ter sempre.

[...]

Eliana: Ô fulano! Como é que você faz? É assim que você faz? Então, realmente, eu estou indo bem [...] Eu passei a ver certas coisas que eu, antigamente, pegava pronto e passava: É isso e isso e acabou! Certas coisas, assim... Você dá um tiro que sai pela culatra. O aluno te perguntava as coisas, às vezes, você dava até voltinha e não tinha como argumentar. Agora, não! Então, eu estou notando que... Que tem muita coisa mudada. Eu me acho assim: eu tenho mais confiança de chegar dentro de sala e debater com um aluno.[...] Apesar deste ano estarmos revendo alguns tópicos, esse rever chega como novo. [...] Então, é um rever, mas é um novo.

Adelmide: Isso reforça, né?

ME: A gente nunca vê duas vezes com os mesmos olhos.

Eliana: É... Não são as mesmas coisas. Eu tenho certeza que, agora, vai me dar muito mais segurança do que no ano passado. Por exemplo, no texto sobre modelos. No ano passado, ficou meio assim no ar. Eu não fui nem capaz de aprofundar. Com medo de eu aprofundar e dar com os burros n'água. Quer dizer, é um repensar novo. [...]

Marina: Eu vejo que a gente está muito dentro daquilo que está sendo pedido dentro das propostas novas de escola e... E deu para repensar muito dentro de minha prática pedagógica... Em termos de conhecimento, eu vejo, hoje, a coisa mais a fundo, analiso isso. Dava meio superficialmente o que o aluno precisava. Quer dizer, olhava um conteúdo, chegava na sala e, então, eu não conseguia desenvolver aquilo... Hoje em dia, eu sinto isso: eu estou mais segura. Então, eu melhorei muito. (RA/95)

Dois anos depois...

Carmem: Aqui, eu reaprendi a ensinar Química com esse projeto. E acho que todos que estão aqui desde a mesma época que eu - a Maria José, o Moacir, a Marina. Pois eu aprendi a ensinar Química foi aqui. Nós sempre tivemos muita satisfação de vir às terças-feiras. Temos interesse em uma mudança de postura em sala de aula e a gente cresceu muito. A nossa freqüência, como você disse, é altíssima pelo interesse que temos em mudar nossa postura em sala de aula. Nós sempre colocamos isso: que nós queremos mudar! Independentemente de sermos contratados ou efetivos, nós queremos mudar, crescer. [...]

Moacir: Esse é um processo dinâmico. Estamos sempre mudando e a gente tem que reaprender sempre. Às vezes, surge uma questão na sala de aula. A gente vê que tem que aprender mais. [...] E sempre temos colegas novatos, que não passaram por esse processo. E mesmo nós, quando a gente vai trabalhar com esses novatos, surge uma coisa nova. [...]

Marta: O que eu quero, aqui, é saber: Por que o grupo de Química é tão unido assim? Por que o grupo de Química mudou as aulas em todas as escolas? Por que, com o grupo de Química, os alunos de agora são mais interessados? Entendeu? Porque eu vejo [...] as aulas da Luiza, mesmo no terceiro ano, assim ó... [cheias de alunos]. O laboratório está sempre cheio. [...] Então, é isso que eu quero saber. Houve mudança? Houve. O grupo é mais unido por quê? A Carmem dizia que ela reaprendeu a ensinar Química. O que aconteceu? Os alunos passaram a gostar mais de Química. Pelo menos, eu sinto isso.

Moacir: É. A gente fala que primeiro tem que ter a vontade de mudar. No primeiro momento, a gente ficou um pouquinho assustado, mas a vontade continuou e chegamos onde estamos. E criou-se um laço entre a gente, justamente em função do projeto, e é difícil isso acabar. Morrer isso. A gente está unido. E tem mais: todo dia a gente aprende. Constantemente, a gente está aprendendo. Apesar de já estarmos juntos há tanto tempo sempre tem uma coisa nova acontecendo em nossas reuniões. Quando a gente leva uma coisa para a sala de aula, a gente já veio aqui e experimentou primeiro. Não é assim no vapt-vupt...

Carmem: Fazer por fazer...

Moacir: É! Fazer por fazer. A gente vem aqui, faz, testa. As dúvidas que surgem a gente discute e procura propor soluções para essas dúvidas. E, às vezes, a gente tem de mudar para aplicar na sala de aula. Então, a coisa é dinâmica. Não é um fazer por fazer. Tudo tem um objetivo.

Juliana: Quando vocês falaram dos outros cursos de capacitação... talvez... Não sei o motivo exato, porque eu não tenho o dado certo. Se é só o desinteresse dos profissionais ou, às vezes, o próprio trabalho não está sendo conduzido numa linha interessante ou é a proposta. Porque todos nós aqui já passamos pela Universidade, já temos uma visão crítica de nosso trabalho, não é? É só uma pessoa apresentar uma idéia pouco fundamentada, nós vamos, em pouco tempo, jogar aquilo por terra.

Nilma: Eu vou falar ainda. Eu acho que dá certo devido à natureza do trabalho que fazemos aqui.

Carmem: Em nossas reuniões, um professor apresenta uma aula ou uma prática e como ele gostaria de desenvolvê-la na sala de aula. O grupo todo dá opiniões, ajuda. Isso nos faz crescer e melhorar a nossa aula. [...]. A ME traz, a gente discute, nada é imposto, nada nos é enfiado goela abaixo. Não, tudo é discutido! Nós vamos para o nosso grupo e não só preparamos aula, não. Não é nada mecânico. A gente vai fundo. Estuda, revê conceitos.[...] Nossas aulas ficaram muito mais interessantes. Levamos os alunos a pensarem mais, a observarem o mundo. Eles são mais interessados. São.

Leodita: Uma coisa muito importante no nosso grupo é que não tem egoísmo entre nós e, durante o ano todo, as atividades são diversificadas. Cada professor faz uma coisa diferente e a gente leva para discutir no grupo e pensamos juntos. Aqui, a gente tem essa condição de trocar idéias uns com outros. Talvez isso não aconteça nas outras áreas. Se fosse para saber gabarito, a gente nem precisava vir aqui. Igual na reunião passada. O Flávio chegou com uma idéia diferente da do material para apresentar um conteúdo. Diferente mesmo. E ele falava que a gente está sempre aprendendo.

[...]

Juliana: As reuniões que a gente tem aqui são muito produtivas. Você sai de casa, leva o filho para casa da sogra, o marido não sei aonde e você vem e não pode perder tempo. Acho importante saberem disso. Pode não ser só desinteresse profissional, mas a proposta que não atende o interesse deles. A nossa proposta a gente sente muita firmeza nela. A gente sente firmeza aqui em nossas reuniões. Larguei todo o trabalho que eu estava fazendo lá no CENTEC no meio do ano. Mudei. Comecei um trabalho na marra, no tapa, um trabalho que vocês já estavam fazendo e o Célio me ajudou muito. Eu ia lá de manhã, eu corria atrás. Por quê? Não era um trabalho fácil. Então, eu acho assim. É por causa do trabalho que está sendo feito com a gente. A proposta é boa. Mesmo eu, de fora, via a repercussão deste trabalho através dos alunos que chegavam para mim.[...] Por quê? É um trabalho que faz o aluno pensar, escrever o que pensa e não ficar com aqueles exercícios rotineiros e sem relação com a vida dele.

[...]

Nilma: [A assessoria] faz com que alunos e professores se sintam muito mais interagidos com o trabalho. Aqui em nossas reuniões, a gente senta e não só planeja as aulas dentro das atividades propostas, como a gente tem uma funtamentação teórica do que estamos fazendo. Não trabalhamos sem fundamento, como disse a Juliana. . E eu acho que é isso. Eu acho assim, que o sentimento do grupo e de que ele dá certo vem da natureza do trabalho, que não é impositivo. Ele é de interação mesmo professor, aluno e assessoria.

[...]

Antônio: A questão é a filosofia da proposta de formação. [...] Nós ganhamos de duas formas: com uma abordagem teórico-prática e essa outra abordagem que lida com problemas autênticos. Isso está aliado à capacidade como indivíduos que a assessoria tem de interação, de socialização, de instigar e de se empolgar como pessoas. Isso tudo fez sucesso. (RA/96)

Sofrimento e inventividade

Sofrimento e prazer estão intimamente ligados no mundo do trabalho, embora não se possa afirmar que têm a mesma raiz. Daí a opção por tematizar essas duas dimensões separadamente. Para falar do sofrimento, é necessário discutir a natureza complexa do trabalho real:

> Definiremos o real como "aquilo que no mundo se faz conhecer por sua resistência ao domínio técnico e ao conhecimento científico". Em outros termos, o real é aquilo sobre o qual a técnica fracassa, depois que todos os recursos da tecnologia foram corretamente utilizados. Portanto o real está consubstancialmente ligado ao fracasso. É aquilo que no mundo nos escapa e se torna, por sua vez, um enigma a decifrar. O real, então, é sempre um convite a prosseguir no trabalho de investigação e descoberta. (DEJOURS, 1999, p. 40)

Para enfrentar-se o real do trabalho em toda a sua complexidade, é feito o planejamento e, com freqüência, demanda-se do professor que ele seja o mais detalhado possível. Há uma ilusão de que, com um planejamento "bem feito", se atinge maior domínio do real. Entretanto o real tem caráter de incerteza, há sempre algo dele que escapa aos sujeitos e, nesses momentos, os reveses são inevitáveis. Quando se centra, especificamente, na aula e em seu caráter de novidade, as incertezas aumentam:

> A capacidade para fazer projeções, para planejar ações futuras, é uma característica exclusiva do ser humano, que o distingue e o torna muito mais poderoso do que qualquer membro de outra espécie. E exatamente porque o currículo é, por definição, indeterminável e imprevisível, é que devemos ser rigorosos com o seu planejamento. O importante é não cometermos o engano de pensar que nossos planejamentos são infalíveis, principalmente quando envolvem sistemas altamente complexos, e por isso mesmo surpreendentes, como os que estão implicados na ação educativa. Portanto o planejamento curricular, com todos os seus componentes, é uma primeira aposta, um guia para o trabalho e não uma predeterminação das atividades que serão, de fato, realizadas. Nem os objetivos, nem os conteúdos, nem a metodologia, nem a avaliação, nem mesmo os materiais didáticos podem ser submetidos a determinações prévias inarredáveis. (GIUSTA, 2001, p. 28)

Quanto mais se descrevem as rotinas de trabalho e se idealizam situações para enfrentar o real, maior é o sofrimento para o professor, uma vez que ele passa a experimentar, cotidianamente, sua impotência de ver realizada a aprendizagem que se antecipou como meta. A distância entre a organização prescrita do trabalho e a organização real do trabalho é fonte de sofrimento que não se degenera, necessariamente, em uma patologia mental (DEJOURS, 1992, 1994). Via de regra, o sofrimento no trabalho tranforma-se em apelo à busca de saídas em situações e tempo reais, isto é, mobiliza a inventividade humana. A inventividade pode ser caracterizada como uma *inteligência astuciosa*:

> 1) Ela é mobilizada frente a situações inéditas, ao imprevisto, frente a situações móveis e cambiantes. 2) Ilustra-se particularmente na atividade de caça, na arte do navegador ou do médico. 3) Sua competência é a astúcia. 4) Ela está fundamentalmente enraizada no engajamento do corpo, que funciona graças a um mimetismo com as exigências da tarefa, que remete, bem precisamente, à utilização da "sensibilidade" analisada no conceito de atividade subjetivante. 5) Preocupa-se em poupar esforços e privilegia a habilidade em detrimento do emprego da força. 6) É inventiva e criativa. (DÉTIENNE; VERNANT *apud* DEJOURS, 1999, p. 46)

Para enfrentar a complexidade do trabalho, mobiliza-se a capacidade de criar e de recriar situações de compatibilidade entre o que se estabelece como desejável e as condições de imprevisibilidade e incerteza. Na medida em que se relativizam as prescrições do trabalho e o planejamento das ações, diminui-se o sofrimento. O que não significa abrir mão de o professor antecipar-se às expectativas e de indicar caminhos, como planos de vôo.

Os grupos não se constituem de modo harmônico e sem sofrimento. Muitos são seus dilemas pessoais e coletivos que nele afloram, decorrentes dos embates acerca do que, especificamente, mudar, dos conteúdos a ser excluídos, dos novos tópicos a ser introduzidos, das opções políticas e teórico-metodológicas a ser feitas, da escolha do livro didático, dos procedimentos de avaliação e outros.

Em geral, os modos de enfrentar os dilemas são muito diversos graças às singularidades dos professores em função de suas histórias. A relação de cada um deles com a organização do trabalho e com a produção do material didático é genuinamente diferente e isso produz conhecimentos diversos. Uma situação relatada pela Raquel como fatigante, para Carmem foi equilibrante. Posteriormente, na reunião de formação continuada, diante do relato da Raquel de como isso teria influenciado no resultado do trabalho no bimestre, é que Carmem, retrospectivamente, reflete sobre o que viveu. Para dar vazão a essa tensão criada pela falta do material didático em sala de aula em tempo hábil, Carmem propõe-se um plano alternativo de vôo e, dele, extrai lições que fortalecem suas convicções futuras quanto à necessidade de optar por uma prática mais interativa, que leva em consideração as concepções prévias dos estudantes e os modelos explicativos que eles propõem. É isso que ela compartilha com os colegas, quando, ao falar de sua experiência, conclui: *Eu fiz uma avaliação com os alunos e percebi claramente que os alunos não assimilaram, mesmo trabalhando o livro com aulas expositivas, com vídeos, eles não assimilaram a matéria.*

Em vez de ficar no compasso de espera na sala de aula, ela abandona, temporariamente, as atividades de ensino previamente elaboradas, em função da demora com que o material chega às escolas. A opção de Carmem é pela retomada do ensino com base no livro do Telecurso. Essa "transgressão" é uma saída pessoal e fora da norma, já que ela fazia parte do projeto piloto, que se utilizava "exclusivamente" do material em produção. A atitude desviante só é relatada *a posteriori*, quando já se dispõe de dados e de uma avaliação pessoal que pode ser socializada como conhecimento produzido valendo-se da transgressão. Essa socialização é, também, encorajada pelo fato de coincidir com a orientação do projeto de formação. A professora revela que há uma relação entre a natureza dos recursos instrucionais e o aprendizado dos alunos.

Se por um lado as transgressões não geram orgulho, nem prazer, nem alegria pelo seu caráter de desvio e insubordinação, por outro criam mecanismos de investigação e de reflexão mais sistemáticos. Em outras palavras, a elaboração da transgressão possibilita a aquisição de conhecimentos susceptíveis de fornecer elementos à organização tanto real quanto prescrita do trabalho. O convencimento das mudanças nas práticas docentes veio de fora, mas vai-se configurando endogenicamente pela validação que o próprio professor estabelece no dia-a-dia de seu trabalho. Não se trata de nenhuma nova produção do conhecimento acerca de como os alunos aprendem, nem de como se produz uma pedagogia da diferença, mas, sobretudo, de uma verdade que é interior e, portanto, mais convincente do que quando dita por outros.

Carmem utiliza-se do livro do Telecurso para minimizar seu sofrimento, fazendo dele um quebra-galho enquanto o material do grupo não chega. Ela domina o conteúdo e as estratégias de ensino próprias ao livro, embora ele esteja baseado na lógica da transmissão/recepção. O retorno à rotina da aula de *cuspe e giz* confere uma certa tranqüilidade na continuidade ao seu ofício. Ela se assume como sujeito de sua conduta, porque autora de sua ação.

A opção pelo livro do Telecurso implica uma iniciativa pessoal e singular tomada de uma experiência anterior, com vistas a ultrapassar as dificuldades contingenciais da produção do material. Os inconvenientes atrasos foram decorrentes da impossibilidade de se articular, de modo sincrônico, a produção, a avaliação e o uso do material – tarefa marcada pela abrangência, pela complexidade e pela contingência. Em qualquer situação de trabalho, mesmo naquelas em que existem dispositivos rígidos de funcionamento marcados pela prescrição de tarefas rotinizadas, os trabalhadores desenvolvem mecanismos menos sofridos diante das impossibilidades reais de se orientar exclusivamente pela prescrição do trabalho.

O momento de distensão no trabalho coloca a professora num dilema: esperar o material chegar ou voltar para um ensino tradicional que ela domina. Caso tivesse optado por esperar, toda a hierarquia superior, bem como os alunos, poderia julgá-la inoperante, dependente, negligente ou sem iniciativa. Parar de dar aula ela sabe que não pode, ainda que seja alto o grau de dependência e de fidelidade dela ao material do projeto.

Outra saída é fingir que a falta de material não é falta, está dentro da programação e o curso continua de modo natural e previsto. Como conseqüência, enrola a aula, ou melhor, enrola-se os alunos, como se tudo estivesse dentro do planejado. Para Raquel, no entanto, isso não é simples. Enrolar aula viola os valores éticos e morais, da professora, marcados pelo seu compromisso social. Enrolar aula é, também, motivo de sofrimento.

O dilema de Raquel decorre do fato de não dominar esse novo modo de conceber e de fazer educação química, diferente daquele que veio sendo forjado ao longo de vários anos de magistério; por isso, não sabe como prosseguir quando o material atrasa. O ensino tradicional de Química, baseado na transmissão e na memorização de conteúdos, já havia sido amplamente criticado, com conseqüente imposição de uma conduta moral a favor de uma proposição mais interativa de aula.

A lida, a labuta diária, é tarefa do professor. Frente a frente com os alunos, ele precisa dar a aula, seguir com o ainda não ensinado. É isto que se espera do professor no ritual da aula: dar continuidade. Em momentos de menor intensidade de trabalho, a carga psíquica é intensa, apesar das exigências aparentemente moderadas (Dejours, 1994, p. 25). O caso específico de Raquel parece paradoxal. O atraso do material, responsabilidade de seus superiores, teoricamente a isentaria dos problemas advindos do atraso e, portanto, de continuar no mesmo ritmo de trabalho. Enrolar para ela é dissimular, fazer de conta que tudo segue seu curso de normalidade e que ela parece dar aula.

A falta de iniciativa é atitude amplamente criticada – no trabalho, na escola ou na vida cotidiana –, pela qual os trabalhadores não desejam ser identificados. As situações de conflito geradas entre a organização prescrita do trabalho e a organização real são altamente produtivas. A prática do "quebra-galho" nasce das injunções entre o que se deveria fazer e aquilo que pode ser feito. Entre o real e o planejado.

Essa prática exige engenhosidade e esperteza no ajuste de situações imprevistas, sem a anuência de superiores e, por vezes, às escondidas dos próprios colegas. O conhecimento que é produzido nesses momentos, com freqüência, não é socializado e, assim, perde-se a chance de convertê-lo em experiência coletiva – compartilhada e validada –, e mobilizada em situações semelhantes. A prática do quebra-galho joga com a invisibilidade.

Nesse caso, o sofrimento causado pela falta e gerador da situação de adaptação transforma-se em fonte de prazer e de orgulho pela iniciativa tomada. Tais práticas podem sair da clandestinidade desde que a adaptação não implique procedimentos que coloquem em risco a integridade física e moral dos envolvidos nem venham a ferir os superiores. Nessas condições, elas podem vir a fazer parte dos possíveis dentro da organização do trabalho. Ao contrário disso, o mais comum é que tais iniciativas fiquem na clandestinidade; mesmo que conhecidas e utilizadas por muitos, elas são mantidas em segredos e dissimuladas, embora se configurem como importantes *regras defensivas* e de ofício (DEJOURS, 1994, p. 139).

As duas professoras tiram lições diferentes do vivido nesse tempo de espera. Raquel sabe que o resultado da avaliação da aprendizagem esteve comprometido pelo processo de ensino. Ela amplia sua visão de avaliação, articulando, de modo intrínseco, processo e produto, enquanto Carmem aprende a comparar e a contrapor práticas diferentes de trabalho.

A base do sofrimento pode degenerar em doença mental quando a organização do trabalho é muito rígida. Assim, uma vontade que é pessoal passa a se subordinar a de uma outra que pensa, planeja e controla a execução. Conhecer as angústias dos professores, seus desejos e zelar pela manutenção dos espaços de criação e de socialização são, talvez, as maiores contribuições dos formadores.

Motivo e motivação

O prazer ou o gosto pelo trabalho é recorrente na fala dos professores. Daí, o interesse em tentar compreender a raiz desse gosto desenvolvido por eles.

Já se fez referência, anteriormente, à produção e à utilização de atividades de Química como sinônimo de unidades didáticas de ensino. Como o conceito de atividade é matricial no pensamento de Leontiev, esse deve ser precisado agora, a partir de Marx, para que não haja confusões entre um sentido e outro:

> Ao introduzir o conceito de atividade na teoria do conhecimento, Marx lhe deu um rigoroso sentido materialista. Para Marx, a atividade em sua forma inicial e principal é a atividade prática sensitiva

> mediante a qual as pessoas entram em contato prático com os objetos do mundo circundante, experimentam em si sua resistência, influem sobre eles, subordinando-se a suas propriedades objetivas. (LEONTIEV, 1983, p. 15)

Atividade, nesse caso, está sendo entendida como uma prática de indivíduos concretos. Atrás de toda atividade humana, existe uma necessidade. A necessidade é uma condição interna que regula e dirige a atividade concreta dos sujeitos. Significa dizer que, satisfazendo as próprias necessidades, eles agem e, agindo, produzem novas necessidades.

A motivação é um fator psicológico que predispõe os sujeitos a realizar algumas atividades em que podem encontrar prazer ou os predispõem a se empenhar nelas. Do mesmo modo que a motivação está na origem do comportamento humano, o motivo está na base do prazer (LEONTIEV, 1978, 1983). Igualmente, não existe trabalho que não seja motivado. O motivo pode ser entendido como objeto – material ou ideal – de uma atividade dirigida para determinados objetivos. São os motivos que estimulam e orientam a ação:

> Pela terminologia proposta por mim, o objeto da atividade é seu motivo real. Por suposto, este pode ser tanto externo como ideal, tanto dado perceptivamente como existente somente na imaginação, na idéia. O importante é que mais além da atividade sempre está a necessidade a qual sempre responde a uma outra necessidade. Deste modo, o conceito de atividade está necessariamente relacionado com o conceito de motivo. A atividade não pode existir sem um motivo, a atividade "não motivada" não entranha uma atividade privada de motivo, mas uma atividade com um motivo subjetivo e objetivamente oculto. (LEONTIEV, 1983, p. 83)

Sobre os objetivos, alerta ainda Leontiev (1983), não se os inventa; eles estão dados pelas circunstâncias concretas em que se desenvolve uma atividade. Quais foram os objetivos que marcaram inicialmente o programa de formação de professores? Como esses objetivos evoluíram no tempo? A que motivos essas atividades estiveram vinculadas?

É preciso retomar, neste ponto, os objetivos inicialmente projetados pelo grupo e traçados em função das principais queixas dos professores: 1. a dificuldade dos alunos em entender o que era proposto, solicitando, com freqüência, a presença do professor nas carteiras; 2. a falta de interesse dos alunos, porque achavam a Química chata e difícil; e, em decorrência, 3. os altos índices de evasão e repetência verificados na Rede. Isso foi traduzido nos seguintes objetivos:

• Desenvolver nos alunos o gosto pelo aprendizado de Química.

- Desenvolver competências ligadas a leitura, interpretação e escrita.
- Desenvolver a autonomia de trabalho.
- Relacionar a Química com a vida.
- Diminuir a repetência e a evasão (DI/93, anotações manuscritas).

Tomando-se por base os jargões que já faziam sucesso na educação, foram definidos, ainda, como objetivo do projeto, tornar os alunos mais críticos e criativos. Outros objetivos foram, posteriormente, arrolados e puderam ser identificados na arqueologia dos dados. São eles:

- Compreender o conhecimento como produto humano e provisório.
- Compreender a Química como uma ciência que usa, recorrentemente, a modelagem como um jeito de ver a realidade.
- Tomar consciência de si no mundo e dos problemas da humanidade.
- Desenvolver uma consciência cidadã em sujeitos de direitos e de deveres, partícipes de um projeto de sociedade democrática.
- Desenvolver competências mais gerais como ferramentas para o pensar e para o agir.
- Relacionar ciência, tecnologia e sociedade.
- Construir conceitos básicos que dêem margem à compreensão dos fenômenos mais gerais da Química e que possibilitem aos estudantes continuar estudando. (DI/93)

As ações desenvolvidas estiveram subordinadas aos motivos, isto é, ao objeto em si do trabalho e dirigidas pelos objetivos citados. Importava uma ação antecipada como planejamento coletivo, orientado pelos objetivos e circunstanciados pela realidade vivida, pelos estudos teóricos e pelas discussões sistemáticas do grupo:

> As ações mediante as quais se realiza a atividade constituem seus "componentes" fundamentais. Denominamos ação ao processo que se subordina à representação daquele resultado que terá de ser alcançado, isto é, o processo subordinado a um objetivo consciente. (LEONTIEV, 1983, p. 80. Tradução minha)

Por que os professores conseguem encontrar prazer no que fazem diante de situações tão adversas? Embora as escolas tenham melhorado significativamente do ponto de vista físico em comparação com o que havia antes de o projeto ter início, os problemas continuaram existindo: unidades sem laboratórios, acesso restrito aos que existiam, salas superlotadas, salários comprometidos, alunos sem material escolar, professores com dificuldade de acesso a publicações mais recentes e outros. Por que os professores ficam na escola e lutam pela permanência do projeto e do grupo? São eles mesmos que respondem: o motivo supera as dificuldades que encontram. Não se trata, contudo, de sacerdócio ou doação. O motivo reside no sentido pessoal que eles construíram sobre a docência. Estar fazendo alguma coisa de bom significa ter um sentido pessoal e um reconhecimento social daquilo que fazem. Os professores sentem que seu trabalho tem um valor social; eles são necessários para a sociedade:

> Por mais paradoxal que pareça, para diminuir a carga mental de trabalhos fragmentados rotineiros, recomenda-se mais trabalho. Aumentar o ciclo de trabalho, atribuir outras tarefas, oferecendo mais trabalho? Novamente a questão não toca a quantidade, mas a qualidade, medida para tornar o trabalho sadio. Do mesmo modo, quando o trabalhador não tem controle sobre o processo de trabalho também se cansa, se desgasta, se esgota e como resolver? Oferecendo a possibilidade de mais controle. Ora mais controle significa mais responsabilidade, mais preocupação, mais tensão. Como é possível que tal mudança diminua a carga mental provocada pelo trabalho? De novo a mágica de tornar o trabalho mais saudável, para que o trabalhador consiga se ver como participante efetivo da construção de alguma coisa, parte daquilo que faz, construtor do seu produto. (CODO, 2000, p. 284)

Um trabalho construído coletivamente, que mexe com o sujeito de dentro para fora, não-alienado, tem resgatada sua dimensão ontológica e epistemológica. Isso não significa que o professor não sinta o peso das dificuldades materiais, mas, atrás de seu trabalho, reside outra necessidade, um motivo que confere humanidade à sua existência.

Saber e sabor: o gosto de ensinar e aprender

Dois eixos são recorrentes para explicar-se a satisfação com a docência:

1. O prazer do professor com o conhecimento e com o trabalho.

2. O prazer do aluno com o conhecimento e com o aprendizado.

Esses dois eixos constituem valores importantes no exercício da profissão, além de servir como orientação metodológica na construção dos motivos. O prazer de ensinar e de aprender é, freqüentemente, conjugado pelos professores como uma díade em que as partes se explicam mutuamente. Contudo qual é a base do prazer? O que motiva professor e aluno ao conhecimento?

A motivação para o trabalho é associada à satisfação dos alunos com o ensino recebido e dos professores com o trabalho realizado. A qualidade de ensino que os alunos recebem é o critério último – freqüentemente inescrutável – para avaliar-se a qualidade da formação que os professores se impõem (GARCIA, 1995, p. 27).

A satisfação dos professores está relacionada com um tipo de qualificação que lhes é revelada pelos alunos. Alguns indícios que os professores evocam para qualificar seu trabalho estão postos nas suas enunciações quando da avaliação do primeiro bimestre de 1995, procedendo por comparação com outros momentos. Eles mobilizam argumentos, experiências e critérios muito diversos para indiciar a satisfação deles e dos alunos com o ensino de Química.

Os comentários mais freqüentemente evocados referem-se à freqüência às aulas, disciplina em sala, rendimento escolar, motivação e prazer em aprender/ensinar e interação professor/aluno. O que corrobora a tese de que as mudanças experimentadas pelos professores estão em íntima conexão com a percepção de resultados positivos na aprendizagem dos alunos. (GARCIA, 1995, p. 48)

A primeira tese levantada pelos professores é a de que o sucesso do grupo está no uso do laboratório, na prática experimental, porque, no dizer do Antônio, *a Química é uma ciência experimental*. O motivo do sucesso está nos *experimentos* que são realizados. Idéia corroborada por outros, quando afirmam que *não ensinam mais só a teoria*. Tomando o laboratório como o responsável pelo caráter motivador do aprendizado, a recorrência à experimentação é uma explicação comum para o sucesso. Como, porém, explicar a crítica feita por eles a outras escolas que têm laboratório e aula prática com igual freqüência à da FUNEC?

A relação entre teoria e prática está posta como metodologia de ensino de Química, embora as concepções sejam ditas por um discurso de cunho empirista. Pode-se dizer que o trabalho científico é uma atividade criativa, que implica atitude de permanente interrogação e escuta dos fenômenos que ocorrem à nossa volta, e a experimentação é um modo de perguntar, cotejo pelas teorias já elaboradas. São estas que apontam novas incursões na investigação dos fenômenos. Daí a atitude relatada de se valorizar a interpretação que os alunos têm dos fenômenos. As idéias prévias são explicitadas, comparadas e confrontadas com os dados que certo experimento pode fornecer. Esses, por sua vez, são avaliados e argumentados segundo um modelo explicativo que se constrói para aquela situação. Desse modo, as tradicionais aulas sobre o método experimental parecem não só ter sido abandonadas como também são ampliados os sentidos que a experimentação passa a ter, para os professores, na constituição da área.

Outra possível explicação para o sucesso está no *interesse* dos professores em querer mudar suas práticas, isto é, tem que haver envolvimento e, primeiro, há que se ter vontade de mudar. O interesse ou sua falta, a vontade ou a indisposição para fazer algo, tudo isso tem um motivo. As pessoas não nascem predispostas a ser o que são. O homem constitui-se no trabalho e pelo trabalho. A vontade, a disponibilidade e o interesse a que se referem é uma qualidade especial que adquirem com base nas relações sociais que vão sendo estabelecidas entre os pares e confrontadas no espaço interno do trabalho docente. São os indivíduos reais, as atividades que eles desenvolvem e as condições materiais e sociais de sua vida que os fazem ser como são. Ouvi de um colega professor que *o começo de tudo reside mesmo é no meio. Teria lido Guimarães Rosa? Digo o real não está na saída nem na chega: ele se dispõe para a gente é no meio da travessia* (2001, p. 80). Econtrei em *Ulisses* (1995) o entendimento de que somos um pouco de tudo que encontramos no nosso caminho: caminho e caminhante, viagem e viajante. Isso evocou em mim outra história: a de que sou o atalho de todas as grandes estradas por onde passei. *Somos homens nascidos na história, ainda que constrangidos por ela* (GERALDI, 2000, p. 4).

> Ao influir sobre o mundo exterior o transformam e com isto eles [os homens] se transformam também. Por isso, tudo o que são está determinado por sua atividade que por sua vez está condicionada pelo nível de desenvolvimento alcançado por seus meios e formas de organização. (LEONTIEV, 1983, p. 16)

A tese sobre p sucesso mais amplamente aceita e justificada está no que chamam de *natureza do trabalho*. Embora os professores falem, num primeiro momento, que o prazer está no motivo e que o motivo é o interesse, à medida que vão anunciando suas idéias, o trabalho surge e se fortalece como categoria central de análise. O motivo reside na *natureza do trabalho* que *não é impositivo; na filosofia da proposta que conjuga teoria e prática com o tratamento de problemas autênticos; no planejamento conjunto*; na fundamentação teórica que orienta o fazer – *nada nos é enfiado goela abaixo, tudo tem sua razão de ser ou um objetivo*, como disse Carmem. Segundo Raquel: *É isso que eu sinto na capacitação. E coisas que são trazidas para nós, que são coisas assim, de sala de aula. E isso é o que eu acho que é o grande e simples x da questão.* Há sempre uma novidade em pauta.Vamos por partes.

A natureza do trabalho é dita pela sua não impositividade, isto é, pelo comportamento livre que ele proporciona. Por comportamento livre, entende-se não uma liberdade metafísica,

> mas um padrão comportamental que contém uma tentativa de transformar a realidade circundante conforme os desejos próprios do sujeito. Livre, mais que um estado, qualifica uma orientação na direção do prazer. Está em questão o comportamento estereotipado que se mantém subordinado a uma organização autoritária do trabalho. (DEJOURS, 1992, p. 26)

A separação das tarefas de planejamento e execução também cinde os sujeitos entre aqueles que são donos de um querer e os demais que são sujeitados pelo querer que é de um outro. Quando a imposição de condutas prescreve um modo operatório de ser e de fazer o exercício do trabalho passa a ser o de uma vontade alheia.

> Para transformar um trabalho fatigante em um trabalho equilibrante, precisa-se flexibilizar a organização do trabalho, de modo a deixar maior liberdade ao trabalhador para rearranjar seu modo operatório e para encontrar os gestos que são capazes de lhe fornecer prazer, isto é, uma expansão ou diminuição de sua carga psíquica de trabalho. (DEJOURS, 1994, p. 31)

Se se objetiva atingir, com os estudantes, maior grau de autonomia de trabalho, seria contraditório que essa prática não fosse estendida, também, aos professores. O desenvolvimento da autonomia e da inventividade comporta objetivos que são antagônicos a uma prática autoritária e de controle das iniciativas. O sujeito coletivo não significa uma anulação das singularidades. Pelo contrário, a prática democrática de convivência e de tolerância com as diferenças no grupo desenvolve disposições dessa natureza em sala de aula. Isso pode ser percebido nas relações dos professores com os estudantes, no que se refere tanto ao ensino quanto à avaliação. Cada aluno tem assegurado o espaço para expor suas idéias, registrá-las e submetê-las à apreciação de pequenos e grandes grupos. Assim, os alunos são individualmente acompanhados, mesmo havendo um grande número deles em sala.

O como se faz está carregado de sentidos, valores e atitudes, que vão sendo internalizadas ao longo de nossa vida a partir das experiências sociais e culturais vivenciadas. Esse modo de ser e de conviver é que nos vão constituir como sujeitos mais tolerantes, abertos ao diálogo, autônomos, críticos e inventivos.

O fato de abrir a sala de aula para uma prática interativa aumenta o caráter contingencial da prática, que, por sua vez, implica pensar muitas novas questões, variados modos de compreender e de propor explicações. Essa abertura demanda formação permanente do professor, de modo que isso não se transforme em fonte de sofrimentos. A confiança naquilo que ensina é fundamental no equilíbrio do professor no trabalho.

A rotinização das práticas deixa os professores mais tranqüilos, sem, contudo, proporcionar-lhes prazer. De modo superficial e assertivo, produzem suas aulas, deixando de conferir-lhes significado social para o aluno. Quando o professor abre a sala de aula, passa a ser praticante de uma comunidade que lida com o complexo, com a dúvida, com o inusitado e com o provisório. Cada aula passa a ser uma experiência de onde se pode tirar variadas lições. Daí, a necessidade de manter um espaço de interlocução com o outro, que, convivendo com a mesma condição, pode ser ouvinte e narrador.

Há sempre uma prosa nova acontecendo

Outro aspecto da formação relevante, do ponto de vista dos professores, é o fato de as reuniões serem diversificadas, dinâmicas e permeadas de novas informações, de modo a dar suporte às iniciativas em sala de aula, como diz Eliana: *Quando chegamos em sala de aula há sempre uma prosa nova*. Assim, o que motiva é a *novidade*. A docência é alimentada pelos deslocamentos de situações e de perguntas, embora, quando se fala delas, pareçam velhas aos ouvidos dos outros, que não enfrentam o permanente desafio de ensinar: é uma piadinha que um aluno solta, uma pergunta que não se sabe responder, um experimento que "não funciona", o material que atrasa. A aula apresenta-se como um acontecimento que se renova permanentemente, possibilitando outra narrativa, que, por sua vez, se abre para outras lições.

Qual é a novidade que sempre volta? Vamos ao contexto em que Moacir diz isso e vejamos como ele diz: *Apesar de já estarmos juntos há tanto tempo, sempre tem uma coisa nova acontecendo em nossas reuniões.*

A novidade, comparada ao que já se conhece, sempre assusta dado seu maior caráter de imprevisibilidade. Por isso, é natural o medo diante do desconhecido. A novidade impõe uma luta contra a estabilidade e a fixidez e uma aposta em algo que nos escapa por sua fluidez. É preciso haver boas razões para abandonar aquilo que sabemos fazer e julgamos funcionar bem dentro de determinadas condições.

A recorrência ao caráter de novidade que marca as reuniões de trabalho é um argumento forte na explicação do interesse que mantêm em ser sempre freqüentes. Como comparar os sentidos que adquirem a experiência narrada e aqueles que são oriundos da informação?

Ao contrário do que os professores revelam, não são informações que convergem permanentemente para as reuniões, mas a experiência da lida, que, ao ser narrada, evoca elementos que mobilizam a busca de recursos materiais ou ideais como suporte do próprio trabalho. Em outras palavras, compreende-se a novidade pela marca da experiência e não da informação.

A experiência é sempre renovada. A narrativa da experiência é mais rica do que a informação no engendramento de novos conhecimentos. Confrontada com o presente, a narrativa pode configurar novos sentidos. Ao contrário da informação, tão em alta nos tempos atuais, a experiência não vem com data de validade. Ela não caduca. Como disse em aula, certa vez, o professor Wanderley Geraldi: *O jornal de ontem não vale mais a pena ser lido, a informação só tem valor enquanto é nova*. Se a narrativa não envelhece e desatualiza, talvez o melhor modo de aprender seja mesmo narrando. Enquanto a informação tem que ser nova para ter/valer a audiência, a narrativa continua suscitando espanto, ainda que sem nada explicar: *A cada novo tempo, a narrativa narrada retorna, reinterpretada e fundamentando conselhos novos, porque dialogam múltiplos passados com o presente olhado com o desejo de futuro* (GERALDI, 1999, p. 213).

As informações são consumíveis e datadas no seu consumo. Têm, portanto, que trazer a marca da novidade. Já na experiência, a novidade reside na sua natureza de irrepetibilidade e de abertura para configurar novos sentidos. Outros modos de olhar e de interpretar. Sempre atual e outra, a experiência narrada não perde seu valor.

> O saber que vinha de longe – do longe espacial das terras estranhas, ou do longe temporal contido na tradição –, dispunha de uma autoridade que era válida mesmo que não fosse controlável pela experiência. Mas a informação aspira a uma verificação imediata. Antes de mais nada, ela precisa ser compreensível "em si e para si". Muitas vezes não é mais exata que os relatos antigos. Porém, enquanto esses relatos recorriam freqüentemente ao miraculoso, é indispensável que a informação seja plausível. Nisso ela é incompatível com o espírito da narrativa. (BENJAMIN, 1985, p. 203)

O caráter de lição e de atualidade do conhecimento que se constrói pelo compartilhamento de experiência está posto na fala de Carmem: *Ah! Aconteceu isso com você? Então, eu já sabia: se isso acontecesse comigo, eu poderia saber... Eu já sabia que atitude eu poderia tomar*. Conhecer a experiência do outro não impinge um modo determinado de agir nem é garantia de um agir bem em situações inusitadas. Ouvindo-se o que aconteceu com o outro, como esclarece Gauthier (1998), cria-se uma jurisprudência. Isso não significa, contudo, que vá se repetir o mesmo modo de ação. Instala-se, a partir daí, uma sugestão para continuar a história:

> A narrativa, que durante tanto tempo floresceu num meio de artesão – no campo, no mar e na cidade –, é ela própria, num certo sentido, uma forma artesanal de comunicação. Ela não está interessada em transmitir o "puro em si" da coisa narrada como uma informação ou um relatório. Ela mergulha a coisa na vida do narrador para em seguida retirá-la dele. Assim se imprime na narrativa a marca do narrador, como a mão do oleiro na argila do vaso. (BEMJAMIN, 1985, p. 205)

As aulas são acontecimentos únicos que os professores trazem semanalmente para os encontros onde são narradas, não pelo conteúdo informacional que se ensina, mas *pelo que se lhes passa*. É da experiência da narrativa do que se passou com o outro que os colegas aprendem princípios de ação docente. Eliana narra, assim, seu aprendizado no grupo: *Oh fulano! Como é que você faz? É assim que você faz?*

O motivo, no sentido que lhe confere Leontiev, é utilizado por Carmem e Raquel: *Nós falávamos as nossas experiências de sala de aula e aquilo ali passava a ser... o motivo de nossa reunião... o objeto, exatamente!* O motivo é o *trabalho*, mas não aquilo que ele tem de genérico. A consciência do professor caracteriza-se pela relação que existe entre as significações e o *sentido pessoal* que tem para ele o labor. Os sentidos dependem do motivo e este, por sua vez, está no julgamento das professoras, ancorado nas *experiências pessoais* de se ensinar Química.

A experiência a que se referem está revestida de uma condição essencialmente nova, na medida em que as práticas tradicionais começaram a ser questionadas e postas sob suspeita. Foram caracterizadas como ineficazes, não-motivadoras e sem sentido para a vida. A mudança que houve de um ensino baseado na transmissão para o ensino mais interativo e sustentado na pesquisa abriu-se como um campo amplo de estudos e indagações sobre a construção e a aquisição do conhecimento científico e escolar.

O velho, curtido pelo tempo, vai conformando-nos como professores, conferindo-nos quase que uma segunda pele e, ao fazê-lo, vamos ali deixando impressas nossas marcas e autoria, como a marca do oleiro na argila do vaso. Impregnados do velho, reagimos à novidade que, em princípio, nada guarda de nós. É um estranho alheio.

O caráter de novidade não se define em contraposição ao velho que esteve errado nem na ingenuidade de pensar que o novo é definitivo. É preciso entender que iluminações novas são conseqüências de definições novas do objeto de estudos (GERALDI, 2000, p. 84). É do velho que se engendra o novo, mexendo com a tradição num contínuo que se produz dialeticamente, negando-a no seu caráter de fixidez e nos seus rituais estáveis, incorporando-a naquilo que ela guarda de sabedoria. Aprender da experiência implica haver certa continuidade, certa identidade que dê margem à comparação.

As inovações, compreendidas como abertura e incorporação de novidades, envolvem mais que uma mudança metodológica que ultrapassa a ordem da execução instrumental ou das estratégias de ensino:

> A inovação apenas existe quando essas ou outras mudanças são acompanhadas de alterações dessa gramática de comportamentos que orienta o professor na relação pedagógica e na prática docente. Essa cultura pessoal, como prefiro usar, essa identidade pessoal, é responsável não só pela rotina inconsciente, mas também pela rotina

> premeditada e pela prática reflexiva e pelo considerar, ou não, que
> os alunos não estão todos em pé de igualdade no acesso ao saber
> escolar, como explica a retórica de algumas leis. (VIEIRA, 1999, p. 100)

A novidade no grupo está ligada ao caráter inusitado da prática educativa. Os professores, na medida em que abrem suas salas de aula para o diálogo, sempre se deparam com uma pergunta nova, uma dúvida que ainda não se havia colocado e sobre ela nem sempre existe um texto onde ir lembrar ou aprender. Que fazer quando a conjuntura muda e nos brinda com novos contextos? Onde vamos nos socorrer?

Os motivos atribuidores de sentidos

A tese de Fátima é a de que o motivo está na *relação entre teoria e prática*, mas essa relação é compreendida por ela de modo diferente. Essa relação é vista, então, como portadora de um valor social, porque se refere à conexão entre o mundo da escola e o mundo da vida e do trabalho. O sentido de ensinar reside no valor social da escola que está na base da humanização e da constituição do homem genérico.

A significação social do trabalho não é estranha a essa professora. Ela vê, no interesse do aluno pela escola, o sentido de que a Química reveste para ele como instrumento de compreensão e explicação do que ocorre no âmbito do próprio trabalho dele. O objeto da aula, que é motivador do aprendizado do aluno e de seu *envolvimento com o conhecimento*, trata-se, no caso, de um *motivo de cognição*.

> O conhecimento, como fim consciente de uma ação, pode ser estimulado por um motivo que responde à necessidade natural de qualquer coisa. Mas a transformação deste fim em motivo é também a criação de uma necessidade nova, neste caso, de uma necessidade de conhecimento. (LEONTIEV, 1978, p. 108)

O motivo de cognição é recorrente, também, nas falas de outros professores, tanto no que diz respeito ao gosto pessoal pelo conhecimento quanto no dos alunos, que está na origem da motivação pela formação continuada.

Os motivos que Marilda apresenta para justificar sua permanência no grupo refletem os interesses sociais que ela deposita no seu ofício. A professora diz-se *mais atualizada, mais confiante* e *segura ao ensinar*. Não só mais informada, se diz mais culta. Do mesmo modo, seu aluno, também, mobiliza-se pelo conhecimento. Ele quer saber mais, pergunta e impõe ao professor uma necessidade de busca permanente pelo conhecimento. Ressalte-se que esses motivos envolvem um processo complexo, que desloca os motivos para os fins pela via da conscientização. São motivos desenvolvidos ulteriormente no processo de hominização. Nesse sentido, é uma realização da vida humana:

> A "alienação" da vida do homem tem por conseqüência a discordância entre o resultado objetivo da atividade humana e o seu motivo. Dito por outras palavras, o conteúdo objetivo da atividade não concorda agora com o seu conteúdo subjetivo, isto é, com aquilo que ela é para o próprio homem. (LEONTIEV, 1978, p. 121)

O *sentido pessoal* que o trabalho passa a ter para Marilda, para Fátima e para tantos outros não reside no salário, mas naquilo que, como bem social, os incita a ensinar. Marilda diz isso literalmente. Se fosse pelo dinheiro, considerando-se a distância de sua casa ao trabalho, as dificuldades de estar na FUNEC levantando às 5 horas, ela não permaneceria na instituição, pois poderia assumir mais aulas, pelo mesmo valor, numa escola próxima de sua casa. O sentido do trabalho modifica-se porque os motivos são outros:

> O novo sentido do trabalho realiza-se na assimilação daquilo a que se chama a cultura do trabalho, que constitui nele o aspecto intelectual. O mundo das significações manifesta-se agora ao homem de maneira diferente. Obviamente se, por um lado a riqueza da experiência prática humana cristalizada e refletida no mundo é assimilada muito intensamente, por outro lado esta riqueza manifesta-se doravante para os homens à luz de novos sentidos pessoais. Tudo que nele é autêntico se apresenta à consciência com extremo vigor e desenvolve-se rapidamente: tudo o que é fictício perde seu sentido e desaparece. (LEONTIEV, 1978, p. 136)

Os motivos apresentados pelos professores para expressarem o seu prazer em aprender e em ensinar convergem no sentido do trabalho social. O motivo salarial também é importante, mas somente como estímulo. Os motivos sociais são "dotantes de sentido", enquanto os "motivos-estímulos", que coexistem com os primeiros em ocasiões altamente emocionais e afetivas, não têm a função de conferir sentido. Embora as turmas contem com muitos alunos, o laboratório esteja permanentemente sujo, o salário não compense, bem como outros sacrifícios relacionados ao trabalho naquela instituição, isso não lhes tira o prazer de trabalhar com aquele grupo de professores, pois

> quando uma atividade importante para o homem por seu sentido pessoal se enfrenta no curso de sua realização com uma estimulação negativa, que pode provocar inclusive uma forte vivência emocional, o sentido pessoal a despeito desta permanece incólume e o que comumente se produz é um rápido descrédito sempre crescente da emoção assim surgida, a partir do ponto de vista psicológico. (LEONTIEV, 1984, p. 166)

O interesse do aluno pela escola, por seu turno, confere sentido ao trabalho docente. É o objeto da aula que motiva o aprendizado e o envolvimento com o conhecimento – nesse caso, trata-se do *motivo de cognição*. Os motivos sociais do trabalho são *dotantes de sentido*, um sentido pessoal, que não reside mais no salário, mas naquilo que, como bem social, incita o professor a ensinar. Quando as experiências de sala de aula se tornam o motivo da formação, conferem sentidos ao trabalho.

O objeto do trabalho não reside mais no vestibular, nem na formação de químicos, nem no ensino de conceitos pelos conceitos, nem no emprego destes como mera ferramenta de aplicação e de explicação dos fenômenos que ocorrem ao nosso redor. Ao contrário, os objetivos são, para além do valor instrumental, considerados como elemento que fornece as bases para se compreender o mundo, para se prosseguir nos estudos, o que possibilita uma visão mais global dos problemas de interesse da Química – isto é, que tenha em si um começo, um meio e um fim; que permita a compreensão da Química como empreendimento social; que forneça uma perspectiva da natureza do conhecimento científico; enfim, que o aprendizado dessa disciplina tenha, em si, valor político, estético e, ainda, guarde importantes compromissos éticos.

Pode se questionar, porém: por que Marilda, tendo mudado seus motivos, isto é, o sentido social de seu trabalho, não o desenvolve, na nova perspectiva em outra escola qualquer? Neves (1997), pesquisando o movimento da consciência de um grupo de professores de São Paulo, observa que há situações em que os professores, mesmo que estejam caminhando no processo de apropriação da realidade – subjetiva e objetiva – e, portanto, vendo se constituírem novas configurações subjetivas, não conseguem mudar seu modo de agir para torná-lo coerente com o seu pensar:

> Poderíamos dizer que esse indivíduo vive uma situação de cisão entre o pensar, sentir e agir, situação esta constituída a partir de uma nova configuração, marcada pela tensão entre a possibilidade do novo e a permanência. Tal situação pode (dependendo das condições objetivas/subjetivas) caminhar ou para a superação com o surgimento do novo, com o aumento da potência de ação do sujeito, ou para o equilíbrio do conhecido, para o não desvelar das determinações, gerando a paralisia, a falta de potência, que seria o caminho inverso da transformação. (Neves *apud* Aguiar, 2001, p. 108)

Ainda que tenha adquirido nova configuração, em que se instala outro modo de pensar a educação química coerente com o modo de ensinar essa disciplina na FUNEC, Marilda não pode manter essa coerência em outra instituição qualquer. Os sujeitos vivem e agem em situações concretas e, de certo modo, são constrangidos pelo que essas situações lhes impõem. A transformação, como eles dizem, está posta e a volta a uma configuração anterior é considerada irreversível. No entanto, eles sabem, também, que cada instituição tem seu projeto, orientado por motivos próprios, e que os professores precisam conformar-se a esses. É por isso que a professora, para resguardar o sentido que confere ao trabalho, continua no grupo.

Quarta lição: Identidade e subjetividade

No processo de produção dos sentidos, os professores de Química vão percebendo suas características pessoais ante os desafios cotidianos. Embora tenham práticas diversas, anunciam-se como falantes de uma mesma linguagem e pertencentes ao grupo. É dessa identificação/desidentificação que emerge o paradoxo da identidade e subjetividade. A identidade remete a um projeto comum de escola, de aluno, de educação e de sociedade. A cooperação implica a comunhão de um projeto que, sendo de todos, é de cada um. Entretanto o modo como cada um se apropria do projeto e o pratica na sua vida docente nos remete às singularidades.

ME: Agora, o que mudou?

Carmem: Mudou como?

ME: O que mudou na Carmem lá da rede particular...

Carmem: Nossa! totalmente...

ME: ...e a Carmem hoje?

Carmem: Totalmente. Nossa! Mudou completamente. Nossa! Eu era autoritária, eu era..., Eu não aceitava... Nossa! O aluno não podia nem falar "a" na minha aula. Nossa senhora. "Ah". Eu: Não! Pode ficar calado. Quer dizer, era uma outra visão. Eu tinha que dar a minha aula, eu tinha que pôr a matéria no quadro, eu tinha que explicar pra eles. Eles tinham que aprender. Essa era a visão que eu tinha de ensinar. Pra mim, o aluno tinha que viver isso, porque eu vivi isso. Meu professor chegava, falava, falava, falava, passava a matéria no quadro e nós tínhamos que ouvir de cabeça baixa e não se podia falar nada. Nós estávamos ali para ouvir e acatar tudo que ele falasse.

Raquel: E perguntas inteligentes.

Carmem: E não podia fazer pergunta, não. Na minha época, não podia fazer pergunta não. Tinha que ficar calado.

Raquel: Tinha que ser inteligente.

Carmem: É... Perguntas inteligentíssimas. Quer dizer, mudou totalmente. Eu fico muito grata aos meus colegas por terem me ouvido, terem me passado as experiências e terem ouvido as minhas experiências e o trabalho da ME. É um trabalho inovador e eu nunca mais vou ser do jeito que eu era. Eu tenho certeza que, se um dia eu for trabalhar noutra escola, eu não vou ser a mesma pessoa. Eu não vou trabalhar como eu trabalhava há dois anos atrás. Eu acho que a gente cresceu [...]

Raquel: Mas eu acho que a gente mudou. A nossa postura mudou. Eu era... Eu também era autoritária. Eu era ferradora. Gostava. Sentia um prazer. Eu era a dona da verdade. (Risada da Carmem). Eu sabia. Verdade ou é mentira?

Carmem: Verdade.

Raquel: Eu acho que nós mudamos. Nossa postura mudou.

ME: Mais humildes?

Raquel: Eu coloquei isso no meu papel. Eu estou aceitando a minha humil... Eu passei a ser humilde.

[...]

ME: Maria José, você sente que mudou sua prática? A Maria José de hoje está diferente?

Maria José: Nossa! E como! (Dando risadas) Antigamente era só aula expositiva, aquelas provas imensas, (Rindo). Os meninos morriam de medo. Eu era superbrava. Nossa! Demais! Hoje em dia não, até a relação professor/aluno muda demais. Você cresce muito. Os alunos ficam mais participativos, mais amigos, também. Nossa! Demais! Como mudou!

Tales: ...Eu senti que eu mudei muito, muito mesmo.

ME: Mudou em quê, Tales? Você consegue perceber mudanças em quê?

Tales: É o seguinte: eu, inclusive, seria hipócrita de dizer que eu estava mudando alguma coisa dentro da minha sala de aula, se não mudasse eu próprio. Eu comecei com a repetição [...]. Uma vez, você me pediu que eu desse uma aula [na reunião] sobre tabela periódica. Eu coloquei essa questão de uma forma um pouco memorística, um pouco assim, repetitiva. Aquela coisa muito macetosa. Quer dizer, não fui tão criativo. Hoje, se eu precisar dar uma aula, já é uma coisa que extrapola. Então, eu senti que houve uma modificação. Isso que a Raquel falou eu confirmo tranqüilamente [...]

Raquel: Eu já estou começando a perceber que isso [gravar a aula] vai ser bom para a gente. Eu ainda me sinto meio assim: *Ai, meu Deus, vai gravar minha aula!* Aí, eu vou ficar nervosa, eu vou gaguejar, não vou fazer nada. Aquele lance da inibição que eu não tenho normalmente para falar e, aliás, não tenho para nada. É, mas, diante de alguém filmando, eu não sei como eu reagiria. Tenho esse medo, essa insegurança, mas eu já sinto que ia ser bom para o grupo.

[...]

Lenize: E quando foi para fazer aquela avaliação do professor, eu aproveitei o tempo para discutir com eles [alunos] como estavam se saindo, se eles estavam gostando, ou se preferiam o método tradicional. Eu pude observar que eles mesmos já entenderam o rumo da coisa. Até falaram em outras disciplinas: porque não faz assim na disciplina tal? Então, é isso. Foi um aprendizado bem melhor, um trabalho mais eficiente, né?

Luiza: ...me chama muita atenção a integração entre os professores. A gente fica com aquela vontade que chegue terça-feira, né? Às vezes, fico batendo papo assim (todos riem), porque eu quero resolver um monte de dúvidas que eu tenho. A gente fica preocupada. Como passar a matéria: *Você está onde? Como você está fazendo? Me ajuda aqui.* Conhecimento de outra realidade, de outra escola, porque, antigamente, a gente... Eu sinto assim. A gente era um professor fechado. A gente tinha medo de partilhar com outros, não é? E a dificuldade que a gente tem numa escola, que a gente tem com algumas turmas, a gente vê que os outros professores também estão tendo dificuldade. [...] Então, isso dá uma tranqüilidade para a gente. Resolvemos dúvidas que estavam muito guardadas, porque, às vezes, a gente tinha até vergonha de falar.

ME: É bom socializar as ignorâncias, né? (Todos riem). Não é bom?

Ademilde: E como! [...]

ME: O que eu quero saber é isso: eu vou embora e vocês vão ficar aqui continuar o trabalho. Que trabalho é esse? Que trabalho você faria?

Ademilde: Eu vejo essa pergunta sua assim: se fosse para eu voltar a ser como eu era antigamente, eu acho que eu não consigo mais... Não sei, mas eu acho que não. Eu tenho impressão que o grupo vai se juntar e continuar o trabalho que o grupo tem feito. Eu tenho a impressão que a gente vai continuar o trabalho.

Fátima: O ano que vem existe a possibilidade de eu ser coordenadora de área de Ciências na escola e eu vou tentar levar esse trabalho de química para a oitava série, porque eu acho que é importante. A atual coordenadora disse que não. Tem que ser Biologia, porque ela não suporta Química.

Marilda: O coordenador do Colégio [nome do colégio] está muito interessado nesse trabalho. Ele trabalha, também, no [nome do colégio] e no [nome do colégio], mas eles esbarram, também, com o problema, aí, da organização que vão ter que vencer, para poder contratar assessoria. Então, depende de articulações superiores.

Ademilde: ...ontem mesmo, estava pensando isso: Ô gente! Essa capacitação que a gente tem podia tanto se estender a nível Estadual também. Eu comentei com você sobre o professor que chegou na escola, né? Tem um professor que eu nem vejo, não sei nem o que ele está fazendo, como é o trabalho. Só sei que, pelos alunos, dá para entender que ele é bem assim tradicional. Então, eu acho assim: se a gente tivesse esses encontros com mais professores, inclusive do Estado, não ocorreriam coisas desse tipo, porque estaríamos todos trabalhando no mesmo nível. (RA/95)

Dois anos depois...

Antônio: É um processo meio que irreversível, porque, mesmo que a FUNEC decretasse que deveríamos trabalhar de uma determina forma, a gente não ia se submeter ao processo imposto por ela, porque a mudança, aqui dentro, já foi feita. O trabalho vai sofrer modificações com o tempo, porque a gente também evolui. Se, daqui a uns dez anos, estivermos trabalhando da mesma forma, do mesmo jeito e tal, está errado. É claro que esse trabalho não é eterno. É claro que ele vai sofrer mudanças com o tempo. Mas ele tem uma base, não tem? Mas espaço para pesquisar e publicar o nosso trabalho, nem sempre é fácil. E a gente tem habilidade para fazer isso? Nem sempre é fácil a gente pegar um jornal para ler, não é?

Carmem: E a gente cresceu muito com o passar do tempo. Alguns que não estão aqui mais, estão cursando Mestrado ou foram para outras cidades, ou estão trabalhando com formação continuada de professores, mas levando esse trabalho para frente. Temos colegas que vão prestar o concurso do Mestrado em Educação. Vamos expandir esse projeto para a rede estadual e municipal. Alguns professores vão participar de um projeto de formação continuada lá na UFMG. Nós vamos dar aulas para os professores da rede estadual e municipal lá na Universidade Federal. Quer dizer, é um projeto que deu certo, né? [...]

Marta: Isso não é novidade, não. Eu vi, lá no Mato Grosso, o reconhecimento público do trabalho de Contagem, que vem sendo desenvolvido há mais de dois anos. [...]

Carmem: Eu fui nomeada no segundo semestre de 94, quando nós começamos a produzir o material de 1º ano. Em 95, já éramos um grupo unido e importante. A FUNEC, hoje, é conhecida nacionalmente pelo trabalho de Química e de História, que são os dois grupos de formação continuada que deram certo. As escolas particulares também reconhecem a FUNEC como uma escola que trabalha de maneira diferente.

[...]

Lenize: Então, eu acho que o projeto deu certo. Está dando certo, e em qualquer escola que você vai, todos conhecem o projeto de Química. Eu mesma já recebi convite para ir dar aulas em outras escolas por causa do projeto de Química daqui. [...]

Marta Então vamos fazer o seguinte: todos falaram positivamente. Certo? Estou levando tudo para casa. Acho que estamos preparados para assumir o projeto, mesmo porque está faltando material de 2º e de 3º ano, não é mesmo? Só gostaria de fazer uma colocação. Como todo mundo deu depoimento aí e falou da ME: Gente, ninguém está falando em tirar a ME da capacitação. Eu acho que não há jeito de desenvolver o projeto sem ela. Será que outra pessoa no lugar dela estaria dando certo como deu? Então, eu acho que nesse momento não há jeito de excluí-la desse projeto. Como o Antônio falou, no ano que vem, terminaremos de chamar os novos concursados. Aí, a presença dela é importante. É imprescindível por isso. Porque quem está chegando, encontra um apoio assim e é um ponto de referência [...]. Não há necessidade de mexer em time que está vencendo... (RA/96)

Para compreender a relação entre o eu e o outro

> em Suagh'Leng'hor, seus habitantes não vêem seus próprios rostos –
> não como uma proibição, e sim por desejo voluntário e forma de pensar.
> Deve-se sempre ver o outro pois é no outro que você está.
> A individualidade é uma busca na alteridade, nas outras pessoas e na natureza.
> Não há espelhos e nunca se volta o rosto para águas em repouso.
> Não há metais polidos. Só se vê o próprio rosto quando um ciclo,
> que Marchetti não sabe explicar, se conclui.
> Ou por imprevisto, como quando dois rostos se vêem o
> mesmo em dois outros refletidos.
> Lah'or agora é um ser especial- está cega e destinada a ver a si própria para
> sempre. Junta-se aos cegos da aldeia e será banida quando da chegada do pássaro.
>
> Milton José de Almeida

Foram tomadas três dimensões, internamente imbricadas, como modos de aproximação do problema da identidade. São elas: 1. as relações que os sujeitos estabelecem entre si na constituição do eu; 2. os conhecimentos comuns de compreensão da realidade, ou a comunhão de princípios; e 3. o reconhecimento profissional como acabamento estético.

Para compreender essa relação entre o *eu* e o *nós*, entre as singularidades e a identidade, busquei elementos principalmente em Bakhtin (1997b), quando aborda a constituição do herói, e em Vigotski, em *O manuscrito de 1929*. O conceito de drama, tomado deste último, tem um valor heurístico na compreensão das identidades. A personalidade, para esse autor, é um sistema complexo e integrador da vida dos sujeitos, que participa na constituição dos sentidos que as experiências têm para cada um. O sentido dramático da personalidade expressa os muitos sujeitos que somos, tanto no sentido das diferenças que nos distinguem uns dos outros, como no de sermos diversos ante as variadas situações da vida: *...os dotes naturais do ator [...] determinam o âmbito de seus papéis, mas, mesmo assim, cada drama (=personalidade) tem seus papéis [...] muda o drama, mas o papel é o mesmo (= de si mesmo)* (VIGOTSKI, 2000, p. 36).

O conceito de drama emerge do confronto entre papéis e sistemas de valores que se produz nos indivíduos. Dispersos em singularidades, nós, professores, temos muito em comum, o que nos une e nos identifica como coletivos constituídos em relações de confiança. Nas relações sociais, os indivíduos ocupam lugares distintos, desempenham múltiplos e variados papéis carregados de significados que se vão estabilizando e conformando modos diferentes de ser. Assim, cada um de nós não é único – somos muitos em imagens desdobradas, incoerentes e, por vezes, contraditórias. O jogo de lugares e papéis sociais implica relação de poder que definem "o para quem" do fazer e dos dizeres dos indivíduos em interação; modelam os modos como os indivíduos se fazem como sujeitos na dinâmica interativa. No entanto é aí que cada um dos indivíduos é, a um só tempo, um feixe de distintos papéis sociais (Fontana, 2000, p. 64-67).

A consciência humana, trabalhosa e internamente construída pelos sujeitos nos embates permanentes com o mundo, nasce da consciência alheia. O outro adentra-nos e constitui-nos como sujeitos sociais e portadores de histórias singulares:

> Tudo o que me diz respeito, a começar por meu nome, e que penetra em minha consciência, vem-me do mundo exterior, da boca dos outros (da mãe, etc.), e me é dado com a entonação, com o tom emotivo dos valores deles. Tomo consciência de mim, originalmente, através dos outros: deles recebo a palavra, a forma e o tom que servirão para a formação original da representação que terei de mim mesmo. [...] Assim como o corpo se forma originalmente dentro do seio (do corpo) materno, a consciência do homem desperta envolta na consciência do outro. (Bakhtin, 1997b, p. 378)

O inacabamento, inerente à condição e ao lugar que eu ocupo como sujeito, é que me dá o sentimento de falta, de incompletude e de não lugar. O outro, que se coloca numa relação dialógica com o eu, completa-me e me permite viver uma situação que me é alheia e exterior.

> Na vida, o que nos interessa não é o todo do homem, mas os atos isolados com os quais nos confrontamos e que, de uma maneira ou de outra, nos dizem respeito [...] é ainda em nós mesmos que somos menos aptos a perceber o todo de nossa pessoa. (Bakhtin, 1997b, p. 26)

Segundo Bakhtin, o outro é aquele que, possuindo um *excedente de visão* em relação a mim, me diz e me completa naquilo que, do lugar em que me situo, estou constrangida a não ver. Conhecemo-nos graças à comparação com os outros. Os outros dão-nos a imagem tanto daquilo que somos quanto daquilo que não somos. Os outros nos dizem. É essa certa visão que temos do outro, mas que o outro nunca terá dele como sujeito, a não ser pelo que lhe é dito, que é chamado de *excedente de visão*. É nesse lugar de distanciamento e de diálogo que se busca o *acabamento estético*. Não existindo esse lugar de distanciamento, origem da noção de *exotopia*, não há diálogo.

De modo especular, o lugar que eu ocupo em relação ao outro me permite ter do outro certa visão que ele mesmo não tem. Ainda que de frente para o espelho, o que vemos refletida é a nossa imagem:

> Não vimos ao mundo providos de espelhos, mas de pares: a consciência de nossa própria individualidade organiza-se e desenvolve-se em

nossas relações sociais. "Tornamo-nos nós mesmos através dos outros". Ao nascer, cada um de nós mergulha na vida social, na história e vive, ao longo de sua existência, distintos papéis e lugares sociais, carregados de significados – estáveis e emergentes – que nos chegam pelo outro. (FONTANA, 2000, p. 61-62)

A chave para a compreensão do movimento de individuação continua sendo a história que cada um vai construindo. Ninguém pensa no abstrato, mas naquilo que as condições sociais e históricas da vida foram fazendo de cada um. As pessoas não se olham no espelho, mas miram-se nos pares. Vivemos, também, em *Suagh'Leng'hor* e somos obrigados a nos ver nos outros para fugirmos da cegueira. O sujeito coletivo encarnado em Carmem, quando ela reflete sobre o que mudou, fornece-lhe as bases e o distanciamento necessário para flagrar, no movimento, sua constituição profissional. Vê a outra que operou no isolamento e na individualidade, tal como a professora fechada, que é evocada por Luíza. Suas práticas, os modos como se anuncia, as transgressões que narra, entre outros, são elementos para ela se pensar como sujeito singular, mas que há muito deixara o isolamento e a invisibilidade como condição de manutenção da não-invasão. Em outras palavras, é na construção do coletivo que os sujeitos se mostram diferentes.

Como ensina Bakhtin (1997b), na interação com o outro ocorre uma identificação e uma volta a nós. O outro nos fornece aquilo que do lugar particular que ocupamos não pode ser apreciado na sua inteireza, há algo – o pano de fundo, ou o fundo de tela, contra o qual nos postamos – que nos escapa e que nos pode ser dado por um outro. Raquel sabe da existência de um outro que ocupa uma posição exotópica em relação ao eu, quando nos diz: "você no trabalho individual insiste no mesmo erro. Você banca a mula. Você fica ali empacado, você precisa de outra visão, de outra cabeça pra ver de outra maneira." De modo semelhante, Carmem reconhece sua nova condição docente pelo outro: "Eu fico muito grata aos meus colegas por terem me ouvido, terem me passado às experiências e terem ouvido as minhas experiências".

Dos conteúdos do ser ao processo do vir-a-ser

A identidade implica algo que, permanecendo o mesmo, é referência para se pensar o que mudou. É pelo contrataste entre quem fomos e aqueles em quem nos tornamos que se pode falar de novas identidades. Outros modos de ser e de viver a docência. Não éramos mais os mesmos e estranhávamos, não sem surpresa, o outro que tínhamos sido. A identidade desses docentes não remete a um sentido único e seguro de si mesmos.

Que relações os sujeitos estabelecem entre si e que são orientadoras de visões e de conduta? Como sujeitos históricos, somos incessantemente confrontados por outras experiências, outros modos de ser. Há um jogo tenso entre permanência e mudança, produtos de uma construção social e de processos identitários em construção.

As identidades são instáveis, movediças, e guardam caráter de provisoriedade. O fato de a identidade implicar alguma constância, isto é, a permanência de algo que nos estrutura e, de certo modo, diz quem somos, não significa, contudo, uma repetição indefinida desses modos de ser e de estar no mundo. A conotação estática de que ela se reveste contém em si seu contrário. A identidade, também, é dinâmica por integração do outro no eu, guardando a idéia de processo de constituição das subjetividades. É mudança na continuidade. A identidade depende da inscrição do sujeito nas relações sociais, que mais plásticos vão adquirindo diferentes configurações espaço-temporais.

Carmem, Raquel e Maria José, como se olhassem nas águas paradas de um lago ou de frente para um espelho, espantam-se com a professora que foram. Flagram suas mudanças nos modos de se relacionar com os alunos e com o conhecimento. Não foram somente elas que mudaram, mas o conjunto dos professores de Química. Os professores vêem-se nesse movimento de individuação, de igualdade na diferença. *Eu era, eu tinha, podia, não podia. Eu mudei, se fosse para eu voltar a ser como eu era antigamente, eu acho que eu não consigo, eu não me via como autoritária, com sinceridade.* São expressões que dizem sobre a própria imagem que alguém tem de si mesmo. "Eu sou", "Eu não serei mais", "Eu não fui" correspondem, respectivamente ao eu-para-mim, ao eu-para-o-outro, ao outro-para-mim (BAKHTIN, 1997b, p. 387). A expressão do indivíduo, como sujeito em construção e a busca pela completude no espaço social são, de muitos modos, enunciadas pelos professores. A pergunta sobre "Quem somos" só pode ser respondida como viagem retrospectiva de reconhecimento e estranhamento. É igualdade na diferença. Qualquer pedagogia consiste em descobrir, com os outros, o que somos para, em conjunto, especular sobre o que nos resta saber para inventar a vida e dar sentido histórico à nossa existência:

> A noção de indivíduo não pode estar ligada à de uma personalidade com características estáveis ou uniformes, que desempenha um "papel fixo". Os papéis são variados e, portanto, o singular, construído ao longo do desenvolvimento, está entrelaçado com o heterogêneo, no que diz respeito tanto à personalidade quanto às funções psicológicas individuais. Adicionalmente, o indivíduo deve ser visto como algo em construção e não como estrutura natural. Por um lado, trata-se de algo em processo (individuação), que não pode ser concebido

> ou investigado como uma cena estacionária; por outro lado, é um processo que depende das relações sociais, que é marcado pelo papel fundamental do *socius*. (GÓES, 2000, p. 121)

Os sujeitos, nas suas singularidades, fazem variadas opções didático-metodológicas dentro do grupo e isso não significa que estão escolhendo entre um sentido ou outro, mas entre visões de mundo. Por isso, o coletivo apresenta-se como síntese de muitas vozes, vivido no seu caráter dialógico – de abertura e inacabamento. É tanto o lugar em que se vivem os consensos, quanto os dissensos. É o espaço público que, na Grécia Antiga, correspondia ao lugar onde eram discutidos os negócios da cidade. É esse o sentido de público conferido ao espaço coletivo do grupo: o lugar de se trocarem idéias. É mais que um espaço de deliberações e discussões de ordem técnica. É onde se entrecruzam variadas vozes e múltiplos sentidos.

A articulação entre a identidade do grupo e a singularidade do professores está no *motivo*, na organização do trabalho pedagógico e no investimento emocional que permitiu os professores serem reconhecidos publicamente, pela participação em eventos e pela aproximação com a academia e com a pesquisa em educação. A identidade coletiva não é uma decorrência direta da identidade individual. A identidade é um lugar de lutas e conflitos, é um espaço de construção de maneiras de ser docente e de estar na profissão (NÓVOA, 1992).

O *eu* é também um *nós* na medida em que nos encontramos em comunhão com um projeto de escola, de vida e de sociedade, atravessados pela coincidência de espaço, tempo e vivências. O eu, vivendo a experiência coletiva, é constrangido a fazer opções, a olhar para os outros e a rever a si mesmo. Ao mesmo tempo em que o eu se constitui pelo outros, ele inscreve suas experiências pessoais nas experiências alheias. *Quer ser o outro do outro* (BAKHTIN, 1997b, p. 388).

A consciência coletiva nasce da confluência entre a organização como instância de ação e reflexão e a participação como engajamento e abertura. Portanto as identidades se constroem na relação com o conhecimento e com os outros.

Do mesmo modo que as subjetividades vão se formando nas interações entre os sujeitos, o projeto que é coletivo, também, vai se constituindo com base nas singularidades. Na medida em que ocorre um processo contínuo de identificação dos sujeitos com as propostas vivenciadas, novos valores e condutas vão se delineando. Nessa tensão entre mudança e permanência, continuidade e diferença é que se constroem as identidades.

A definição de um *nós* vai se configurando como se fosse uma foto, um quadro acabado e permanente de uma realidade que parece estável e homogênea. Enquanto isso, o *eu* vai se individualizando e configurando sujeitos singulares nos modos pessoais de ser e de fazer educação química. Anunciar-se e ser anunciado como professor da FUNEC, do grupo de Química, com o decorrer do tempo dispensa explicações maiores. O *motivo* do ensino da Química, como objeto mesmo, sua concepção subjacente, as interações intersubjetivas, a concepção de escola e de sociedade, etc., ficam subsumidos no rótulo de grupo da FUNEC, embora isso esteja presente na contraposição desses professores com os de outras instituições.

Ao contrário do que se possa imaginar, o grupo não dilui as singularidades, tornando-as iguais entre si. É, em decorrência das nossas semelhanças, que os professores podem ser singulares e, portanto, diferentes. O grupo é o amálgama das diferenças. Em outras palavras, ele não produz a homogeneidade das práticas, de modo a subsumir os sujeitos numa coletividade amorfa, mas dá suporte às diferenças. Uma análise apressada das falas dos professores, principalmente pela recorrência do uso do *nós* em detrimento do *eu*, pode gerar uma falsa idéia de que as singularidades estiveram diluídas no grupo. Falsa porque, quando descrevem suas práticas e formas de atuação, os professores se mostram essencialmente diversos e, por isso, singulares. Cada um tem uma história a narrar, visto que cada um é uma história.

Os professores, sem se diluírem no grupo, mas ao se dizerem pertencentes a ele, apresentam-se como identidade de princípios, de trabalho e de afetos. É o grupo que ancora as iniciativas, as atitudes desviantes e lhes permite arriscar e criar. Dizer-se do grupo implica, de certo modo, afirmar que todo o mundo faz igual, embora saibam que isso não acontece. É o grupo que garante o reconhecimento estético e, conseqüentemente, o reconhecimento da utilidade. É vivendo esse jogo duplo e paradoxal de ser igual a, mas diferente de, que se permite a singularização.

Quais seriam esses conhecimentos comuns que permitem a cada um dizer-se do grupo? No documento inicialmente apresentado aos professores, já se encontra esboçada uma visão de escola diferente da *escola convencional*, para usar os próprios termos do grupo ao interpretar a realidade. O documento anuncia uma *tendência sintética* do conhecimento e aponta para uma educação que relaciona natureza, sociedade e pensamento – proposta que objetiva resgatar, no indivíduo, a dimensão intelectual do seu trabalho, em face da divisão social deste. Enfim, põe como *marco inicial* do grupo, a intenção de pensar uma educação de caráter geral, resgatando a escola como espaço de conhecimento e de formação humana. Escola cuja preocupação é possibilitar ao aluno não só uma leitura do mundo valendo-se das contribuições da área, mas também contrapor-se a uma educação voltada para a adaptação à realidade. (DI/93)

Essas definições iniciais de princípios norteiam o projeto e vão sendo compreendidas e incorporadas aos discursos e às práticas dos professores. Eles incorporam o jeito de dizer dos colegas e da formadora, na medida em que argumentam a favor de um curso que tenha *começo, meio e fim*. Do mesmo modo, anunciam que não estão ali para *formar químicos* nem para ensinar o *conteúdo pelo conteúdo*. Voltam-se contra a massificação, negam-se a compactuar com uma escola que se diz democrática, porque "prepara todos igualmente" para o vestibular, sabendo que esse é um projeto de uma minoria. Reorientam o que e o como ensinar, rompendo com a *compartimentalização dos conteúdos entre as séries e dentro de uma mesma série*, conferindo especial atenção àqueles estudantes cujo contato com a Química é transitório. Incorporam na rotina de trabalho o diálogo com os alunos, levando em consideração as *concepções prévias* que esses trazem para a sala de aula, além de orientarem o currículo para situações de vivência e de interesse dos estudantes concretos daquela instituição, que vivem num lugar determinado e são trabalhadores de determinadas indústrias localizadas em Contagem, que vivem constrangidos pelos problemas locais de natureza social, política, econômica e ambiental. Em síntese, posicionam-se por uma educação que permita ao aluno pensar e agir no mundo e sobre o mundo: *um aluno portador de outros valores*. Tudo isso significou dizer não à adaptação ao "sistemão" que está aí. Sair da norma e construir desvios.

O medo de ir contra o "sistemão" fez, inicialmente, eco sobre os orientadores educacionais, que, em nome de um ensino padrão, argumentaram contra o projeto de Química e a favor da homogeneização das práticas, dos conteúdos e de um livro didático disponível no mercado editorial. Tudo isso apresentado em nome do aluno da FUNEC, para que, caso precisasse ser transferido para outras escolas, não se sentisse desadaptado[7]. *Avaliaram* como prejuízo para o aluno a mudança nos conteúdos, na metodologia, bem como a ausência de um livro didático socialmente aceito e reconhecido (CA 2/94).

O grupo identifica-se por meio de um conjunto de princípios que correspondem a certa visão de mundo, de ensino e de educação, de modo geral. Entretanto os sujeitos, à medida que se vão integrando ao coletivo, modificam o projeto do mesmo modo como têm a sua visão de mundo modificada. As representações que têm do que é o grupo também são dinâmicas no tempo, o que pode ser compreendido quando dizem: *no passado nós, também, já pensamos assim*. O grupo, portanto, não resulta de uma soma nem de uma média das identidades individuais.

---

[7] A exceção que justifica a regra foi um postulado amplamente defendido em todo o regime militar a que o Brasil foi submetido.

Eu falo a verdade é uma pista para se compreender que as verdades não são universais, mas pessoais. Algumas verdades vão cedendo lugar a outras, assim como se vai constituindo uma identidade movediça, perplexa, hesitante, duvidosa: *mais... não sei, mas eu acho que não.* Prudente, porque já se sabe que há coisas que não se sabe. Quando falar? Como avaliar? Outras verdades coletivas vão balizando e justificando as opções individuais, cada um na sua singularidade, no seu modo de ser e de se perceber "professor" "de Química" "da FUNEC" "da Unidade CENTEC" ou "do Riacho" e assim por diante.

A constituição do sujeito remete, também, ao grupo, na medida em que falam pelos outros sabendo que compartilham da visão que está sendo anunciada. *Eu mudei, nós mudamos, a gente mudou.* Mesmo os colegas que saíram são recordados como parte de uma família cuja unidade remetem à linguagem – uma mesma linguagem, já que se trata de um pensamento compartilhado. Isso é comunhão. Compartilhar com o outro um modo particular de pensar é fator de coesão.

Retomando as enunciações, encontram-se, com freqüência, expressões como *a gente, o nosso trabalho, nós,* etc. A constituição do sujeito remete sempre à ação coletiva, sem que isso signifique uma atitude de dissolução do eu no coletivo. Assim sendo, o sujeito coletivo remete à singularidade, à reflexividade, bem como à capacidade de imprimir um sentido pessoal à ação para além da homogeneização das práticas (TOURAINE, apud VIANNA, 1999).

O futuro está anunciado: *Nunca seremos como antes.* Nessa fala, está posta a tensão entre a permanência e a mudança da identidade profissional docente. A permanência informa uma identidade que é estruturadora dos acontecimentos da vida – isto é, aquilo que a identidade tem de estável perante uma mudança que já foi feita e, por isso, nem sob constrangimento, as condutas não poderiam mais ser mudadas. Por outro lado, estamos permanentemente sujeitos a mudanças. Se permanecermos os mesmos e, no futuro, viermos a coincidir com o que somos hoje, algo está errado. Essa é a conclusão que se pode tirar junto com o professor Antônio.

Como é que, apesar das condições materiais e salariais adversas de trabalho, os professores ainda encontram sentido naquilo que fazem? A resposta está no espírito de grupo ou na solidariedade humana cultivada. Condição que se constrói, não é dada *a priori*. Todos se unindo, motivados por um mesmo fim, na busca das mediações necessárias para a objetivação do trabalho. Daí, a vocação para a cooperação e a partilha dos meios. Ninguém escondendo nada do outro: nem reagentes, nem informações, nem apoio afetivo e emocional. Cada um trazendo um vidrinho de reagente para produzir a aula do outro, que, incluída num projeto coletivo, se traduz, também, como sua. A cooperação igualmente é vivida pela busca conjunta das condições para a produção e a aquisição do conhecimento. Há troca de informações, de experiências e de recursos mediacionais – como vídeos, livros, artigos e outros. *Ninguém amarrando nada a ninguém.*

Os professores têm modos diferentes de ser e de ensinar Química e de avaliar – *diferente mesmo.* A professora anuncia-se como alguém que não está pronta e se sabe formando-se a cada dia.

O professor que traz para o grupo um jeito diferente de apresentar um conteúdo também se vê transformado. É isso que Leodita quer nos dizer quando relata a contribuição de Flávio, quando ele trouxe um modo seu de ensinar determinado assunto. Assim, falar de uma identidade coletiva não se trata de pensar a identidade individual como algo cristalizado e que remete sempre a um mesmo. Mudam-se os professores, muda-se o grupo. Muda-se o grupo, os professores constituem-se outros.

No caso específico desse grupo de professores, a identidade de cada um foi forjada entre pares, unidos por uma condição semelhante de vida e de trabalho, isto é, por terem a Química como objeto de formação, a docência como profissão, a experiência da escola pública, o reconhecimento dos limites da prática para atender à realidade de alunos trabalhadores. Em outras palavras, estávamos unidos pela condição de professores de Química num mesmo e específico contexto espacial e temporal. Vivíamos problemas semelhantes, além da demanda auto-imposta de atender às necessidades trazidas pelos alunos, e *unidos pela utopia de inventar o futuro de pessoas, para construir o futuro do país, para empolgar e desenvolver corações e mentes* (CODO, 1999, p. 93). Compromisso e responsabilidade com toda uma geração que estamos formando.

O reconhecimento pelos julgamentos

Os professores, ao se dizerem do grupo e serem desse modo anunciados pelos outros, são reconhecidos e reconhecem-se como portadores de certos conhecimentos e práticas, organizam-se de modos semelhantes, estão sujeitos a determinadas condições de trabalho e de convivência, entre outros. Entretanto eles são diversos nas suas idéias, nas suas práticas e condutas, muito embora haja algo que os une ao que ficou conhecido como projeto de Química da FUNEC.

A visibilidade das práticas e a coragem de publicizar as opiniões e condutas divergentes resultam da confiança e do respeito adquiridos pelo outro. A publicização das divergências não é algo que vai ocorrer de modo irrestrito e incondicional. Nem tudo vai ser dito em qualquer lugar, criando, inclusive, uma dispersão da formadora em vários sujeitos. Nos espaços informais de convivência, segredavam transgressões para a professora ME, que compartilhava da mesma condição docente, enquanto as transgressões que já vinham se tornando prática coletiva eram socializadas nos espaços formais de educação continuada.O retorno dos professores às orientações antigas, baseadas na exposição de conteúdos e na resolução de exercícios, é tematizado por iniciativa deles em nossas reuniões. As falas, nesse sentido, indicam uma atenção maior para os alunos no que se refere ao aprendizado deles. Os resultados atingidos valendo-se da transmissão de conteúdos passam a ser relatados e analisados no grupo. Essas iniciativas dos professores servem ora para validar e reafirmar o projeto de Química, contrapondo-o às práticas tradicionais, ora para negá-lo. O exercício da crítica se acentua com o tempo de convivência.

Sair do isolamento não significa uma transparência passiva à observação do outro. Em alguns momentos, os professores até tematizam o desejo de ter as aulas filmadas. Embora a filmagem de nossas aulas nunca tenha ocorrido, essa fala indicia uma disposição de abertura da intimidade da sala de aula na busca de interlocução mais direta com os pares. No grupo, os professores aproximam-se uns dos outros, compartilhando conhecimento, informações, material didático. São gestos que parecem simples quando se trabalha em grupo de formação. Parece-nos completamente disparatada a idéia de que colegas possam sonegar informações e esquivar-se da ajuda mútua, que poderia melhorar o trabalho individual e, conseqüentemente, o coletivo. Vaidade humana. A comunhão não é algo trivial na convivência dos grupos e pode ser compreendida pelo modo como isso vai ser enfaticamente dito em quatro turnos de fala entre as professoras Carmem e Raquel, ao enfatizarem que *ninguém amarrava nada*, o que significa que a lógica do "cada um por si" é uma regra que prevalece em muitos espaços coletivos, mas não nas relações que se vinham constituindo naquele grupo.

Os relatórios de atividades anualmente feitos, as fichas de avaliação do trabalho na escola, as avaliações conjuntas, bimestralmente realizadas, gravadas, o Caderno do Aluno compõem, entre outras, um conjunto de iniciativas estrategicamente elaboradas e explicitadas como salvo-conduto. São iniciativas que podem ser caracterizadas como recurso de coesão do grupo e de construção de um coletivo de confiança. Além disso, podem ser compreendidas como estratégias defensivas das atitudes desviantes pela visibilidade:

> Por visibilidade é necessário entender aqui o resultado de uma ação voluntária de iluminar, de demonstrar, de fazer publicidade dos achados da engenhosidade, até mesmo de uma ação voluntária de argumentação e de justificação. (DEJOURS, 1999, p. 52)

Trata-se de uma busca de reconhecimento e de legitimidade públicas. A condição que torna possível a visibilidade é a confiança entre as pessoas que olham e as pessoas que são olhadas ou que aceitam submeter-se ao julgamento de outro.

Esse processo, no grupo, remete a três instâncias de julgamento: os superiores hierárquicos, os pares e os alunos. As duas primeiras, tomadas na perspectiva de Dejours (1999), referem-se ao *julgamento de utilidade* – dos superiores – e ao *julgamento estético ou da beleza* – dos pares –, e uma terceira que chamamos de *julgamento de finalidade* – imbrica-se, de certo modo, no julgamento de utilidade. O desdobramento delas, porém, numa terceira categoria deve-se ao fato de se observar que os estudantes não julgam o trabalho do professor com base em uma visão reducionista, utilitarista e pragmática, mas pela motivação e pelo gosto desenvolvidos pelo conhecimento. A finalidade, no caso, pode ser traduzida pela intenção, como fim que dirige e orienta as práticas em determinados sentidos.

O julgamento da utilidade é proferido pelos indivíduos que ocupam uma posição hierarquicamente superior aos julgados: diretores de Unidades, orientadoras, Direção Educacional, diretores de escolas de outras redes, especialistas, burocracia do Governo e outros. Esse tipo de julgamento está em íntima conexão com as concepções presentes nas novas gestões, que se baseiam, por sua vez, numa política de resultados e de satisfação do "cliente". A utilidade está associada à idéia de algo que é proveitoso, vantajoso e conveniente ao "cliente", pode ser entendido, em última instância, como o mercado.

O julgamento de utilidade, que marca bem a intervenção dos superiores, no final do ano de 1996, quanto à "continuidade" do projeto e do grupo, tem um efeito prático e um valor importante na vida profissional. O reconhecimento pelas hierarquias superiores valeu aos professores trabalho em outras redes, convites para se tornarem formadores de professores e, ainda, acesso a cursos de pós-graduação.

Os professores que trabalham, também, em outras redes de ensino, apostam na divulgação e no reconhecimento do projeto, de modo que a experiência, publicizada e validada, possa alavancar mudanças em lugares diversos. Em outras palavras, *trabalhar no mesmo nível* significa compartilhar um espaço permanente de discussão e de revisão da prática. Comunhão de princípios. O desejo é, de noutras escolas onde lecionam, ter, também, o reconhecimento do trabalho que realizam.

O reconhecimento público e a legitimação das práticas desviantes da norma podem, eventualmente, torná-las estabilizadas e incorporadas à tradição, deixando, assim, de se constituírem como um trabalho marginal. É assim que se formam e se transmitem as *regras de ofício*. (DEJOURS, 1994, p. 136)

Assumir o projeto, nos dizeres da diretora Marta, não resulta do seu valor social nem de seu caráter aglutinador de professores e de satisfação discente e docente. Depois de três anos de existência do grupo e de sistemático processo coletivo de avaliação, de publicização e de visibilidade das práticas e dos sujeitos, seria necessário produzir uma avaliação naqueles moldes para concluir que os professores achavam preparados para assumir o projeto? Em outras palavras, até então aquela gestão não se sentia em condições de fazer tal avaliação? Não teria assumido, ainda o projeto? O caráter de utilidade no julgamento do projeto está marcado, assim, pela fala sobre a necessidade de terminar a produção do material didático e pela situação contigencial dos novatos a ser efetivados.

Ao contrário do julgamento de utilidade, embora o incorporando também nos seus argumentos, os professores evocam motivos de natureza diferente.

O *julgamento estético, ou da beleza*, é reconhecido como legítimo por emanar dos pares, que podem viver o que se passa com o outro, isto é, colocar-se no lugar dele, porque, conhecendo de dentro o ofício de professor, os contextos de trabalho e as pressões a que estamos sujeitos, sabem encantar-se com o trabalho de cada um e admirá-lo. Esse julgamento dos pares contém uma enunciação estética sobre a beleza do trabalho realizado e comporta duas dimensões. A primeira delas diz respeito à conformidade do trabalho:

> Esse julgamento confere qualitativamente ao ego o pertencimento ao coletivo ou à comunidade de pertença. É a partir do julgamento de conformidade do trabalho que o sujeito recebe de volta um julgamento sobre aquilo que faz dele um indivíduo como os outros. Esse julgamento diz respeito então às qualidades comuns ao ego e ao outro. (DEJOURS, 1999, p. 54)

A segunda dimensão do julgamento estético é o contingente:

> Constitui de certa forma, um julgamento mais significativo, mesmo que seja o julgamento mais comum – aquele que, de longe, tem mais valor. Consiste, além do reconhecimento da conformidade às artes do ofício, em apreciar o que faz a distinção, a especificidade, a originalidade e até mesmo o estilo de trabalho. Em contrapartida, tal julgamento confere ao ego o reconhecimento de sua identidade singular ou de sua originalidade, isto é, da especificidade em nome da qual o ego não é precisamente idêntico a nenhum outro. Aqui

ainda, o julgamento é essencialmente proferido pelo outro na linha horizontal de paridade. (DEJOURS, 1999, p. 55)

Juliana, ex-professora do curso técnico de Química do CENTEC, explica sua saída do curso técnico, para trabalhar com o projeto de Química, em função do reconhecimento pessoal quanto à qualidade do ensino de Química que os demais professores vinham oportunizando aos seus alunos.

Esse reconhecimento do trabalho dos professores de primeira série, dirigido, publicamente, aos superiores por uma professora de maior prestígio na hierarquia da instituição, porque da segunda série do curso técnico, é altamente significativo para o grupo. É preciso observar, ainda, que tal reconhecimento vem validado por um terceiro ausente – os alunos. Era uma turma curiosa como um todo, com perguntas de bom nível e que mobilizava a professora na busca de novos conhecimentos.

Outro modo de o grupo ser reconhecido e valorizado deu-se pela participação em eventos regionais e nacionais, culminando, em 1996, numa participação, sancionada pela academia, no VIII ENEQ – Encontro Nacional de Ensino de Químico, de Campo Grande. Nesse evento, os professores apresentaram comunicação de trabalhos e ministraram minicursos aos participantes. Na condição de autores de uma enunciação pessoal, deram a ver uma relação entre o uso de livros paradidáticos e uma vocação para um currículo mais voltado para o movimento de Ciência, Tecnologia e Sociedade. O interesse dos presentes em conhecer mais detalhadamente a proposta de ensino de Química e os professores da FUNEC deu maior visibilidade ao grupo. É nesse espaço que vão ter um retorno do alcance da proposta que poderia ser considerada relevante em nível não só nacional como também internacional.

Pensemos um pouco mais sobre o julgamento das finalidades proferido pelos alunos. Quando, na solidão da lida diária, os sujeitos ordinários da educação, praticamente invisíveis ao exterior da sala de aula, somente são autores para si mesmos e para seus alunos. Antes, permaneciam *fechados* nos seus espaços de trabalho, como lembra Luíza; depois, passaram a bater papo, tirar dúvidas, compartilhar experiências. Assumir a condição de poder dizer implica tornar-se visível aos olhos dos seus pares e, conseqüentemente, sair da solidão e do isolamento. Passar de professores silenciosos a falantes.

O trabalho do professor, como modo de produção de conhecimento sobre a educação, já na sua origem, é publico, já que se dá na concretude e na interatividade da escola. Os alunos dizem-nos, a todo instante, o que estamos sendo, que produto estamos produzindo e validam ou negam o nosso trabalho, aprovando-o ou reprovando-o – ou seja, aprendendo ou ficando reprovados. Ininterruptamente, os professores produzem, nas salas de aula, novas enunciações ainda que estejam remetidas a velhos enunciados. Para os alunos, os professores são essencialmente visíveis e autores, porque, concomitantemente às enunciações, tornam públicos seus achados e são, ali mesmo, avaliados e validados.

As relações de confiança e a intersubjetividade

A confiança pressupõe, na construção do *eu*, uma abertura para o *outro* como legítimo. O sentimento de coletivo e de pertença possibilita e, ao mesmo tempo, é possibilitado, pela partilha de recursos materiais e de experiências. A confiança resulta, nesse caso, do exercício de uma atividade colaborativa, material e espiritualmente:

> A confiança, seja numa pessoa ou num grupo, não é da ordem da competência psicológica, mas ética. Ela está fundamentalmente ligada à efetividade de uma congruência no tempo, entre uma palavra dada e o comportamento que a segue. A confiança decorre do respeito à promessa. (DEJOURS, 1999, p. 53)

Essa promessa diz respeito à eqüidade dos julgamentos pronunciados pelo outro sobre a conduta do eu. Esses julgamentos incluem a análise das dificuldades práticas, que se interpõem em face dos retruques e reveses do real, da qualidade dos achados, dos arranjos tentados e das inovações propostas, como relações intersubjetivas forjadas no seio do grupo.

A preocupação com o fato de ninguém ser criticado por ninguém remete, mais uma vez, à questão da confiança e da constituição do grupo. O exercício permanente da crítica leva à construção de uma identidade depurada pela reflexão. Essa crítica é usada, de modo polissêmico, pelos professores. Referem-se a ela como sendo o que emudece, que faz cessar a possibilidade de diálogo e, portanto, de construção de novos sentidos. Ao mesmo tempo, a crítica é algo que assegura a própria vida da palavra, saturada de sentidos.

A crítica, que destrói e aniquila o outro, baseia-se nos discursos de autoridade, por seu turno, marcados pelo fechamento dos sentidos. As situações dialógicas, ao contrário das outras que emergem das situações fortemente hierarquizadas, são desenvolvidas *por meio do confronto de vozes completas profundamente individualizadas* (BAKHTIN, 1997c, p. 93).

> A confiança, se é uma das condições de discussão, não é, todavia, suficiente. É necessário ainda existir um espaço aberto à livre discussão dos agentes. Esse espaço é conhecido no plano teórico como "espaço de discussão", isto é, um espaço onde podem ser formuladas livremente e sobretudo publicamente as opiniões eventualmente

> contraditórias, em vista de proceder a arbitragens e de tomar decisões sobre as questões que interessam o futuro do serviço, do departamento, da empresa ou da instituição e que portanto também dizem respeito ao futuro concreto de todos os membros que os constitui. Esse espaço de discussão é, pois, essencialmente voltado à deliberação coletiva, tempo essencial a toda gestão prudente e racional do processo de trabalho, da segurança das pessoas e das instalações e da vida comunitária. (DEJOURS, 1999, p. 58-59)

O respeito pelos diferentes pontos de vistas implica fazer funcionar o tecido social do grupo e as interações intersubjetivas. O fato de se estar sempre aprendendo com o grupo não exclui a experiência de viver nele o não-saber. É *bom poder socializar, também, o que não sabemos*. Compreender que a dificuldade de um pode ser, também, de outros e poder dizer que não sabemos ou que temos dúvidas fazem-nos mais humanos, pois menos completos, mais tolerantes e *mais humildes*. No grupo de pertença, admite-se a legítima condição de não-saber. Esse sentimento, que conjuga incompletude com humildade, diminui a arrogância e a atitude de fechamento para o mundo e para o outro. Pensamos juntos, um completando o outro, numa tentativa de potencializar a compreensão sobre os acontecimentos relativos à aula. Pensar junto não quer dizer pensar igual.

Compreender não exclui a possibilidade de haver uma modificação ou, até mesmo, uma renúncia, do ponto de vista pessoal. O ato de compreensão pressupõe modificação e enriquecimento recíproco do eu e do outro:

> Não se deve entender a compreensão em termos de identificação e de colocação de si mesmo no lugar ocupado pelo outro (perda do próprio lugar). *Isso é necessário apenas nos momentos periféricos da compreensão.* (BAKHTIN, 1997b, p. 382. Destaques do autor)

A interação social entre os pares, inicialmente portadores de histórias – em alguns pontos convergentes –, aprofunda-se, marcada por um contexto fortemente dialógico, de respeito às diferenças e de satisfação do encontro, no outro, de novos pontos de identificação.

É dessa identificação, produzida nas reuniões, que o grupo foi vivenciado como uma *comunidade de destinos* – expressão utilizado por Ecléia Bosi (1987). No outro, vive-se um igual, que não se confunde com o eu, mas que é *autoridade autorizada*. Autorizada por argumentos de autoridade, de quem pode dizer-me e diz de um lugar de prestígio – como a Universidade, os participantes de congressos, os periódicos e outros. Autorizada, também, por outra autoridade: aquela que se origina em quem vive, irremediavelmente, as condições de vida e de trabalho de que somos portadores. É preciso que se forme uma *comunidade de destino* para que se alcance a compreensão plena de dada condição humana. *Significa sofrer de maneira irreversível, sem possibilidade de retorno à antiga condição, o destino dos sujeitos observados* (Bosı, 1987, p. 38). O professor Antônio expressa essa condição de pertença quando confessa que, mesmo que se mude a direção, nunca voltaremos a ser o que éramos.

A nova identidade que se vai forjando no coletivo implica, necessariamente, uma mudança interna dos sujeitos. Seria hipócrita dizer-se que houve mudança da prática se não se dissesse que houve antes uma mudança interior, revela-nos Tales. Os modos de ser e de agir na docência estão ancorados numa identidade prática, isto é, naquilo que cremos ser a base orientadora da ação. Mudar as práticas envolve um deslocamento da consciência sobre a realidade, a escola e a própria atividade educativa.

Os deslocamentos a que o grupo está sujeito são mediados pela consciência alheia e pelo confronto interno com as crenças pessoais. Crenças estas forjadas nos saberes da prática. É disso que fala Tales, quando relata sua experiência de preparar uma aula para discutir com os colegas, professores de Química, que foi amplamente criticada nos seus limites e pressupostos. Os dilemas permanentemente encontrados no cotidiano da sala de aula eram, pois, trazidos para o espaço público do grupo e ali compartilhados e balizados por uma autoridade autorizada a dizer sobre. Seja a autoridade dos pares, em geral, que se dedicam a tomar o conhecimento em ciências como objeto de atenção pela convivência na Universidade ou em congressos, por meio de artigos publicados em periódicos de ampla divulgação ou por outras vias, seja a dos pares que compartilham as mesmas condições de trabalho e, por viver os mesmos dramas, não só estão convidados a participar do debate, como também são autorizados a julgar as condutas dos outros. O outro que entra nessa rede discursiva não é um outro qualquer, mas aquele que vai sendo admitido nessa mesma *comunidade de destinos*.

Ao tematizarem o quão autoritários eram, e ainda são, nas suas práticas, os professores se julgam e, antes de serem julgados pelos outros e condenados pelos pares, o próprio significado do que é ser autoritário torna-se objeto de atenção. Numa *comunidade de destinos*, orientados pela prática e motivados socialmente para o trabalho, em vez de serem juízes, os pares vivem, comunitariamente, as fantasias e os fantasmas que são de todos. São cúmplices, na medida em que são portadores de uma mesma história e de um mesmo destino.

A relação de confiança é urdida numa malha fina, no sentido da delicadeza que tais relações exigem. É tecida por muitos fios. Um deles decorre da eqüidade dos julgamentos pronunciados, que permitem ao eu o distanciamento da prática por intermédio do outro, que a avalia e julga esteticamente. O grupo funciona, nesse sentido, como o lugar do estranhamento, da extraposição, e como mediação na construção das subjetividades. No grupo, os professores têm seus olhares deslocados em outras direções. É no grupo que se introduzem novos modos de ver, outros jeitos de se perguntar.

Uma *comunidade de destinos* é igualdade na diferença tanto no que se é quanto no seu vir-a-ser – o destino. Há algo que nos une, mas há também um eu que nos singulariza. A identificação dá-se por um lado, enquanto por outro, quando sou e estou professor, constituo-me singular. Falar do diferente implica, necessariamente, reconhecê-lo em face das igualdades. A diferença que confere identidade só existe no interior da comunidade de semelhantes. Explico. O grupo de professores do projeto de Química da FUNEC só pode ser comparado com outros grupos de professores de Química, de outras instituições, ou com outros professores da mesma instituição, da mesma disciplina, mas que não entraram para o grupo.

Enquanto viveram a condição de invisibilidade e de solidão no trabalho, os professores tinham uma identidade com os demais colegas da instituição. Identidade sem que houvesse comunidade. Posteriormente, pela convivência no grupo e do grupo, constituem-se como identidade. Emergem, a partir de então, as singularidades. É resistente quem, na diferença, constrói uma história singular. Com os outros ou contra os outros, podemos chegar ao acordo necessário ou ao desacordo justificado.

O método, aqui entendido como a proposta de trabalho no seu conjunto, pode ser comum ao grupo, mas a metodologia, isto é, o jeito de articular o conhecimento na sala de aula, é particular. Porque do projeto emerge um conjunto de princípios que orientam as ações e aos quais os indivíduos aderem. Não é a proposta que define ações e prescreve modos de ser; as ações são construções. Quando se tem um conjunto de princípios aos quais se adere, isso leva a uma construção do trabalho que é pessoal e irreproduzível. Daí, o caráter de novidade já apontado. A possibilidade de ver a sala de aula como novidade permite enxergar, em cada situação, uma condição nova. Em cada intervenção dos alunos, um modo diferente de articular a aula: evoca um filme, um recorte de jornal, uma metáfora ou uma analogia e daí por diante. Por outro lado, quando se tem um conjunto de regras de comportamento, isto é, de prescrições do que se deve fazer, não se tem um conjunto de princípios. É desse conjunto de princípios que se origina a autoria – o jeito particular de ser, de organizar e de produzir o conhecimento cotidianamente construído em cada sala de aula.

Extinto o grupo como fórum permanente de encontro e de trabalho, ele ainda está lá, continua existindo, pela história, por um modo peculiar de ser, de ensinar Química e de se pensar como docente. Somos todos diferentes – um feixe de singularidades –, mas guardamos uma identidade – que é coletiva. Identidade que se ancora no que é passado e que permite pensar um futuro como pleno de possibilidades, mas não um futuro qualquer.

A experiência coletiva vivida constrange certas práticas que, eticamente, o grupo afirma não poder mais adotar, mesmo que haja determinação superior. Embora o pertencimento a um grupo não seja, necessariamente, determinante do professor que seremos – depois de ter passado pela experiência chegamos modificados. Ultrapassar é passar por e ir além. O grupo continua. Mesmo tendo sido desmantelado, continua tendo existência, porque ele foi constitutivo de subjetividades.

Quinta lição: Autonomia e controle

Se por um lado a autonomia pressupõe autogoverno e, nesse sentido, liberdade de escolha, por outro vivemos constrangidos pela vontade alheia. Esse é o princípio da convivência em sociedade. A vigilância está instalada entre sujeitos que se dizem autônomos, mas que se sabem controláveis. Esse controle pode ocorrer em maior ou menor intensidade, de um modo mais ou menos explícito; porém, estamos inexoravelmente presos a uma permanente rede de vigilância e controle.

ME: A gente fala muito da autonomia do professor. Às vezes, eu falo com vocês: depois que o professor entra dentro de sala e fecha a porta, a sala é dele. Mas isso é relativo. Essa autonomia é relativa. Nós estamos percebendo aqui. A Margarete falou isso, Marilda falou, agora Marina e você [Ademilde] também. Quando a gente começa a esbarrar na administração escolar, na organização, na burocracia da escola, aí, vai dificultando. E mesmo que você tenha autonomia dentro da sala de aula, essa autonomia é relativa. Então, quando a gente fala assim, de um projeto pedagógico para a escola, é isso. A sua forma de trabalhar, sua forma de pensar, de ver o mundo, de conceber a Química tem que caber dentro daquele projeto pedagógico de escola. Se o Projeto pedagógico é outro, que entra em contradição com o seu, aí acontece isso que vocês estão vivendo agora. Essa divisão, essa contradição, esse conflito interno. Porque você muda, você quer fazer diferente, mas você está esbarrando nas questões internas da escola.

Ademilde: Ô Emília, deixa eu te falar. Eu não tenho esse tipo de problema, não.

ME: A sua escola te dá autonomia, tem confiança no seu trabalho. Você já me disse isso...

Ademilde: Dá, dá. Eu já te falei isso. Eu não faço assim, tal qual eu estou fazendo aqui, por causa das condições físicas da escola: lá não tem laboratório. Então, eu faço o que eu posso. [...] Eu não tenho dificuldade de fazer esse tipo de trabalho lá dentro. Pelo contrário...

[...]

Eliana: Na sua escola, tem um projeto. Na minha, não tem. Então, eu sou duas. É tipo assim: de noite eu sou uma...(todos riem) professora; de manhã, eu sou outra. Infelizmente, por mais que eu tente levar, chega num ponto que não dá. Eu não tenho amparo de lado nenhum.[...] a escola de lá não me oferece. É o que a Margarete colocou. Ela não me oferece condições em nada. Então... Quer dizer, eu fiquei uma semana falando de modelos, tentando convencer que não era o que estava escrito ali e, infelizmente, a gente acaba deixando para lá, porque não vai dar prazo mais...

[...]

Leodita: A aproximação professor/aluno é um ponto muito importante. Aquele momento que a gente está andando, circulando na sala, até o tititi que a gente ouve, talvez nem seja assunto da matéria, mas a gente começa a se aproximar do aluno, a ouvir o aluno do outro lado. Então, perceber as carências deles. Eu acho isso muito importante. [...] Outro problema que eu estou sentindo é o seguinte: é o aluno que, às vezes, começa com uma brincadeira. Eu tenho uma turma lá, de alunos muito novinhos, 14/15 anos. Essa turma é muito boa de serviço, mas é muito boa para brincar também. Para fazer a aula (riso da própria professora) desviar do assunto. Esses dias, eu pedi que os alunos colocassem os nomes do grupo num papelzinho, para eu passar no quadro, para fazer aquele trabalho do livro "Do Nicho ao Lixo". E um aluno lá escreveu o nome João, Maria, Zé, Pedro, Paulo. E eu, automaticamente, comecei a (risos dos colegas professores) escrever no quadro e, depois, eu percebi: Bom aqui não tem Zé, Maria, Pedro, Paulo. Aí que eu fui chamar a atenção do aluno. *Quem que fez isso aí?* (Risos dos professores) Mas eu achei até interessante, que ele foi até sincero e honesto. Ele levantou: *Fui eu, professora.*

ME: Muito bem! Da próxima vez, você não faz isso não. Que vai complicar o seu lado.

Leodita: Então, isso... Eu estou achando que essas coisinhas me irritam um pouco, sabe? E eu não sei... Eu, antigamente, igual a Maria José falou, era muito severa. É ou não é? E agora eu estou mais maleável, mas esta maleabilidade eu não sei se está sendo positiva ou negativa. Eu gostaria de ter um retorno disso. (RA/95)

[...]

Célio: ...às vezes eu sou um pouco radical. Quando eu pego... Eu não sei se é radical ou....

Ademilde: ...autoritário?

Célio: Eu não sei bem se radical ou autoritário. [...] Eu não me senti satisfeito com essa avaliação. [...] Às vezes, eu me pergunto assim: *Espera aí. Mas o que está acontecendo? Será que é isso? Será que mesmo esta avaliação que a gente está fazendo está refletindo a realidade? Será que eu não estou sendo bonzinho demais*?

ME: Você tem que ser carrasco?

Célio: Ou então será... Não sei. De vez em quando, eu vejo, as falas dos alunos, me cobrando isso, que eu seja carrasco, que eu penalize eles. Eu não sei.

Ademilde: A gente está acostumada com isso a vida inteira.

ME: Eu já me dou por satisfeita de vocês acharem, hoje, que é difícil avaliar. Porque, quando um professor começa a questionar esse tipo de coisa, significa que tem uma mudança aí na postura do professor.

[...]

Ademilde: Eu tive mudanças. Mas assim... Eu não sei explicar. Eu só sei que os alunos percebem isso, porque, há dois anos atrás, quando, no Conselho de Classe, o que os meninos falavam é que eu sou muito exigente, que eu sou muito... Eu não sei. Eu acho que me achavam autoritária e, depois que eu comecei a trabalhar no projeto, já no segundo ano de projeto, nos Conselhos de Classe, eu sinto que eles falam bem de mim o tempo todo. Mas continuam falando que eu sou muito rigorosa e exigente. [...] Só que eu não me via como autoritária, com sinceridade.

[...]

Marina: Pois eu acho que você era autoritária quando você ia para o quadro e escrevia e não deixava ele falar.

Ademilde: Pode ser isso também....

Marina: Então, de repente, se você deixa ele falar, deixa ele participar... Então, essa visão de [professora] autoritária foi diminuindo. Eu penso assim.

Ademilde: Foi até bom você colocar, porque eu não tinha pensado nisso. Eu só sei que o aluno não vê mais. [...] Quando você trabalha no ensino tradicional, você quer cobrar mesmo aquilo tudo que você deu. É aquele desespero. O aluno... Você sabe que ele não sabe, mas você quer que ele saiba por bem ou por mal. [...] Os alunos estão adorando, falaram que estão aprendendo coisas que não sabiam. [...] Eu estou avaliando assim, distribuo 4 pontos. Parece que não é nada, mas se você for pensar assim: *Mas 4 pontos para fazer isso?* Você falou que o aluno até surpreende quando tira aquela nota. Mas ele trabalha. Ele não ganha esses pontos de graça, não.

[...]

Eliana: Os meus alunos – ontem, nós estávamos conversando – e eu perguntei o que eles estavam achando da forma que estávamos estudando. Eles estão gostando. Inclusive, teve um grupo que falou que estava muito mais fácil estudar Química este ano. Eles falaram assim: *Nossa, Eliana! Química, o ano passado, estava um horror.* [...]

Ademilde: É porque, de repente, ele vê o que está fazendo. Ao contrário de quando você fica lá no quadro, falando tudo para ele, e você não sabe se ele está escutando.[...] Então, no processo da gente não, ele constrói. É ele que dá aquela resposta. Acho que aquilo, então, ele interioriza.

Célio: Os meus alunos falam que é um pouco mais difícil, porque você fica ali em cima. Eles dizem: *A gente dá a resposta e você fica querendo saber o porquê. Você quer saber mais. Você vai sugando da gente. Às vezes, é difícil ficar pensando. A gente que estuda à noite já passou um dia todo desgastante. Chega na sala de aula e ainda tem de pensar.* É complicado! [...] Inclusive, eles colocaram que, apesar da dificuldade que tinham em ter que pensar e que se esforçar mais, eles também estavam aprendendo mais. [...] Num primeiro momento, pedi que eles fizessem um texto e eu fui rigoroso na correção do texto. Eles assustaram e disseram: *Ah! Você está sendo muito rigoroso e cobrando muita coisa da gente.* Desde então, eu estou nesse dilema: Até onde cobrar? O que cobrar? Eu fico muito incomodado com isso! Até mesmo no final do bimestre eu pensei: Espera aí.

Eu estou sendo... Como é que está sendo essa minha avaliação? O que eu estou avaliando?

[...]

Eliana: Eu tive quase 100% de rendimento e, às vezes, a gente se comporta como o Célio. Será que eu sou boa demais da conta?! Ou será que eu estou sendo muito mãezona? Eu vou segurar esses meninos aqui...

Ademilde: ...o paizão e a mãezona. (Risadas dos professores)

Eliana: Mas eu falo com eles: tudo, tudo que é feito dentro de sala, tudo vai ser avaliado, porque, no princípio do bimestre, é aquele alvoroço danado. Você não consegue manter a disciplina, ainda mais no vespertino. Com o passar do tempo, não. Eles vão achando assim: *Se eu vou ser avaliado em tudo, então, eu vou fazer de mim o melhor.*

[...]

Moacir: Na avaliação, disseram que eu sou mal-educado. Sem educação. (Todos riem). Porque o aluno vai atrás de você com a apostila e pergunta: *Professor, isso aqui está certo?* Digo não sei. O que você acha? Eles acham que a gente é que tem de ensinar a resposta. Acham até que a gente é agressivo com eles.

Nilma: Igual aconteceu comigo um dia, que uma menina perguntou: *Professora, mas qual é a fórmula dessa substância?* Aí, eu virei para ela e falei assim: Isso não te interessa. (risada geral). Aí, a menina virou e disse: *Nossa, professora!*. Eu falei: *Não, gente. Eu não estou te respondendo mal. É porque não nos interessa a fórmula desse composto...*

ME: Não tem importância neste momento.

Nilma: Eu sei que ela ficou brava e achou que eu estava respondendo ela mal. (RA/95)

Via de regra, os professores são constrangidos, no seu trabalho, pelos mecanismos institucionais de controle e convivem com a contradição entre abertura e fechamento. O grupo nasce marcado pelo caráter de obrigatoriedade de se participar dele e pela explicitação documentada de definições coletivas, sistematicamente acompanhadas. Cotidianamente, eram discutidos e definidos, entre nós, os objetivos do trabalho, as estratégias de ensino a ser adotadas, as reformulações das atividades propostas, o planejamento e o replanejamento das aulas, os critérios e os instrumentos de avaliação, as condutas ante a complexidade de nossa tarefa como educadores.

Ademilde diz gozar de ampla autonomia na escola, mas clama por um projeto coletivo que possa impingir uma conduta mais homogênea àqueles que não compartilham de suas idéias e práticas. Autonomia para ela e controle para o colega, para que estivessem todos *trabalhando no mesmo nível*, isto é, submetidos a um projeto coletivo capaz de constrangê-los no seu modo tradicional de ensinar. Reagimos de forma idiossincrática, ressaltando o valor da liberdade e da autonomia que a escola nos confere, ao mesmo tempo que advogamos a favor do controle social das condutas, na perspectiva de aproximá-las das nossas, isto é, negando a autonomia do outro.

Já Eliana se desdobra em, pelo menos, duas pessoas: a professora diurna da FUNEC e a professora noturna da Rede Estadual de Minas Gerais. E, por mais que ela tente, não consegue ser internamente coerente, porque a coerência que se exige é com o projeto da escola – ou com a falta dele. Como são dois projetos, são duas professoras. A falta de apoio no Estado, se configurada no sentido do desconhecimento das práticas e dos projetos pessoais, poderia ser entendida como completa autonomia. Para explicar a dualidade que vive como professora de duas rede, Eliana diz que a escola de Ademilde tem um projeto e, como a dela não tem, vive o sentimento de abandono e de impotência. Sentimento semelhante ao de Carmem quando recorda e estranha a condição que viveu – de ser ela e Deus. Infelizmente, por mais que Eliana tente ser diferente na escola pública estadual ou mais parecida com o que é na FUNEC, chega a um ponto em que não dá mais conta. Sente a falta do outro. Ela não fala de uma atitude de controle e de uma falta de autonomia de trabalho. Uma questão importante de se indagar é: que sentido existe hoje de falarmos de autonomia dos sujeitos? Se pensamos o desenvolvimento pessoal, circunstanciado nas relações sociais que os sujeitos estabelecem entre si como transformação mesma dos sujeitos e das idéias que têm sobre o mundo, a defesa da autonomia se justifica entre o controle. Porém, não se trata de autonomizar os sujeitos frente a outros sujeitos, mas de torná-los autores de suas próprias enunciações e de seus projetos didáticos-pedagógicos. Mais que a liberdade de poder trabalhar de modo diferente dos colegas, Eliana quer respaldo para transgredir a norma da escola, quer ser autora.

Autonomia e controle definem-se na contradição entre a abertura total de trocas com o ambiente – mecanismo morto – e o fechamento que preserva a identidade dos sujeitos. Desse modo, não há uma anulação completa dos sujeitos diante dos mecanismos de controle, e expropriação do saber. Entretanto, quanto maiores são os mecanismos de controle, menores são as possibilidades de resistência e de mudança. Os trabalhadores respondem de modos diversos à desumanização gerada pela organização prescrita do trabalho. O arrefecimento do sofrimento mental resulta do que Dejours (1994: 130) chama de *ideologia defensiva*, em extensão à idéia de *estratégia coletiva*.

É recorrente, nas falas dos professores, o uso de algumas expressões da partilha que viriam a experimentar no grupo – por exemplo, quando dizem *ninguém amarrando nada*. O que leva a crer numa tensão permanente entre compartilhamento e individualização do conhecimento. Numa abertura que, também, implica fechamento como manutenção da identidade. O poder é um instrumento de análise para compreender-se a produção dos saberes: formação de saber e majoração de poder reforçam-se regularmente, segundo um processo circular. (FOUCAULT, 2000a, p. 184)

A queixa quanto à falta de autonomia no trabalho parece não ser o fator preponderante na definição das práticas pedagógicas. O único professor que se diz controlado no seu trabalho é Tales. Eliana nada diz sobre o controle exercido sobre o seu trabalho. O constrangimento dela em mudar deve-se à falta de amparo que sente. Já Raquel e Ademilde, nesse aspecto, sentem-se fortalecidas, amparadas. Entretanto, essas duas, que dizem gozar de *autonomia* no trabalho, não têm a mesma conduta. Ademilde está constrangida pela falta de recursos materiais da escola. Raquel, embora não tenha seu trabalho submetido ao controle de um superior, conta com o apoio da direção e não indica que haja falta de recursos materiais. Ela persiste na mesma prática, mesmo não estando suportando mais *aquelas aulas tradicionais*. O que falta a Raquel é o *controle pessoal de todo o processo*. A autonomia, nesse caso, não é conferida externamente, mas uma condição interna auto-imposta. É autoria.

O controle sobre as práticas docentes produz o que Geraldi (2000) chama de *professor capataz*. Como organizador do trabalho na sala de aula, o professor deixa de ser sujeito de seu trabalho e passa a ser o capataz do tempo, do espaço, do ritmo e da produção dos alunos.

Como sujeito de seu trabalho e confrontado com modos essencialmente diferentes de ser professor, tanto dentro quanto fora da FUNEC, ele se vê obrigado a fazer opções. Essas opções parecem extremamente penosas para alguns, o que significa um aumento do sofrimento no trabalho. Esse sofrimento, como já discutido, é majorado à medida que se aguçam as contradições entre autonomia e controle.

O controle, como se pode inferir, não é igual em todos os lugares, ainda que sirva indiferentemente aos professores para justificarem suas condutas. Posteriormente, admitem que, mesmo que venham a ser subjugados por um novo querer, sob uma tentativa de controle do trabalho, a mudança interna experimentada é um processo irreversível. Não há mais jeito de mudar a prática. Portadores de uma história em comum, mudados interiormente, reconhecem que, embora o projeto de ensino e de formação continuados acabe, não é mais possível voltar às práticas antigas. Constituída uma identidade coletiva, que goza de visibilidade, como grupo ou como sujeitos pertencentes ao grupo, os professores colocam-se, então, como não sendo mais controláveis, pelo menos em alguns aspectos, porque houve uma *mudança irreversível*.

Raquel diz que faz, em sua sala, o que quer. Como é que alguém goza de autonomia, vive o desconforto e a insatisfação com o trabalho e não se muda? Porque ela só pode fazer desde que faça aquilo que querido é.

A solidão vivida na sala de aula é a salvaguarda do que Foucault chamou de panopticismo. A invisibilidade esconde aquilo que, estando visível, é controlável e, portanto, susceptível aos mecanismos de dominação e poder. O panóptico de Bentham, arquitetura proposta para vigiar os detentos, os loucos, os desviados, os pestilentos e outros pode ser tomado, então, de modo metafórico, para se compreenderem os mecanismos de disciplinamento dos professores. A luminosidade, o grau de varredura permitido ao olhar que vigia, a ocupação de um lugar definido, o estabelecimento de padrões e de rituais de conduta, entre outros, fazem parte de um mecanismo que funciona, independentemente de quem vigia e da permanente vigilância. O olho que tudo vê induz um comportamento previsível dentro da norma que cria em quem está sendo vigiado,

> um estado consciente e permanente de visibilidade que assegura o funcionamento automático de poder. Fazer com que a vigilância seja permanente em seus efeitos, mesmo se é descontínua em sua ação; que a perfeição do poder tenta tornar inútil a atualidade de seu exercício; que esse aparelho arquitetural seja uma máquina de criar e sustentar uma relação de poder independentemente daquele que o exerce; enfim, que os detentos se encontrem presos numa situação de poder de que eles mesmos são portadores. (FOUCAULT, 2000a, p. 166)

Os professores sabem que, dentro da sala de aula, a portas fechadas, há um espaço importante que esconde o fazer e o dizer, deixando-o fora de vigilância e controle. A visibilidade é uma armadilha. Daí, a resistência inicial de muitos professores em participar de espaços coletivos, onde as práticas estão em evidência, portanto visíveis e controláveis. Na invisibilidade, ainda que a portas fechadas, o controle sobre os professores continua existindo e, por isso, traz sofrimento. Se a Direção da escola confia em mim e posso fazer o que quero, só posso fazer aquilo que me é confiado, aquilo que querido é. A confiança não pressupõe as práticas desviantes, mas, pelo contrário, a homogeneização das práticas pela norma.

Ao se referir à não-submissão ao controle da instituição, caso a direção mude e, com ela, também, a concepção de escola e de ensino de Química, Antônio quer dizer que o controle é exercido até certo ponto e que há espaços para transgressões.

Ancoragem para dar coragem de ser visível

Por que a avaliação goza de um *status* privilegiado na constituição e no desenvolvimento do trabalho do grupo? Em que consiste a avaliação para o grupo? Primeiro, é preciso dizer que a avaliação se constitui como eixo articulador das práticas dos professores e da formadora. Ela se reveste de um aspecto formativo e é concebida como processo contínuo de aperfeiçoamento do trabalho do aluno e do professor. Além disso, incorpora a concepção de que avaliar os alunos em situação de aprendizagem é tão importante quanto avaliar as situações e os instrumentos que são mediadores dessa aprendizagem.

Assim, a avaliação é instrumento de construção e de desenvolvimento das potencialidades, bem como instrumento de orientação das ações. Sua centralidade é, ainda, fundamentada no princípio da transparência das proposições e dos compromissos éticos publicamente assumidos. A explicitação da agenda de trabalho do professor, o estabelecimento público de regras de avaliação e a publicização do que foi acertado são iniciativas relacionadas à democratização dos processos. Contudo, como compreender a recorrência e a ênfase do projeto de Química em se criarem tantos instrumentos e instâncias de avaliação? Que resultado isso gerou no desenvolvimento e na constituição do grupo?

Não foi sem temor que essa gama de instrumentos de avaliação foi institucionalizada porque esses mecanismos costumam ser convertidos em instrumentos contra os professores, implicando perseguições individuais e demissões. Mais visibilidade, mais controle, mais perseguição. Esse é um dos motivos por que os professores nem sempre estão dispostos a ter seus cursos, suas práticas e suas condutas avaliados. Historicamente, a avaliação constitui-se contra os avaliados. No caso dos alunos, estes costumam ser penalizados com reprovação e humilhação pública. Entretanto, se concebida de outro modo a avaliação, os alunos são, em última instância, os maiores interessados nela. Independentemente dos propósitos de quem avalia, é legítimo que os estudantes conheçam seus avanços na aprendizagem e o destino que a avaliação pode dar a sua vida escolar e profissional. Além disso, eles têm, também, direito de avaliar o projeto pedagógico da escola. Daí, a necessidade de dar a ver o projeto de ensino de Química por meio do Caderno do Aluno, concebido valendo-se dessas crenças.

A avaliação como instrumento de diálogo do aluno com o ensino a que se está sendo submetido é pressuposto básico de legitimação do projeto. Com base nesse diálogo permanente com os alunos, criou-se um canal por intermédio do qual se tornou possível conhecer as necessidades e os desejos dos estudantes.[8]

A avaliação constitui-se um recurso para afugentar os fantasmas que assombram a formadora diante da envergadura da tarefa. Tarefa essa que vai se mostrando cada vez mais complexa e paulatinamente ampliada nos seus propósitos iniciais de socialização da prática da professora. E se não der certo? As fichas de avaliação foram pensadas e defendidas dentro desse contexto de se ter maior acompanhamento do projeto e de seus resultados. Assim, as fichas são, para os professores e para a formadora, o que chamei na época de salvo-conduto.

A crença que norteia a introdução de fichas de avaliação na escola é a de que o melhor meio de prevenir problemas futuros consistiam em conferir visibilidade ao projeto de formação e de ensino. A manutenção da vigilância seria fundamental, pois, sempre que se fizessem necessárias, seriam introduzidas mudanças de rota. Com esse expediente, o grupo não seria pego de surpresa. Pode-se pensar esse procedimento como pesquisa que ancora e alimenta o trabalho escolar.

Enquanto a formadora tem medo de o projeto dar errado, os professores têm medo de que a visibilidade do processo se constitua em instrumento contra eles. Prevalece a lógica da formadora: controlar o processo de ensino e de aprendizagem, o professor, o aluno, os instrumentos mediadores do trabalho, o projeto de formação e a própria formadora. Tudo isso para não se perder ou para se construir um projeto. Do medo de se perder o controle decorre o incremento dos seus mecanismos. Daí, a concepção de fichas e mais fichas, reuniões e mais reuniões de avaliação e planejamento.

Os fantasmas da formadora foram minimizados pela crença de que o conjunto de mudanças proposto sugeria melhor ensino, se comparado ao que existia e que, conseqüentemente, os resultados seriam melhores, a exemplo do que ocorrera na Unidade Amazonas, onde fora professora.

Entretanto quem concebe um projeto de educação continuada e de revisão curricular possui uma visão mais global de por onde começar a andar e do lugar a que se pretende chegar. O mesmo não se pode dizer do conjunto dos professores, pois os pressupostos orientadores da ação estão ancorados, tanto no nível teórico quanto no prático, na experiência do autor. A socialização de experiências e a antecipação de uma prática alternativa nem sempre

---

[8] Não foi prevista a participação dos pais em decorrência do baixo envolvimento deles quando os filhos estão no ensino médio, principalmente quando já são trabalhadores e independentes financeiramente.

andam juntas. Da distância entre os projetos concebidos pelos especialistas e as crenças e práticas docentes resultam muitos dos insucessos dos programas de formação continuada. Por vezes, os especialistas desconsideram o conhecimento e as experiências que os professores acumulam em suas práticas e os professores, por seu turno, não compreendem, de modo global, a lógica que orienta as proposições dos formadores.

As sistemáticas situações de formação em que os professores tiveram suas idéias prévias acerca de fenômenos de interesse da Química, explicitadas e, em seguida, confrontadas com os resultados da pesquisa em educação química, colocaram-nos no lugar dos estudantes. A dificuldade em que se viam, por não compreenderem o que lhes estava sendo solicitado, fez com que os professores retornassem à condição de aluno. Esse deslocamento promoveu uma relação de solidariedade para com os alunos e maior abertura para repensar a avaliação.

> O professor que trabalha a partir das representações dos alunos tenta reencontrar a memória do tempo em que ainda não sabia, *colocar-se no lugar dos aprendizes*, lembrar-se de que, se não compreendem, não é por falta de vontade, mas porque o que é evidente para o especialista parece opaco e arbitrário para os aprendizes. (PERRENOUD, 2000, p. 29. Destaque do autor)

Confiança de que vai dar certo não se pede e garantia disso não se dá. Estabelecer relações de confiança é processo. Algo que se conquista. Garantia de sucesso nunca se tem. A idéia inicial foi a de aguardar os problemas surgirem, acompanhando-os e reorientando as ações para se evitar a perda de controle de uma situação que, pela falta da avaliação, passasse despercebida.

Professor tem que ser carrasco?

Os professores diante do medo da perda do controle da aula, pela indisciplina gerada, acreditam que o melhor recurso para controlar o aluno é a nota. As notas deveriam ser distribuídas em doses homeopáticas; caso contrário, no fim do ano, a disciplina ficaria comprometida. Essa é a lógica dos professores contra a distribuição de notas para as atividades produzidas em sala de aula. Ficaria muito fácil ser aprovado: argumento para uma relação de disciplinamento das condutas pela avaliação. No entanto o professor tem que ser carrasco?

Como seria melhor os professores se relacionarem com os alunos e avaliá-los? Eles se interrogam e interrogam os colegas. Leodita está ficando mais maleável, nos dizeres dela, e já não sabe mais se isso é bom ou ruim.

Os alunos evocados pelos professores são o testemunho que eles trazem das transformações pessoalmente ocorridas e das dúvidas quanto às mudanças que vinham imprimindo em suas práticas. Evocam um fantasma do passado: a professora severa que controlava a disciplina a todo custo, mas que fica, hoje, em dúvida quanto aos benefícios disso. A relação de confiança e tolerância com os alunos a está aproximando deles, a ponto de ouvir suas carências no tititi da aula e de ficar surpresa com o fato de que o autor de uma brincadeira assuma a autoria dela. Ora os professores se acham o paizão e a mãezona e isso os deixa inseguros quanto ao que os alunos, realmente, sabem e são capazes de produzir sozinhos, põem em dúvida, também, os resultados tidos como altos e satisfatórios no bimestre.

Os professores reconhecem que são exigentes e profissionais com aquilo que se propõem a fazer, que têm uma relação maior de interação, proximidade, confiança e afetividade com os estudantes. O desconforto está assentado numa prática antiga de trabalho que conseguem perceber limitada e sem sentido como necessidade formativa.

Que sentido tem a compulsão do professor em fornecer conteúdos em extensão e profundidade sem que o aluno consiga compreendê-los, para, depois, solicitar sua repetição numa prova de memorização de aspectos que, como disse Ademilde, ele não internalizou? Embora se tenha de antemão a avaliação da ineficácia do ensino, por que a teima em cumprir o mesmo ritual e, assim, conformando-se à homogeneização de práticas e procedimentos?

A imagem desdobrada dos professores pensando seus dilemas e se pensando neles reflete o peso da cultura da reprovação, do controle disciplinar, das relações de força e de poder que os professores vivem perante os alunos. Nesse sentido, a avaliação constitui-se como um nó górdio de um processo que é histórico. Os dilemas dos professores explicitam as tensões do processo avaliativo pelos múltiplos sentidos que ele assume no trabalho. A vivência construída, que vai deslocando atitudes e práticas, fica tensionando a mudança de paradigma. O vivido no projeto está em contradição com uma organização do trabalho pedagógico na escola, que se orienta, ainda, pelas notas.

As relações eram estabelecidas com os alunos, na medida em que as ações eram antecipadas, discutidas e argumentadas com eles e, posterior e sistematicamente, avaliadas por eles juntos, bem como publicizadas para toda a comunidade – colegas, diretores de Unidades, Direção Educacional, assessoria externa e interna e outros. Assim, pode-se dizer que a avaliação formativa tinha, para nós, uma perspectiva emancipatória:[9]

O "pulo do gato" consiste em compreender que a avaliação contínua, formativa e formadora do projeto ocorre num sentido mais global. Há, no seu interior, um conjunto de dados que permitem dizer sobre as produções individuais dos estudantes. As elaborações pessoais vão sendo dadas a ver, principalmente no espaço da sala de aula, pela dinâmica das aulas e do registro sistemático, por parte do aluno, de tudo que é discutido nesse espaço. As questões prévias são utilizadas para levantar a concepção dos estudantes e, posteriormente, outras questões servem para identificar os avanços e as dificuldades não superadas. Alem disso, os professores acompanham, de modo sistemático, a construção dos conceitos científicos em classe, aula após aula, e, também, as produções coletivas, tanto em pequenos como em grandes grupos.

Para alguns alunos, aprender Química torna-se mais fácil do que na sua experiência escolar anterior, enquanto, para outros, pensar cansa e, por isso, preferem que o professor explique logo o que está querendo que eles saibam. Os alunos são diferentes. No curso noturno, há maior quantidade de alunos trabalhadores, que já chegam cansados à escola e esse é um fato que o professor reconhece ser relevante. Os professores também são diferentes: um é novato, recém-formado, e sente dificuldade pessoal na gestão da matéria; a outra é uma professora experiente e está no grupo desde o início de suas atividades e já desenvolveu nova forma de gerir os conteúdos, os grupos e os tempos. Os professores trabalham em escolas também diferentes quanto à expectativa que colocam nos estudantes. Uma delas tem a ver com o curso técnico de Química, o mais concorrido em termos de procura de vagas e em que os alunos passam, anteriormente, por uma rigorosa seleção.

A angústia dos professores pode ser compreendida tendo-se em vista que sua profissão tem nos sonhos seu modo de ser e que as expectativas que eles colocam sobre si mesmos são muito altas e têm como desafio projetar o outro, legítimo e diferente. A possibilidade de realização pessoal está objetivada na possibilidade de realização do aluno e este como produto do trabalho docente se apresenta de modo altamente difuso:

---

[9] A avaliação formativa é entendida, no caso, com base em L. Allal (*apud* ABRECHT, 1994, p. 31), como aquela que tem por finalidade assegurar a regulação dos processos de formação, isto é, fornecer informações pormenorizadas sobre processos e/ou resultados de aprendizagem do aluno, a fim de permitir uma adaptação das atividades de ensino/aprendizagem.

> A historicidade imediata que anima o trabalho do professor o deixa impossibilitado de se refletir imediatamente, a ausência de um produto, apesar da relação mesma, o condena à relação. Depende para se reconhecer que o outro o reconheça. (CODO, 2000, p. 46)

A escola como unidade social é um *locus* dinâmico, cujas características são as das pessoas que a compõem. Nesse sentido, ela é uma aposta: nem sempre as coisas saem como desejamos e planejamos, mas estamos sempre investindo nela e, por isso, jogando. Jogamos com as possibilidades, com nossas crenças e experiências, com nossos desejos e os dos alunos. Dia após dia, o professor renova a aposta de que vai dar certo e empenha nisso todas as suas "fichas". Segundo Codo (2000), por acreditar que pode, ele faz!

A crença do grupo orientou-se pelo argumento de que os compromissos pedagógicos se assentam, de modo implícito, num conjunto de condutas praticadas pelos diversos atores sociais. Quando os compromissos são explicitados, geram outra ética, que se baseia na regulação coletiva das condutas assumidas[10]. Entretanto esse entendimento foi sendo forjado paulatinamente, à medida que se foi construindo uma relação de confiança entre os pares e se dando maior compreensão das mudanças propostas.

Isso significa, necessariamente, colocar em questão as relações de poder instaladas no cerne dos processos que envolvem ensinar e aprender. A avaliação, que se constitui como caminho orientador das ações individuais e coletivas, tem caráter formador para professores, alunos e dirigentes de escolas. As mudanças ocorridas na avaliação, nos instrumentos de coleta de dados, na análise dos dados coletados e nas perspectivas orientadoras de ações futuras resultam de mudanças no que se entende por ensinar e aprender num contexto de interação e diálogo com o conhecimento.

As fichas de avaliação perdem, com o tempo, o caráter formal e obrigatório que as caracterizavam inicialmente. O fato é que a educação química dos alunos continua sendo acompanhada. O projeto de Química ganha outros fóruns de avaliação, cada vez mais amplos.

As reuniões de avaliação, as fichas de acompanhamento, a revisão do livro, entre outras, são mediações pelas quais o projeto de ensino se constrói. Essas mediações funcionam como *memória de passado* daquilo que fizeram e como estão fazendo no presente, daquilo que foram e do que estão sendo. São, também, *memória de futuro*, porque nele se projeta o vir-a-ser como *horizonte de*

---

[10] Entende-se por regulação o "resultado da utilização da informação obtida (*feedback*) no ajustamento da prática educativa ditado pela orientação (*guidance*)". (LOBO, 1998, p. 85)

possibilidades (BAKHTIN, 1997b). Desse modo, as categorias bakhtinianas de *memória de passado, memória de futuro* e *horizonte de possibilidades* ajudam a compreender a avaliação como viagem interior, tanto no que se refere aos sujeitos que fomos e em que nos tornamos como na tentativa de compreender o já feito e de projetar o futuro. É desse movimento de olhar quem éramos, como nos orientávamos em nossas práticas e, lembrando Paulo Freire (1998), para o nosso *em sendo* com os alunos, que a avaliação é ressignificada. O olhar do outro sobre a prática pessoal adquire o caráter de olhar autorizado, que ajuda a dar sentido ao trabalho.

As atitudes dos professores com os alunos passam a ser diferentes, embora alguns destes não compreendam, em determinados momentos, que aqueles não estão sendo mal-educados ou negligentes quando não respondem a uma pergunta ou, mesmo, quando dizem que não importa saber determinada coisa. Os professores exigem dos alunos o posicionamento pessoal, a capacidade argumentativa, a consistência lógica, a construção de modelos explicativos e outros, sem que essa atitude tenha a ver com outras já superadas – como o prazer em "ferrar", em não admitir que o aluno fale ou permitir que só o faça quando tiver questões inteligentes a propor.

Ainda que reconheçam a existência das inúmeras variáveis a que seu trabalho está sujeito, os professores parecem colocar suas expectativas como isentas de conseqüências, como um lugar ideal a atingir. É o que se deduz do desapontamento da Raquel quando afirma que esperava melhor resultado por parte dos estudantes.

A contradição maior e que não se resolve com a ajuda de um especialista em avaliação está na gênese do trabalho docente. Nunca sabemos, a não ser por hipótese, quão educado esse ou aquele aluno, que educamos, tornou-se graças à nossa intervenção, e quão competentes somos ou fomos ao educá-lo:

> A "interferência" do educador sobre o educando nunca pode ser completa, instalando a impossibilidade inquietante (maior que em outras profissões) de perda de controle sobre o produto e, por essa via, de dúvidas sobre a sua competência profissional. (CODO, 2000, p. 61)

Certo modo de ser professor e de avaliar os alunos coloca em tensão o profissionalismo e a afetividade como dimensões opostas e excludentes. Por isso, ganham conotação pejorativa e crítica, evocando riscos coletivos: *o paizão e a mãezona*.

Para alguns professores, nota boa não é problema, principalmente se contam com o aval e o reconhecimento de que os alunos estão satisfeitos com o modo de o professor ensinar e avaliar. Os maiores trunfos da professora Denize são apontados pelo desejo manifestado dos alunos de estender a experiência de Química para outras disciplinas, assim como a motivação deles para assistirem à aula de Química.

E professor tem que ser carrasco? Com certeza não. Os dilemas apresentados pelo Célio são construções pessoais que lhes foram sendo impingidos historicamente e até mesmo por seus alunos quando lhe cobram condutas mais rígidas e conformadas às suas próprias experiências. Os alunos também vivem a escola nas suas contradições. Por vezes, acham que somos muito rigorosos nas cobranças; outras, exigem ser penalizados por nós. Os conflitos de autoridade e poder vividos, conforme Foucault (2000b), não se situam preferencialmente num sentido, mas numa rede de dispositivos disseminada por toda a estrutura social, e exercem-se em níveis variados.

É preciso haver dados concretos de aprovação. Se o projeto caminhou tão bem nesses anos, qual foi seu índice de aprovação? A lógica do pensamento dos professores continua buscando, na avaliação, a ancoragem da visibilidade. Ter a posse dos dados significa estar documentado para dar visibilidade do processo de trabalho implementado por meio da publicização dos produtos. Acreditou-se que isso seria suficiente para a manutenção do grupo e para a continuidade do projeto de ensino de Química.

Assim, a centralidade da avaliação, dentro do projeto, pode ser compreendida como ancoragem para dar coragem de ser visível. Como compromisso ético e cognitivo de monitoramento dos processos de desenvolvimento dos sujeitos formadores, professores e estudantes.

Considerações finais

Marc Bloch, ao lembrar-se do seu mestre Charles Seignobos, afirma que *é muito útil formular perguntas, mas perigosíssimo responder a elas*. Essa lição forneceu-me coragem para escrever um último capítulo, que nem sequer poderia ser chamado de "conclusões". Porque as lições do vivido, em si, já constituem minhas conclusões. Por isso, faço agora um apanhado geral das cinco lições e, em seguida, levanto dois paradoxos da educação continuada que emergem desse conjunto de lições. Desse exercício final, originaram-se novas indagações, algumas nem tão novas, mas igualmente inquietantes para não ousar dizê-las.

Que sentidos os professores constroem sobre o seu trabalho quando mediados pela educação continuada? Pude compreender que, pela educação continuada, os professores são inscritos em determinados tipos de relação com o mundo e com mundos particulares – com a escola, consigo mesmos e com os outros. São relações que podem gerar tanto a solidão e a invisibilidade quanto a visibilidade, o reconhecimento e o prazer de um sujeito engajado no mundo.

Com base na experiência de formação continuada em questão, da existência de seus vários atores e dos muitos textos elaborados, foi possível compreender, de modo peculiar, como os professores vêem os projetos de formação continuada e como reagem a eles. Parece ter sido razoável ligar o raciocínio abdutivo a este estudo. Os deslocamentos enunciados pelos professores permitiram-me enxergar a *resistência* e a *prudência* com base em outra configuração, que toma a docência como atividade constituída por singularidades.

Os mecanismos sutis que os professores desenvolvem nas suas práticas, principalmente quando vivem processos de formação, estão marcados, inicialmente, pela vivência da condição docente, isto é, pela lida de ser professor. Talvez eu nem sequer chegasse a enxergar esses indícios e pudesse vislumbrar tal hipótese não fossem as vivências pessoais de quem experimentou variados deslocamentos na própria prática docente, mantendo algumas e ressignificando inúmeras outras. Importa destacar, no entanto, que essa hipótese não se configurou previamente ao processo da pesquisa. A construção de um olhar diferente sobre os chamados processos de resistência na docência tem sua origem não só na minha história de professora de Química, mas também na convivência sistemática com grupos heterogêneos de professores.

Com a primeira lição, tornei-me sensível ao modo como os professores se aproximam dos espaços formativos e ali vivem suas angústias. Eles indispõem-se com os coletivos e recolhem-se a uma atitude de solidão e de isolamento dos pares. A solidão e o isolamento são atitudes que garantem a invisibilidade no trabalho. A invisibilidade significa uma garantia contra a invasão dos (não)saberes, dos modos de ser e de fazer. Favorece maior autonomia e resguarda os professores da perda do trabalho. A solidão resulta de uma clandestinidade que lhes é imposta. O trabalho coletivo cumpre papel singular no projeto político pedagógico da escola. Isso não quer dizer, porém, que a formação individual e solitária seja uma heresia. Hargreaves (1996) é contra a idéia de que o trabalho individual não seja bom ou de que o professor não deva ter um trabalho individualizado. Muitas vezes, essa é a condição possível do professor, na medida em que reage diante do constrangimento de seu trabalho. Constrangimento que implica certa negação dele como professor ou como sujeito de conhecimento. Ele se isola para cuidar de si e produzir melhor seu trabalho. Então, é uma condição de sobrevivência e de reação contra o sofrimento. O trabalho individual é uma opção mesma dentro da história de vida e de trabalho de cada um. Os espaços coletivos podem ser de constrangimento, ou não. A divisão social do trabalho produz a solidão, fragmenta os saberes, cria hierarquias de trabalho e relações de controle e expropria o conteúdo significativo do trabalho. Em outras palavras, são as relações de trabalho que nos constituem como sujeitos solitários, isolados e sós.

Com a segunda lição, aprendi a ver os professores pelo seu avesso. O sentido oculto da resistência reside numa reação a um acontecimento de nossa vida que nos agride e nega nossa condição de sujeitos. No cotidiano do trabalho, recriamos nossa própria história como docentes. A imersão na profissão docente desenvolve um senso de compromisso, zelo e vigilância.

Por trás dos mecanismos ditos de resistência, estende-se um movimento dos sujeitos de se pensarem ante a situações adversas àquelas a que estão acostumados e de responderem a elas procurando a superação das dificuldades instaladas. Existem formas de compensação psíquica para o fato de se ser professor apesar das condições docentes (FULLAN; HARGREAVES, 2000).

A terceira lição é exemplar, uma vez que permite compreender o sofrimento no trabalho. Quanto mais se descrevem as rotinas de trabalho e se idealizam situações para enfrentar o real, maior é o sofrimento. O real tem um caráter de incerteza e contingência e, nesses momentos, os reveses são inevitáveis. As práticas de quebra-galhos nascem dessa injunção entre o que se deveria fazer e aquilo que pode ser feito. Essas práticas jogam com a invisibilidade e só podem ser visíveis caso levem a uma solução passível de ser publicamente reconhecida. O sofrimento no trabalho não constiui, em si, uma patologia. Perante os desafios do contingencial, os professores buscam saídas e mobilizam sua inventividade. Os sentidos dependem do motivo.

Mesmo os sujeitos dominados e alienados no e pelo trabalho têm um motivo para este. É no conjunto desses sujeitos, alienados ou desalienados, resistentes, ou não, que se pode recuperar os sentidos do trabalho, isto é, dos diferentes modos de o indivíduo se constituir como sujeito. Toda atividade é motivada e o sentido dela é sempre pessoal e dependente dos motivos. Motivo e motivação no trabalho e para o trabalho são perceptíveis pela inteligibilidade da condição humana. O sentido consciente de uma atividade é criado pela relação que o sujeito dela estabelece entre o motivo – a meta – e a sua motivação – o que o incita a agir e orienta sua ação para alcançar sua meta. Os sentidos são dinâmicos. Mudam-se os sujeitos, mudam-se os sentidos do mundo. Na medida em que os sujeitos mudam, algo pode ganhar sentido, perder o sentido que tinha antes ou ganhar um sentido novo (CHARLOT, 2000, p. 57). Os motivos sociais são dotantes de sentidos. Os motivos da ação docente não se inventam, são dados pelas condições concretas das escolas, dos professores e de seus alunos.

Os professores, no processo de produção de sentidos sobre o trabalho mediados pela educação continuada, vão-se apercebendo de suas características pessoais ante os desafios cotidianos. Embora tenham práticas diversas, anunciam-se como falantes de uma mesma linguagem e pertencentes ao grupo de professores de Química da FUNEC. É dessa identificação e desidentificação que emerge a quarta lição – identidade e subjetividade –, que me ensinou a ver quão diversos somos e, ao mesmo tempo, tão parecidos uns com os outros.

A identidade remete a um projeto comum de escola, de aluno, de educação e de sociedade. A cooperação, todo mundo se ajudando, implica a comunhão de um projeto que, sendo de todos, é de cada um. Como cada um se apropria desse projeto e o pratica na sua vida docente, remete-nos às singularidades.

A construção das subjetividades no grupo envolve um espaço de partilha e confiança. Da confiança e do reconhecimento decorre outra condição: a de ser visível, com todos os riscos que essa condição compreende. Com astúcia, o fraco não só luta na invisibilidade, mas também constrói alianças, identidades. Busca o reconhecimento estético dos pares e dá visibilidade a seu trabalho. O grupo, também, é ancoragem para se constituir visível, embora cada autor siga enunciando-se de modo pessoal.

É na dinâmica dos acontecimentos reais da vida e do trabalho como professores que eles vão expressando suas singularidades: negam, resistem, transgridem, afirmam o projeto coletivo. Ao mesmo tempo, constroem identidades mediante uma depuração de sentidos comuns que conferem à docência em determinado tempo e lugar. São ações contextualizadas nesse duplo jogo.

As personalidades, constitutivas das subjetividades, não são estáveis ou uniformes, mas mudam ao longo de toda a história dos sujeitos. De um lugar social de interação e trabalho, as individualidades produzem muitos sujeitos, várias práticas. A gradativa identificação dos sujeitos com seus pares potencializa um sentimento de cooperação e de reconhecimento interno e externo das dimensões estéticas e éticas do trabalho. A relação de confiança é urdida na eqüidade dos julgamentos pronunciados que permitem ao eu o distanciamento da prática por intermédio do outro – autoridade autorizada que avalia e julga esteticamente.

A quinta lição revela o paradoxo entre autonomia e controle. A autonomia, freqüentemente confundida com liberdade ou independência moral e intelectual, não equivale a uma liberdade metafísica, mas a um modo de ser/estar no trabalho que contém uma tentativa de transformar a realidade conforme os desejos próprios dos sujeitos. Por outro lado, esses desejos são regulados externamente no confronto com os desejos alheios. Daí, a existência de uma relação intrínseca e, ao mesmo tempo, paradoxal entre autonomia e controle. Dessas cinco lições, à guisa de conclusões, emergem dois paradoxos: o da invisibilidade e visibilidade e o do acabamento estético e mundo ético, que passo a comentar.

Invisibilidade e visibilidade: de volta ao começo

A participação em eventos não só significou a possibilidade de os professores vivenciarem experiências novas e de conhecerem outras pessoas e lugares, como também resultou maior visibilidade, reconhecimento público e sentimento de autoria.

O paradoxo entre visibilidade e invisibilidade remete às singularidades dos sujeitos e à identidade de um sujeito coletivo. É pelos sentidos do trabalho, construídos coletivamente, que se resolve o paradoxo entre ser invisível, contra a não-invasão dos espaços privados, e ser visível, para continuar sendo sujeito de vontades e de enunciações. A visibilidade das concepções e práticas dos professores ocorre numa dimensão tanto individual quanto coletiva. A identidade coletiva constrói-se pela multiplicidade dos sujeitos e de suas práticas. A autoridade para praticar o julgamento e o reconhecimento dos achados e perdas é própria à condição de par. São os pares que podem apreciar esteticamente um trabalho, enquanto os superiores hierárquicos só podem julgar o trabalho pelo seu valor de utilidade.

Os professores da FUNEC, ao longo dos quatro anos que delimitam esta pesquisa, transitam de uma condição profissional marcada pela invisibilidade e pela solidão no trabalho para outra condição de visibilidade e de reconhecimento público das práticas. No grupo, na escola, nos congressos, enfim, nos diversos espaços da vida social, os professores vão-se constituindo em singularidades diante dos sentidos que se vão configurando sobre suas práticas.

Nas avaliações institucionais e nos espaços públicos – como em congressos e em artigos publicados –, as singularidades são subsumidas ao grupo. Enquanto, internamente, a ênfase recai sobre as singularidades dos sujeitos e de suas práticas, externamente, o que se torna visível é o sujeito coletivo.

O resgate da história de vida de professores aponta uma solidão e um isolamento importantes. Em geral, o que acontecia nas escolas da FUNEC era um ensino tradicional, expressão amplamente usado por eles e também identificada como ensino de "cuspe e giz". Os professores baseavam-se em práticas de transmissão e recepção de conhecimento, dando ênfase à memorização de definições, nomes e fórmulas, e na repetição exaustiva de exercícios padronizados para efeito de treinamento. O conteúdo programático a ser seguido era uma compilação do índice do livro didático escolhido pela Direção Educacional. Os professores iniciavam o curso pela apresentação do método científico, que propunham como o caminho seguro na construção do conhecimento.

Falando de modo genérico e homogeneizador das práticas, o professor, inventor de muitas artes e desvios, é jogado numa vala comum da massificação, como se encurralado na sorte comum de todo o mundo. Ao contrário disso, os sujeitos ordinários, ligados a uma história comum e qualificada de "ensino tradicional", são praticantes desviacionistas. A ordem por eles exercida é, também, ao mesmo tempo, burlada:

> Na realidade, diante de uma produção racionalizada, expansionista, centralizada, espetacular e barulhenta, posta-se uma produção do tipo totalmente diverso, qualificada como "consumo", que tem como característica suas astúcias, seu esfarelamento em conformidade com as ocasiões, suas "piratarias", sua clandestinidade, seu murmúrio incansável, em suma, uma quase-invisibilidade, pois ele quase não se faz notar por produtos próprios (onde teria o seu lugar?) mas por uma arte de usar aqueles que lhe são impostos. (CERTEAU, 1998, p. 94)

Se assim não fosse, os sujeitos ordinários não poderiam ser dizíveis, pois o invisível é indizível. O trabalho docente, marcado pela prática do isolamento e da solidão, resguarda os professores e suas práticas do julgamento externo à sala de aula. Silenciados não se anunciam. Procuram ser invisíveis externamente. Dão a ver aquilo que fazem apenas aos alunos. Em alguns momentos, deixam vazar alguns poucos indícios do que ocorre internamente.

Os professores raramente realizam sessões públicas para validar seus trabalhos e, portanto, não se apropriam de suas produções de modo legítimo. Por isso, na invisibilidade são autores apenas para seus alunos, instância em que se configura uma produção que é pessoal e pública.

A invisibilidade, como uma clandestinidade imposta, é sabiamente utilizada pelos professores. Entretanto a solidão, em que vivem uma garantia de não-invasão, é um lugar de sofrimento. Trabalhar fora da norma impõe ser discreto, isto é, aproximar-se ao máximo da invisibilidade, mantendo-se aberto apenas no espaço interno da sala de aula, porque não se pode dar a ver aquilo que foge da norma. As iniciativas desviantes são potencialmente criativas e criadoras de uma nova ordem, ainda que imponham silenciamento e discrição. É, como ensina Dejours (1999), uma *gata de cria nova*, que, sorrateira, despista, esquiva-se. Não mostrando por onde passa, esconde a cria.

O professor, supostamente, vive a solidão na sala de aula, porque é uma solidão imaginária, na medida em que ele entra sozinho em sala, mas com um projeto da escola, com um livro didático, com as expectativas da família, com a formação que recebeu na Universidade, com seus 30 ou 40 interlocutores, que são seus alunos. Internamente já é visível, porque tem toda essa companhia e porque é múltiplo já aí.

Pela construção ideológica da idéia de solidão, de que estou sozinho e de que o trabalho docente é individual, é que se pode produzir ideologicamente a culpabilização. Caso não seja produzida ideologicamente a solidão e, logo, a idéia de que eu sou responsável pelo trabalho que faço aqui e agora com os alunos, não há produção do sujeito, que pode ser culpado. Porque a culpa só pode ser aplicada sobre um corpo. O sofrimento é de um corpo único.

Se se pensar que o sujeito que está professor é múltiplo, é histórico e, bakhtinianamente falando, é polifônico, a solidão em si não existe. Ela é construída, imaginária e ideologicamente, por outra razão: para haver em quem aplicar as culpas. Essa solidão dá-se como imaginação do professor, de cada aluno em particular: cada um estuda sozinho, aprende e tira ou perde sua nota. Enquanto constitutivamente, somos polifônicos e múltiplos, ideologicamente é preciso acabar com a multiplicidade para ter quem vigiar e punir.

Tornar públicos os segredos resulta dessa luta entre manter-se na invisibilidade e no mundo do cada um por si, assumindo sozinho os riscos de uma prática desviante, e buscar alianças para a partilha das responsabilidades. A partilha não se isenta dos riscos, mas abre a possibilidade da arbitragem e do julgamento dos procedimentos desviantes.

Uma das primeiras iniciativas do grupo foi a de buscar aliados dentro e fora da instituição e ancoragens para dar visibilidade a suas práticas. Dentro da instituição, era comum a prática de realizar reuniões coletivas de planejamento, acompanhamento e avaliação, com diretores, superintendência, colegas de outras disciplinas e estudantes. Fora da instituição, participávamos de congressos regionais e nacionais de Ensino de Química, travávamos contatos com professores universitários, com sindicatos, com o Conselho Regional de Química, com profissionais da Companhia de Tratamento de Água e Esgoto, da Secretaria Municipal de Ciência e Tecnologia, entre outros. A saída para tal paradoxo deu-se pela aposta na visibilidade a partir do grupo de pertença. Desse modo, o grupo também é ancoragem para as empreitadas que se sabe não poderem ser assumidas solitariamente. O grupo é ancoragem na medida em que é amálgama de sustentação afetiva e emocional (LIMA, 1996), opção política na concepção de projeto histórico, em oposição a projeto de vida e condição teórico-prática de produção de conhecimento. (DICKEL, 2000)

Os professores que trabalham em redes de ensino diferentes, quando comparam suas práticas, indiciam as condições que favorecem a invisibilidade – entre outras, não perder o emprego, não se arriscar sozinho, não ter com quem compartilhar as dificuldades. A prudência dá suporte às ações docentes em função das situações contingenciais do trabalho, como, por exemplo, a rede em que se trabalha. Desse modo, o que se entende por resistências pode ser ressignificado como conseqüência das concepções, das histórias e das garantias pessoais.

A prudência fornece garantias. Ensinar Química como uma ciência exata fornece garantias ao professor quanto àquilo que ele sabe fazer e os resultados que daquele ensino podem ser obtidos. O deslocamento para outra prática, orientada por concepções diferentes daquelas que são conhecidas, produz sofrimento. A ancoragem que dá coragem é o grupo de pertença. O desnudar-se no grupo de pertença é, porém, um processo gradativo e diferenciado entre os sujeitos – de se abrir mão do princípio da não-invasão do espaço privado. Avalizados pelos pares os professores, suas práticas ganham autoridade e segurança para se tornar visíveis externamente ao grupo. Visibilidade, autoria, confiança e autoridade estão indissoluvelmente ligados.

As rupturas e descontinuidades que os grupos vivem empurram os professores de volta à invisibilidade e à garantia de não-invasão. Os professores que fizeram parte desta história devem fazer parte de novos grupos de resistência. A solidão é ressignificada como momento de recolhimento e reflexão e isso faz parte, também, do processo de formação. A organização do trabalho nas escolas continua a mesma; as imposições de programas, as orientações do governo, as imposições e pressões externas continuam fazendo parte da vida e do ofício de professor e isso é movimento, é história. Ensinar, dizem Fullan e Hargreaves (2000), não é apenas uma questão de negociação técnica, mas um fazer moral – isto é, possui um propósito para quem o faz.

De volta ao começo: solidão, prudência, resistência, controle, invisibilidade. Quando se inicia um novo projeto de formação, com outro processo e outro formador, insiste-se em criticar e adjetivar como atraso os modos de ser e de estar nesses espaços. Num eterno recomeçar, voltamos a outro ponto de partida, grávido de novos sentidos. Voltamos transformados e vemos a escola com outros olhos. Olhos de gata parida.

Como é estar só, mas se sentindo ancorado num grupo que (não) acabou? Leila, no ENEQ de 2000, em Porto Alegre, surpresa ao rever ex-colegas da FUNEC, diz: *Nós somos um grupo. O grupo não acabou. Estamos aqui falando de coisas que fazíamos lá na FUNEC*. Isso autoriza a dizer que, conquistado um processo de autoria ante o ensino, os professores continuam tentando, por diversos caminhos, praticar e conceber seu trabalho numa perspectiva transformadora. Dentro de suas salas de aula, "puxam a porta" e, aí, vivem, de modo genuíno e paradoxal, a condição de autores. Confrontam as novas prescrições com os velhos princípios forjados na experiência; podem, a seu modo, fazer suas escolhas, ainda que o controle esteja "sob nova administração". Resistentes e transgressores, procuram desvios. Outros caminhos.

A solidão pode constituir-se como fonte de novos sentidos e de criatividade (Fullan; Hargreaves, 2000). Sem desconsiderar o papel da intersubjetividade na constituição do eu, a solidão pode ser compreendida como momento importante e recurso valioso na formação dos sujeitos. O grupo de professores de Química da FUNEC, que se diz grupo ainda hoje, porque se reconhece ligado por princípios epistemológicos, históricos, afetivos e éticos, mostra, agora, o uso da (in)visibilidade, na solidão, como garantia de não-invasão. É novamente à fala de Leila que recorro para compreender que, sem a existência física do grupo, na solidão das diferentes escolas onde trabalhamos, continuamos correndo riscos e fazendo aquilo que aprendemos juntos. *Lembra-se do Teles? Pois é, ele foi dar aula na mesma escola em que estou, mas em turno diferente. Eu não sabia dele, nem ele de mim. Quando nos encontramos e fomos conversar, a gente estava fazendo as mesmas coisas, do mesmo jeito.* Em outra ocasião, ouvi de Raquel que sua aula, hoje, *é um misto do tradicional e do projeto*. Esse misto significa o resgate da condição de sujeito de seu próprio trabalho, mas implica também que não voltamos a ser o que éramos antes, somos um terceiro que se imisciuiu naqueles outros que fomos. Na solidão e na (in)visibilidade, somos sujeitos autores. Somos mais experientes, somos mais resistentes.

Nem melhores, nem piores, somos parte da história de tantos outros grupos que se constituem e se interrompem. Nas descontinuidades, vamos construindo teorias e práticas mais abrangentes e comprometidas com a educação continuada no Brasil. Com elas vamos levantando outras questões. Por que tantas reformas fracassadas? Será porque os professores e os formadores não entendem as reformas ou porque, ao compreendê-las, resistem? Que relação existe entre as várias reformas fracassadas e a educação continuada?

A institucionalização – seja, por exemplo, dos projetos, dos livros didáticos escolhidos, dos recursos instrucionais produzidos e introduzidos na dinâmica escolar – tende, com o tempo, a transformar-se em uma organização prescrita do trabalho. Então, os professores podem tornar-se mais conformados ao controle e menos criativos. Conseqüentemente, a crise dos grupos e de muitas iniciativas de formação continuada pode ser positiva. Experiência, resistência, prudência e solidão.

Acabamento estético e mundo ético

Esse paradoxo remete mais diretamente à vida que, segundo Bakhtin, é vivida na fronteira de nossa experiência individual e pelo excedente de visão. O que se vê, diz esse autor, é determinado pelo lugar de onde se vê.

O eu não tem existência própria fora do seu ambiente social, necessita da colaboração do outro para se constituir, para se definir e ser "autor" de si mesmo. Constituição dolorosa pela palavra, lugar de embate de múltiplos sentidos sobre o trabalho, sobre a natureza, sobre o modo de viver e dizer o mundo. *As coisas são prenhes de palavras* (405) e as palavras, prenhes de sentidos. *Não há uma palavra que seja a primeira ou a última e não há limites para o contexto dialógico* (BAKHTIN, 1997b, p. 413). Trata-se de um eu aberto e inconcluso, susceptível aos discursos vividos e compartilhados com os outros.

Essa inconclusibilidade dos sujeitos pode ser compreendida pela idéia de *acabamento estético* usada por Bakhtin, quando trata da relação entre o *Autor e o herói* e em *Os gêneros do discurso*. Estar sendo – tempo –, no mundo – lugar –, implica dizer que somos sujeitos datados e situados. A inconclusibilidade ou incompletude só se resolve na morte. São os outros que podem narrar a nossa morte e nos dar acabamento. Vivemos, para além do nosso tempo e de nós mesmos, no universo discursivo dos outros.

No mundo estético, cada ato visa a realizar o acabamento mentalmente antecipado. Por isso, está ligado a uma idealidade do mundo, mesmo que não seja tomada como fixa. Os planejamentos podem mudar, mas continuam sendo modificados para configurar acabamento. A cada acontecimento da aula, do trabalho de modo geral, o que ali acontece nos obriga e impõe outra ação. Ação mediada por instrumentos. Re-planejamos os próximos passos. Cada ação é definida pela *memória de passado* e *de futuro*. O futuro é o lugar dos possíveis que se nos abrem. Calcular os horizontes de possibilidades é calcular os possíveis futuros. É entre os diversos possíveis que selecionamos nossas ações e planejamos esteticamente o mundo. No entanto é somente no âmbito do planejamento que existe um *acabamento estético*, porque marcado pela idealidade. Acabamento, no sentido de planejamento, só existe no mundo estético. O mundo ético, lembrando Paulo Freire, tem uma estética que, ao contrário, é aberta e não permite acabamento.

A formação de professores está presa a esse paradoxo entre *acabamento estético* e *mundo ético*. Paradoxo que se estabelece entre a ilusão de um sujeito portador de um acabamento estético, no sentido de gozar de um espírito crítico, reflexivo e de autoconsciência, e a realidade de viver em um mundo ético – aberto, contingente, referido no aqui e agora e inconcluso por sua natureza – e dele servir-se.

Ao mesmo tempo que se apregoa a necessidade de se formar sujeitos autores, críticos e reflexivos, são criados diferentes mecanismos de controle dos professores, de suas práticas e dos seus modos de se organizar. Em outras palavras, o ideal de formação de professores aposta numa visão estética de sujeito, de escola e de sociedade, mesmo que o trabalho docente se dê em condições concretas de uma realidade ética e, portanto, aberta. Como é que se pode, se é que se deve, sair de tal paradoxo sem abandonar a utopia de uma escola transformadora da vida e do querer?

O que engendra processos coletivos de trabalho? O que está por trás de uma prática freqüente de descontinuidade e desmantelamento dos projetos coletivos paciente e cuidadosamente construídos? Na solidão, amedrontados pelo fantasma do outro, somos invisíveis e resistentes às experiências coletivas. No encontro com nossos pares, constituimo-nos sujeitos visíveis e autores de nosso fazer e dizer por um modo peculiar de resistência. Lançados de volta ao começo, caímos ciclicamente no isolamento e na invisibilidade e passamos a ser, por um tempo, narrados e, posteriormente, esquecidos, mas não-desautorizados. Rupturas e descontinuidades constituem o paradoxo da formação "permanente". Considerando a formação continuada como necessidade ontológica de sujeitos inconclusos que lidam com o conhecimento, introduzindo crianças, jovens e adultos no mundo do conhecimento, podemos dizer, também, da inconclusibilidade dos projetos. Qual, porém, tem sido o significado das rupturas e descontinuidades que se tornaram regra nos programas institucionais de educação continuada?

O estranhamento diante do conjunto de dados refere-se a um processo que se está tornando natural nas políticas de formação de professores. Mais que isso, no confronto com outras experiências de formação continuada, como relatado por Maldaner (2000); Chaves (2000); Colares, Moysés e Geraldi (1999), é necessário compreender melhor o papel que a avaliação tem desempenhado na (des)continuidade dos grupos. Talvez não seja verdadeiro afirmar que os grupos são desmantelados e interrompidos sem que os projetos sejam avaliados e que os interessados e diretamente envolvidos sejam ouvidos. Do mesmo modo, pode ser falaciosa a conclusão que tais avaliações apontam ao ressaltarem falhas no desenvolvimento dos projetos, por se apresentarem inócuos em promover "mudanças em sala de aula". As avaliações estariam se constituindo em estratégia utilizada pelos órgãos financiadores e gestores de projetos de formação continuada para encerrar iniciativas que fogem do seu controle e dos limites reducionistas de formação que pretendem fornecer? A avaliação estaria sendo um instrumento para legitimar o desmantelamento dos grupos salvaguardando o "nome" e a "reputação" dos proponentes e financiadores? Ao se afirmar que os projetos devem passar por uma reformulação ou sofrer alguns ajustes de percurso, cria-se uma situação de interrupção que desmobiliza os grupos, sem que esses ofereçam maiores resistências, na medida em que se vive a expectativa de que não se trata de ruptura, mas de suspensão provisória. Como têm ocorrido as interrupções dos projetos de educação continuada? Quais são seus rituais?

Há outra lição que aprendi e que só fez sentido mais tarde:

> O desafio do pesquisar no movimento é que o pesquisador não olha o tecido pronto, procura aproximar-se do movimento em que o tecido vai sendo feito. Mergulha na multiplicidade dos fios em movimento, buscando compreender a trama que vai sendo urdida. Como olhar desse lugar do "em se fazendo", como aproximar-se da emergência e do desenvolvimento da autoconsciência do "ser profissional"em indivíduos singulares, em suas relações imediatas com o trabalho? (FONTANA, 2000, p. 71)

Pesquisar tentando capturar o movimento lembra-me pular corda, uma brincadeira de criança, cujo desafio consiste em entrar na corda, já em movimento, para continuar pulando, sair e deixar outro entrar sem a corda parar e assim sucessivamente. Sincronizar os movimentos, a velocidade, a altura dos pulos, a distância da corda: *Sal, pimenta, fogo! Erra, erra, pé de guerra...* Tarefa árdua para os iniciantes, que desconhecem a sutileza da articulação entre os muitos modos de ação necessários ao brincar. Tarefa árdua formar-se pesquisadora, pesquisando, no movimento de constituição do grupo, a constituição de subjetividades. A formação da formadora.

Uma última lição pode ser enunciada: quando se pesquisa a epistemologia da prática, não se busque a verdade nos acontecimentos. Busquem-se lições na narrativa dos acontecimentos. Uma vez que os acontecimentos não se repetem, não funcionam como modelos. A educação continuada de professores da FUNEC ultrapassou a dimensão do treino. A irrepetibilidade dos acontecimentos constrange a proposição de regras e condutas para programas de formação. Contudo, é possível a partir dessa experiência argumentar a favor de uma epistemologia da prática que se constrói a partir da experiência pessoal dos sujeitos.

Esta narrativa e as lições dela extraídas comporta-se de modo semelhante à máquina de padre Emanuel, descrita em *A ilha do dia anterior*. À medida em que padre Emanuel girava cilindros e remexia as gavetas de seu engenho, a máquina revela-lhe variadas conexões entre as coisas, múltiplos sentidos. Possibilitava, assim, outras interpretações pelos modos diferentes de organizar ou de vincular as mesmas palavras com que era alimentada (ECO, 1995). Desfeitos os sonhos e projetos, o que nos restou? Uma experiência, muitos aprendizados. Saberes da prática de quem, narrando, colheu indícios, extraiu conselhos, tirou lições. Lições de formação.

Referências

ALMEIDA, Milton José de. *Suagh'Leng'hor*. São Paulo: Cortez, 1991.

ABRECHT, R. *A avaliação formativa*. Portugal: Asa, 1996.

AFONSO, Almerindo Janela. Escola pública, comunidade e avaliação: resgatando a avaliação formativa como instrumento de emancipação. In: ESTEBA, M. T. *Avaliação*: uma prática em busca de novos sentidos. Rio de Janeiro: DP&A, 1999.

AGUIAR, Wanda M. J. Consciência e atividade: categorias fundamentais da psicologia sócio-histórica. In: BOCK; GONÇALVES; FURTADO. *Psicologia sócio-histórica*. São Paulo: Cortez, 2001, p. 96-110.

ANTUNES, *Os sentidos do trabalho*: ensaio sobre a afirmação e a negação do trabalho. São Paulo: Boitempo, 2000.

ARNAUS, Remei. Voces que cuentan e voces que interpretan? Reflxiones en torno a la autoría narrativa en una investigación etnográfica. In: LARROSA, J.& Col. *Déjame que te cuente*: ensaios sobre narrativa y educación. Barcelona: Editorial Alertes, 1995, p. 61-78.

ARROYO, Miguel. G. *Ofício de mestre*: imagens e auto-imagens. Rio de Janeiro: Vozes, 2000.

AZANHA, José Mário P. Comentários sobre a formação de professores de São Paulo. In: SERBINO; RIBEIRO; BARBOSA; GEBRAN. *Formação de professores*. São Paulo: UNESP, 1998, p. 49-58.

BAKHTIN, Mikhail. *Marxismo e filosofia da linguagem*. São Paulo: Hucitec, 1997a.

_____. *Estética da criação verbal*. São Paulo: Martins Fontes, 1997b.

_____. *Problemas da poética de Dostoiévski*. Rio de Janeiro: Forense Universitária. 1997c.

_____. *Questões de literatura e de estética*. São Paulo: Unesp/Hucitec, 1998a.

BARROS, Diana L. P.; FIORIN, José Luiz. *Dialogismo, polifonia e intertextualidade*. São Paulo, Edusp, 1994.

BATESON, Gregory. Mente e natura. Milani: Adelphi Edizioni, 1991.

BENJAMIN, Walter. O narrador- considerações sobre a obra de Nikolai Leskov. In: *Magia e técnica, arte e política. Ensaios sobre literatura e história da cultura*. São Paulo: Brasiliense, 1985 (Obras escolhidas, v. I)

_____. Sobre o conceito da História. In: *Magia e técnica, arte e política. Ensaios sobre literatura e história da cultura*. São Paulo: Brasiliense, 1985 (Obras escolhidas, v. I).

BLOCH, Marc. *Introdução à história*. 4. ed. Lisboa: Publicações Europa-América, [s.d.]

BOSI, Ecléia. *Memória e sociedade*: lembrança de velhos. São Paulo: T. A Queiroz, 1987.

BRASIL. Lei n. 9.394, de 20 de dezembro de 1996. Estabelece as Diretrizes e Bases da Educação Nacional. *Diário Oficial [da] República Federativa do Brasil*, Brasília, DF., v. 134, n. 248, p. 27.833-15. 23 dez. 1996. Seção 1.

BRUNER, Jerome. *La educación, puerta de la cultura*. Aprendizaje Visor, 1997a.

_____. *Atos de significação*. Porto Alegre: Artes Médicas, 1997b.

_____. *Realidade mental, mundos possíveis*. Porto Alegre: Artes Médicas, 1998.

_____. Language, culture and thought. In: BEILN, H.; PUFALL, P. (Eds). *Piajet's Theory*: prospects and possibilities. New Jersey: Lawrense Erlbaum, 1992, chapter 10, p. 229-248.

CALDAS, Aulete. Dicionário contemporâneo da língua portuguesa. Rio de Janeiro: Editora Delta, 1958. v. III, p. 2.142.

CALLIGARIS, Contardo. Jornal Folha de S. Paulo. 14 maio 1995, p. 5-7.

CALVINO, Ítalo. *As cidades invisíveis*. São Paulo: Cia das Letras, 1999, 12ª reimpressão. Trad. D. Mainardi.

_____. *Seis propostas para o próximo milênio*. Trad. Ivo Barroso. São Paulo: Cia das Letras, 1998.

_____. *Palomar*. Trad. Ivo Barroso. São Paulo: Cia das Letras, 1994.

CERTEAU, Michel de. *A invenção do cotidiano. Artes do Fazer*. 3. ed. Petrópolis: Vozes, 1998.

_____. *A invenção do cotidiano 2. Morar e cozinhar*. 3. ed. Petrópolis: Vozes, 2000.

CERUTI, Mauro; BOCCHI, Gianluca. *A hybris da onisciência e o desafio da complexidade*. Trad. Agnela Giusta. La hybris dell'onnisicenza e la sfida della complessitá. *In: La sfida della complessitá*. Editore Milano, 1995. (Original italiano)

CHARLOT, Bernard. *Da relação com o saber*. Porto Alegre: Artes Médicas, 2000.

CHASSOT, Áttico I. A educação no ensino de Química. Ijuí: Unijuí, 1990.

CHAUÍ, Marilena. Janela da alma, espelho do mundo. In: NOVAES, A. (Org.) *O olhar*. São Paulo: Cia. das Letras, 1993, p. 31-63.

_____. Ideologia e educação. In: *Educação e Sociedade*. (5): 24-40, jan. 1980.

CHAVES, Sílvia. *A construção coletiva de uma prática de formação de professores de ciências*: tensões entre o pensar e o agir. 2000. Tese (Doutorado em Educação – Faculdade Educação, Universidade Estadual de Campinas, Campinas, 2000.

CODO, Wanderley. (Coor). *Educação*: carinho e trabalho. Rio de Janeiro: Vozes/UNB/CNTE, 1999.

COLARES; MOYSÉS; GERALDI. Educação continuada: a política da descontinuidade. In: *CEDES*, n. 68. Campinas: Papirus/CEDES, 1999.

COMTE-SPONVIL-LE, André. *Pequeno tratado das grandes virtudes*. Trad. Eduardo Brandão. São Paulo: Martins Fontes, 1996.

CONNELLY, M. F.; CLANDININ, J. D. Relatos de experiencia e investigación narrativa. In: LARROSA, J. (Org.). *Dejame que te cuente*: ensayos sobre narrativa e educación. Barcelona: Editorial Laertes, 1995.

COSTA, Marisa Vorraber (Org). *Caminhos investigativos*. Porto Alegre: Mediação, 1996.

DEJOURS, Christophe. *A loucura do trabalho*: estudo de psicopatologia do trabalho. São Paulo: Cortez/Oboré, 1992.

_____. *O fator humano*. 2. ed. Rio de Janeiro: Fundação Getúlio Vargas, 1999, 101p.

_____. *A banalização da justiça social*. 3. ed. Rio de Janeiro: Fundação Getúlio Vargas, 2000.

DEJOURS, C.; ABDOUCHELI, E.; JAYET, C. *Psicodinâmica do trabalho*: contribuições da Escola Dejouriana à análise da relação prazer, sofrimento e trabalho. São Paulo: Atlas, 1994.

DEMO, Pedro. *Desafios modernos da educação*. Rio de Janeiro: Vozes, 1993.

_____. *Conhecimento moderno*: sobre ética e intervenção do conhecimento. 4. ed. Petrópolis: Vozes, 1997.

DICKEL, Adriana. *Inventário de sentidos e de práticas*: o ensino na periferia sobre o olhar de professores-pesquisadores em formação. Tese (Doutorado em Educação – Faculdade de Educação, Universidade Estadual de Campinas, Campinas, 2000.

DOURADO, Autran. *A barca dos homens*. Rio de Janeiro: Francisco Alves. 1990.

_____. *O risco do bordado*. Rio de Janeiro: Rocco, 1999.

_____. *Uma poética de romance*: matéria de carpintaria. Rio de Janeiro: Rocco, 2000.

ECO, Umberto; SEBEOK, T (Orgs.). *O signo de três*. São Paulo: Perspectiva, 1991.

ECO, Umberto. *A ilha do dia anterior*. 5. ed. Rio de Janeiro: Record, 1995.

EZPELETA, J.; ROCKWELL. *Pesquisa participante*. São Paulo: Cortez/Autores Associados, 1989.

FELDENS, Maria das Graças F. Desafios na educação de professores: analisando e buscando compreensões e parcerias institucionais. In: SERBINO; RIBEIRO; BARBOSA; GEBRAN. *Formação de professores*. São Paulo: UNESP, 1998, p. 125-137.

FERNANDES, Maria Valéria P. *Na periferia do sonho*: crônicas de uma experiência de formação de professores. 2000. Dissertação (Mestrado em Educação) – Faculdade de Educação, Universidade Estadual de Campinas, Campinas, 2000.

FERRARA, Lucrécia. D'Aléssio. *Olhar periférico*. São Paulo: EDUSP/FAPESP, 1999.

FONTANA, Roseli A. Cação. *Como nos tornamos professoras?* Belo Horizonte: Autêntica, 2000.

FOUCAULT, Michel. *A arqueologia do Saber*. Trad. Luiz Felipe Baeta Neves. 5. ed. Rio de Janeiro: Forense, 1997.

_____.*Vigiar e punir*: nascimento da prisão. Trad. Raquel Ramalhete. 23. ed. Petrópolis: Vozes, 2000a.

_____. *Microfísica do poder*. Rio de Janeiro: Graal, 2000b.

_____. *O que é um autor?* 4. ed. Veja/Passagens, 2000c.

FRANCO, Maria Laura P. B. Pressupostos epistemológicos da avaliação educacional. *Cadernos de Pesquisa*. São Paulo: Fundação Carlos Chagas/Cortez (74): p. 63-75, ago. 1990.

FREITAS, Helena C. L. de. A reforma do ensino superior no campo da formação dos profissionais da educação: as políticas educacionais e o movimento de educadores. In: *Educação & Sociedade*: Formação de profissionais da educação: políticas e tendências. Campinas: CEDES, n. 69, 1999.

FREITAS, L. C. Organização do trabalho pedagógico. Novo Hamburgo: VII Seminário Internacional de alfabetização e educação. 13 (1): 10-18, jul. 1991.

_____. Neotecnicismo e formação do educador. In: ALVES, N. (Org) *Formação de professores*: pensar e fazer. São Paulo: Cortez, 1992, p. 89-192.

_____. *Crítica da organização do trabalho pedagógico e da didática*. Campinas: Papirus, 1995.

FREITAS, Maria Teresa. *Narrativas de professores*: pesquisando a leitura e a escrita numa perspectiva sócio-histórica. Rio de Janeiro: Ravil, 1998.

FREIRE, Paulo; SHOR, Ira. Medo e ousadia: o cotidiano do professor. São Paulo: Paz e Terra, 1997.

FREIRE, Paulo. *Pedagogia da autonomia*: saberes necessários à prática educativa. São Paulo: Paz e Terra, 1998.

FULLAN, Michael; HARGREAVES, Andy. *A escola como organização aprendente*: buscando uma educação de qualidade. Porto Alegre: Artes Médicas, 2000.

_____. *Hay algo por lo que merezca la pena luchar em la escuela?*. Trad. Pablo Manzano Bernardez. Sevilla: Publicaciones M.C.P, 1997.

FULLAN, Michael. El nuevo significado del cambio em educación. Barcelona: Octaedro, 2002.

GAGNEBIN, Jeanne Marie. *História e narração em Walter Benjamim*. 2. ed. São Paulo: Perspectiva, 1999.

GARCIA, Carlo Marcelo. *A formação de professores*: para uma mudança educativa. Porto: Portugal: Porto Editorial, 1995.

GAUTHIER, Clermont. *Por uma teoria da pedagogia*: pesquisas contemporâneas sobre o saber docente. Ijuí: UNIJUI, 1998.

GERALDI; FIORENTINI; PEREIRA (Org). *Cartografias do trabalho docente*. Campinas: Mercado das letras/ALB, 1998.

GERALDI, Corinta Maria Grisolia. *A produção do ensino e pesquisa na educação*: estudo sobre o trabalho docente no curso de Pedagogia. Tese (Doutorado em Educação) – Faculdade de Educação, Universidade Estadual de Campinas, Campinas, 1993.

_____. Currículo em Ação: buscando a compreensão do cotidiano da escola básica. *Pró-Posições*, v. 5, n. 3 [15], nov. 1994.

_____. A cartilha Caminho Suave não morreu: MEC lança sua edição revista e adaptada aos moldes neoliberais. In: ESTEBA, M. T. (Org.). *Avaliação*: uma prática em busca de novos sentidos. Rio de Janeiro: DP&A, 1999.

GERALDI, João Wanderley. *Portos de passagem*. 4. ed. São Paulo: Martins Fontes, 2000.

_____. Paulo Freire: narrador e pensador. In: BARZOTTO, Valdir H. *Estado de leitura*. São Paulo: Mercado das Letras/ALB, 1999, p. 217-215.

GINZBURG, Carlo. O queijo e os vermes. São Paulo: Companhia das Letras, 1989.

_____. Pistas, signos e sinais. In: *Mitos, emblemas e sinais*: morfologia e história. T. Carrotti (Trad.). São Paulo: Companhia das Letras, 1989, 115p.

GIUSTA, Agnella da Silva. Diretrizes curriculares da Escola Sagarana. PROCAD. SSE-MG. Guia de Estudo 5. Construção de uma nova concepção de currículo. 2001, p. 16-33.

GUEDES-PINTO, Ana Lúcia. *Rememorando trajetórias das professora-alfabetizadora*: a leitura como prática constitutiva de sua identidade e formação profissional. Tese (Doutorado em Educação) – Faculdade de Educação, Universidade Estadual de Campinas, Campinas, 2000.

GÓES, Maria Cecília R. A formação do indivíduo nas relações sociais: contribuições teóricas de Lev Vigotski e Pierre Janet. In: *Educação & Sociedade. CEDES*, n. 71, 2000.

GOLDMAN, Lucien. *Ciências Humanas e filosofia*: o que é sociologia? 4. ed. São Paulo: Difel, 1974.

GRAMSCI, Antônio. *Materialismo histórico*. Obras Escolhidas. São Paulo: Martins Fontes, p. 118.

GUSMÃO, Neusa Maria M.; SIMSON, Olga R. M. A criação cultural na diáspora e o exercício da resistência inteligente. *Ciências Sociais Hoje*. Ed. Vértice – ANPOCS – Anuário de Antropologia, Política e Sociologia. São Paulo: 1989.

HARGREAVES, Andy. *Professorado, cultura y postmodernidad*: cambian los tiempos, cambia el profesorado. Madrid: Morata, 1996.

HELLER, Agnes. *O cotidiano e a história*. São Paulo: Paz e Terra, 1992.

HERNÁNDEZ, Fernando; SANCHO, Juana Maria. Para enseñar no basta con saber la asignatura. Barcelona: Ediciones Piados, 1989.

HERNÁNDEZ, Fernando; VENTURA, Montserrat. A organização do currículo por projetos de trabalho. Trad. de Jussara H. Rodrigues. 5. ed. Porto Alegre: Artes Médicas, 1998.

HERNÁNDEZ, Fernando. Como os docentes aprendem. *Pátio*. Ano 1, n. 4, fev. 1998, p. 9-13.

HOUSSAYE, Jean. Le pédagogue n'aime pas les enseignants. *Recherche et formation*, n. 20, 1995, p. 59-64.

IBARROLA, María. A recente experiência mexicana de formação básica e contínua de professores. In: SERBINO; RIBEIRO; BARBOSA; GEBRAN. *Formação de professores*. São Paulo: UNESP, 1998, p. 69-84.

KRAMER, Sonia. *Por entre as pedras*: aram e sonho na escola. São Paulo: Ática, 1993.

KUENZER, Acácia Z. A reforma do ensino técnico no Brasil e suas conseqüências. In: *Ensaio*, v. 6, n. 20, jul./set. 1998, p. 365-383.

KUHN, Tomaz. *A estrutura das revoluções científicas*. São Paulo: Perspectiva, 1982.

LACERDA, Nilma Gonçalves. *Manual de tapeçaria*. Rio de Janeiro: Philobiblion/ Fundação Rio, 1986.

LAKATOS; MUSGRAVE (Org.). *A crítica e o desenvolvimento do conhecimento*. São Paulo: Cultrix, Ed. da Universidade de São Paulo, 1970.

LAPLANE, Adriana L. F. Interação e silêncio na sala de aula. In: *CEDES*, n. 50. Campinas: Papirus, CEDES, 2000.

LARROSA, Jorge & col. *Déjame que te cuente*: ensaios sobre narrativa y educacion. Barcelona: Editorial Alertes, 1995.

LARROSA, Jorge. *La experiencia de la lectura*: estudios sobre literatura e formación. Barcelona: Laertes, 1998.

_____. *Pedagogia profana*: danças, piruetas e mascarados. Belo Horizonte: Autêntica, 1999, 207p.

LEONTIEV, Alex. *Actividad, conciencia, personalidad*. Habana: Editorial Pueblo y Educación, 1983.

_____. *O desenvolvimento do psiquismo*. Lisboa: Horizonte Universitário, 1978.

LIMA, Maria Emília C. C. *Ensino básico de Química*: problemas e perspectivas face a tendência sintética da ciência e a formação politécnica. 1990. Dissertação (Mestrado em Educação) – Faculdade de Educação, Universidade Federal de Minas Gerais, Belo Horizonte, 1990.

_____. Formação continuada de professores. *Química Nova na Escola*, v. 1, n. 4, nov. 1996, p. 12-17.

_____. *Diretrizes curriculares da Escola Sagarana*. PROCAD. SSE-MG. Guia de Estudo 5. Formação continuada de professores, 2001.

LIMA, Maria Emília C. C.; AGUIAR, Orlando. Ciências: Física e Química no ensino fundamental. *Presença Pedagógica*. Belo Horizonte, v. 6, n. 31, jan./fev. 2000, p. 39-49.

LIMA, Maria Emília C. C.; AGUIAR, Orlando; BRAGA, Selma A. Moura. Ensinar Ciências. *Presença Pedagógica*. Belo Horizonte, v. 6, n. 33, maio/jun. 2000, p. 90-91.

LOBO, Aldina S. *A A A (Aprendizagem Assistida pela Avaliação)*: um sorriso difícil para o novo sistema de avaliação. Porto: Porto Editorial, 1998.

LOPES, Alice R. Casimiro. Livros didáticos: obstáculos ao aprendizado da ciência Química. I - Obstáculos animistas e realistas. *Química Nova*, v. 15, n. 3, 1992, p. 254-261.

LORD, Albert B. The singer of tales. New York. Atheneum, 1978.

LUFTI, Mansur. *Cotidiano e educação Química*. Ijuí: Unijuí, 1988.

_____. *Os ferrados e os cromados*. IJUÍ: Unijuí; 1992.

MACHADO, Ana Maria. *Uma história meio ao contrário*. São Paulo: Ática, 1983.

MARX, Karl. Manuscritos econômicos e filosóficos e outros textos escolhidos. 2. ed. São Paulo: Abril cultural, 1978. (Os Pensadores, 6).

MAGNANI, Maria do Rosário. *Em sobressaltos*: formação de professora. Campinas: Unicamp, 1997, 333p.

MALDANER, Otávio A. *A formação inicial e continuada de professores de Química*: professores/pesquisadores. Ijuí: Unijuí, 2000.

MARQUES, Mário O. *Escrever é preciso*: o princípio da pesquisa. Ijuí: UNIJUÍ, 1997.

MINISTÉRIO DA EDUCAÇÃO E DESPORTO. Decreto de 06/12/1999.

MORTIMER, Eduardo Fleury. *O ensino de estrutura atômica e de ligação Química na escola de 2º grau*: drama, tragédia ou comédia? 1988. Dissertação (Mestrado em Educação) – Faculdade de Educação, Universidade Federal de Minas Gerais, Belo Horizonte, 1988.

_____ Construção do conhecimento e ensino de ciências. *Em Aberto*, 11(55): 17-22, 1992.

_____. *Projeto de aperfeiçoamento e formação continuada de professores de Química e ciências em Minas Gerais e Sergipe*. Belo Horizonte: FUNDEP, 1995.

_____.*Linguagem e formação de conceitos no ensino de ciências*. Belo Horizonte: UFMG, 2000.

NÓVOA, António. O método (auto)biográfico na encruzilhada dos caminhos (e descaminhos) da formação de adultos. *Revista Portuguesa de Educação*. 1(2), 1998, p. 7-20.

_____. *Vidas de professor*. Porto: Porto, 1992.

_____. Relação escola-sociedade: "Novas respostas para um velho problema". In: *Formação de professores*. São Paulo: UNESP, 1998.

_____. *A formação dos professores*: realidades e perspectivas. Conferência. In: 1º Congresso de Formação de Professores, 1. Santa Maria: (*Gravação e transcrição*: André Pietsch Lima), 2000.

_____. *A nova centralidade dos professores*: do excesso dos discursos à falência das práticas. Conferência, In: São Paulo – SP: (*Gravação e transcrição*: Gilberto F. Alves Melo, Carmen S. Sampaio & Guilherme do Val Toledo), 2000.

NEVES, Wanda M. J. *As formas de significação como mediação da consciência*: um estudo sobre o movimento de consciência de um grupo de professores. 1997. Tese (Doutorado em Educação) – Faculdade de Educação, Universidade São Paulo, 1997.

NUNES, Marilene. *Trabalho docente e sofrimento psíquico*: proletarização e gênero. 1999. Tese (Doutorado em Educação) – Faculdade de Educação, Universidade de São Paulo, São Paulo, 1999.

ORLANDI, Eni P. *As formas do silêncio*: no movimento dos sentidos. Campinas: Unicamp, 1997.

_____. *Análise de Discurso*. 2. ed. Campinas: Pontes, 2000.

PÊCHEUX, Michel. *O discurso*: estrutura ou acontecimento. Campinas: Fontes, 1990.

PESSOTTI, Isaias. *Aqueles cães malditos de Arquelau*. Rio de Janeiro: Editora 34, 1996.

PERRENOUD, Philippe. *Novas competências para ensinar*. Porto Alegre: Artes Médicas, 2000.

POE, Edgard. A. *Os assassinos na rua Morgue & A carta roubada*. São Paulo: Paz e Terra, 1997.

POSSENTE, Sírio. O dado dado e o dado dado: o dado em análise do discurso. In: CASTRO, Maria Fausta. *O método e o dado no estudo da linguagem*. Campinas: Unicamp, 1996.

QUESNEL, A.; TORTON, J. *A Grécia, mitos e lendas*. (Trad. Ana Maria Machado). São Paulo: Ática, 1995.

REGIMENTO Escolar do Instituto de Contagem. 1ª Superintendênca Regional de Ensino de Belo Horizonte, 13 de junho de 1995.

RICOUER, Paul. A função hermenêutica do distanciamento. In: *Interpretação e ideologia*. Rio de Janeiro: Francisco Alves. Trad, org. e apresentação de H. Japiassu, 1977.

_____. *Du texte à láction*. Paris: Seuil, 1986.

RIOS, Terezinha Azeredo. Ética e competência. 10. ed. São Paulo: Cortez, 2001, 86p.

ROSA, João Guimarães. Grande Sertão: Veredas. 1. ed. Rio de Janeiro: José Olympio, 1956.

ROSA, Maria Inês. *Trabalho, subjetividade e poder*. São Paulo: EDUSP/Letras & Letras, 1994.

ROSA, Maria Inês de Freitas P. dos S. *A pesquisa educativa no contexto da formação continuada de professores de ciências*. Tese (Doutorado em Educação) – Faculdade de Educação), Universidade Estadual de Campinas, Campinas, 2000.

SABATO, Ernesto. *O túnel*. São Paulo: Companhia das Letras, 2000.

SANTOS, Boaventura S. *Introdução a uma ciência pós-moderna*. Rio de Janeiro: Graal, 1989.

SANTOS, Laymert G. *Desrregulagens*. Campinas: FUNCAMP, 1981.

SEVE, Lucien. A personalidade em gestação. In: *Elementos para uma teoria marxista da subjetividade*. São Paulo: Vértice, 1989.

SCHMITZ, Ruth Castro. *História e Epistemologia da Ciência*: investigando suas contribuições num curso de Física de segundo grau. 1993. Dissertação (Mestrado em Educação), Faculdade de Educação, Universidade de São Paulo, São Paulo, 1993.

SCHNETZLER, Roseli P. Um estudo sobre o tratamento do conhecimento químico em livros didáticos brasileiros dirigidos ao ensino secundário de química de 1875 a 1978. *Química Nova*, v. 4, n. 1, p. 6-15.

SMOLKA, Ana Luiza. B. A memória em questão: uma perspectiva histórico-cultural. In: *Educação & Sociedade*. CEDES, n. 71, 2000.

TARDIF, Maurice. *Saberes docentes e formação profissional*. São Paulo: Vozes, 2002.

STAM, Robert. *Bakhtin*: da teoria literária à cultura de massa. São Paulo: Ática, 1992.

THOMPSON, Paul. *A voz do passado*: história oral. São Paulo: Paz e Terra, 1998.

TOMMASI; WARDE; HADDAD (Org). *O Banco Mundial e as políticas educacionais*. São Paulo: Cortez/PUC-SP/Ação Educativa, 1998.

VIANNA, Cláudia. *Os nós do "nós"*: crise e perspectivas da ação coletiva docente em São Paulo. São Paulo: Xamã, 1999.

VIEIRA, Ricardo. *Identidade e história de vida*. Portugal: Lisboa, 2000.

VIGOTSKI, Lev S. *A formação social da mente*. São Paulo: Martins Fontes, 1999a.

_____. *Pensamento e linguagem*. São Paulo: Martins Fontes, 1999b.

_____. O manuscrito de 1929. In: *Educação & Sociedade*. CEDES, n. 71, 2000.

ZEICHNER, K. M. Para além da divisão entre professor-pesquisador e pesquisador acadêmico. In: GERALDI; FIORENTINI; PEREIRA. *Cartografias do trabalho docente*. Campinas: Mercado das letras/ALB, 1998, p. 207-236.

ZINCHENKO, Vladimir P. A psicologia histórico-cultural e a Teoria Psicológica da Atividade: retrospectos e prospectos. In: WERTSCH, James V.; del RIO, Pablo; ALVAREZ, Amelia. *Estudos socioculturais da mente*. Porto Alegre: Artes Médicas, 1998.

ANEXO 1 – Inventário dos documentos[1]

Código	Identificação	Descrição e comentários
DI	Documento inicial de apresentação.	Denominado de *Proposta de trabalho na área de ensino de Química para a Fundação de Ensino de Contagem*, o documento contém uma crítica ao tradicional ensino de química, uma avaliação das novas demandas no mundo do trabalho e os desafios formativos, uma caracterização dos alunos do 2º grau, uma intenção de trabalho enunciada em linhas gerais. Registros pessoais, manuscritos no verso do documento.
CA1 e CA 2	Cadernos	Tipo brochura, tamanho pequeno. Correspondem aos períodos que vão de 21/2 a 9/5 e de 15/5 a 27/9/94. Contém datas, assuntos tratados, falas de colegas, acompanhamento sistemático do que cada um havia trabalhado na semana, dificuldades e resistências encontradas nas escolas. Aparece ainda um grande de anotações referente a providências a serem tomadas, como preparar malotes para as escolas com documentos, textos, etc.
FA	Fichas de avaliação	Algumas das fichas são relativas ao primeiro bimestre e outras ao segundo. Trazem o nome da Unidade de Ensino. Muitas não indicam o nome do professor. Algumas são assinadas pelos alunos, outras pela Direção e outras, ainda, pelos professores. Três delas são completamente apócrifas sem apresentar quaisquer dados que justifique tal procedimento.
RE	Rendimento Escolar	Relação nominal de alunos da Unidade Riacho com suas respectivas notas obtidas no 3º. bimestre em todas as disciplinas.
G	Gráficos	Gráficos de barras com dados comparativos do rendimento escolar dos alunos da Unidade Riacho nas diversas disciplinas.
Bilhetes	Bilhetes de alunos.	Estão na forma de recados manuscritos. Avaliam as mudanças ocorridas no ensino de química e são dirigidos à professora. São altamente elogiosos e datam de novembro.
RAA	Relatório Anual de Atividades.	O relatório indica as atividades formativas desenvolvidas no período de 21/4/94 a 13/12/94.
T&A	Textos e artigos	Cópias de artigos de periódicos nacionais e de capítulos de livros com roteiros de discussões, sugestões de atividades experimentais, etc..

[1] Não foram encontradas duas fitas de vídeo de reunião do grupo onde se discutiu a revisão do material didático de 1ª série, mais especificamente sobre teoria de ligações químicas. Esta fita foi bastante utilizada pelos professores como material de estudo. Também não foram localizadas duas fitas de áudio sobre avaliação de aprendizagem referente a uma palestra proferida ao grupo por uma espedialista no assunto.

CR	Cronograma de reuniões	O cronograma é referente ao segundo bimestre. Apresenta os nomes dos professores responsáveis por apresentar e discutir cada um dos temas propostos.
VII ENEQ	Encontro Nacional de Ensino de Química.	Anotações de reunião do grupo indicando a divulgação do evento a se realizar em Belo Horizonte no período de 18 a 21/7. Apresenta informações gerais e formas de participação.
SE	Seminário de Ensino	Anotações de reunião do grupo indicando a divulgação do seminário de ensino de ciências a acontecer no CECIMIG sobre Estrutura da Matéria com a professora Heloisa Schor.
Palestra 1	Tratamento de águas e esgotos.	Palestra proferida aos professores por especialistas da COPASA – Companhia de Água e Saneamento Básico de Belo Horizonte sobre tratamento de águas e esgotos e contextualização do tema em Contagem. Notas pessoais.
Palestra 2	Palestra sobre o conceito de molécula	Palestra proferida ao grupo pelo professor Luís Otávio do Amaral – UFMG. Texto xerografado.
RD	Reunião de diretores de Unidades	Avaliam o trabalho de química nas escolas no primeiro e segundo bimestres. Indicam, em algumas escolas, uma prática indiscriminada de uso do vídeo; o tumulto na distribuição do material didático nas escolas piloto; o baixo rendimento dos alunos e a apatia que apresentam quando das discussões em grupo; a necessidade da presença do orientador educacional na sala de aula com os alunos quando da avaliação do trabalho e solicitam informações sobre a avaliação da produção do aluno utilizando-se de pré-teste e pós-teste.
AP	Acompanhamento de projetos	A equipe técnico-pedagógica de acompanhamento do projeto indica e discute o atraso no recebimento do material didático; a dificuldade apresentada pelos alunos com o conceito de densidade; a aprovação deles em relação às atividades experimentais em sala de aula e a solicitação por parte de alguns diretores de Unidades de se ter material todo pronto como modo de garantir a adaptação do projeto de química ao projeto da escola de aproveitamento 100%.
PD & V	Paradidáticos	Discussões sobre livros paradidáticos e vídeos. Sugestão de roteiro de trabalho.
PC	Plano de curso	Plano de curso para o ano de 1995.
Livro 1	Livro didático de Química	Livro de Química da FUNEC para o 1º ano, na versão rosa.
RA/95	Reunião de avaliação e planejamento	Cinco fitas de áudio correspondentes à reunião de avaliação e planejamento do projeto de educação continuada, ocorrida em dois turnos, manhã e noite e gravadas no dia 23/5/95.

RA/96	Reunião de avaliação sobre a capacitação	Duas fitas de áudio correspondentes à reunião de avaliação do Projeto de Educação Continuada realizada pela Direção Educacional no segundo semestre de 1996.
CA 3	Caderno	Caderno de anotações pessoais que contém registros de praticamente todos os encontros realizados entre 7/2/95 a 12/9/95. Contém datas, relação dos professores presentes visando efetuar pagamento das horas de reunião, assuntos tratados, falas de colegas, fichamento bibliográfico para discussão nas reuniões referente a vários autores, produção de textos, etc.
FA	Fichas de avaliação	Fichas de Avaliação do trabalho de Química com indicações semelhantes à anterior, porém no formato sugerido por nós e relativas apenas ao primeiro bimestre de 1995. Correspondem às seguintes Unidades: Amazonas, CENTEC, Riacho, Novo Eldorado, Industrial, Contagem, Imaculada, Monte Castelo, Vila São Paulo, Ressaca e Caic Laguna.
AD	Avaliação de diretor de Unidade	Avaliação longitudinal que engloba o período que vai do primeiro bimestre de 1994 ao segundo de 1995. Está manuscrita, feita na Unidade Monte Castelo. Não está assinada e datada. Avalia como os alunos reagiram ao projeto de ensino de Química; a organização e o planejamento do trabalho; o uso do laboratório; a motivação dos alunos e professores; a base material da escola para as aulas de Química; a avaliação contínua, o uso do computador; o estágio em que se encontram as outras disciplinas em relação à Química; apresenta, ainda, uma concepção de ensino, de aluno, uma visão de construção do conhecimento científico e do papel da experimentação no ensino de ciências. Conclui dizendo que se as reuniões não nos modificassem como professores, não nos permitiriam conciliar a essência real do projeto com os interesses básicos de uma educação voltada para uma autêntica evolução do cidadão.
CD1	Coleta de dados	Transcrição de entrevistas feitas com os professores objetivando coletar dados para nos tornarmos "professores-pesquisadores". A pergunta é sobre o que consideram ser um bom professor. Estão sem identificação do entrevistado.
Folder	Folder de evento interno	Seminário de Política de capacitação docente na FUNEC – 1995.
DENATRAN	Dados estatísticos	Estudo da relação entre ingestão de bebidas alcoólicas e acidentes de trânsito, a partir de dados de pesquisa do DENATRAN - Departamento Nacional de Trânsito. Proposição de atividade temática inserida no estudo de soluções alcoólicas e cálculos de concentração.
AE	Atividades de ensino	Atividade de ensino que envolve lei de Proust, soluções, termoquímica e cinética química, desenvolvidas pelo grupo para compor o livro 2.

Pauta de reunião	Pauta de reunião de reivindicações	Discussão com a Direção da FUNEC e assessores de pauta de reivindicações do grupo, envolvendo: realização de concurso público; a volta dos encontros semanais dos professores de química e não mais quinzenais; a forma de remuneração da participação na formação continuada; maior envolvimento da Direção das escolas e das orientadoras educacionais com o projeto de Química e curso de Informática e de Inglês para os professores de Química. Todas essas reivindicações foram aceitas e prontamente encaminhadas, exceto o concurso que levou mais tempo para acontecer.
CD-ROM	O laboratório de Química	Conjunto de documentos orientadores de estudo envolvendo o uso de CD-ROM; liberalismo, o neoliberalismo e a argumentação neoliberal da Escola do Futuro da USP; o projeto da Escola do Futuro em discussão/implantação na Unidade Riacho e o significado na escola de ser moderno.
APa	Avaliação de palestra	Avaliação do grupo sobre uma palestra encomendada sobre Avaliação, proferida por uma especialista da área, indicando a improdutividade dessa em face do desconhecimento de nossas práticas e dilemas.
MC	Manutenção e continuidade do grupo	Discussão dos rumos da política de capacitação da FUNEC e deliberação quanto a necessidade de se elaborar um documento do grupo de química para apresentar à nova Direção Educacional recém empossada.
FC	Formação continuada	Registros dos primeiros estudos pessoais sobre formação de professores.
FaE	Termo de posse como professora substituta na FaE/UFMG	Admissão na Faculdade de Educação como professora substituta de Prática de Ensino de Química em 24/8/95.
VII ECODEQC-Centro-Oeste	VII Encontro Centro-Oeste de Debates sobre o Ensino de Química e Ciências.	Certificado de participação do evento. Muitos professores da FUNEC também estiveram nesse encontro em Goiânia, no período de 18 a 20 de outubro de 1995, embora nenhum trabalho tenha sido apresentado por nós.
Rutherford/Precursor	Texto dissertativo dos alunos do colégio Precursor	Trabalhos de química de meus alunos da rede privada, apresentados na reunião de consultoria com os professores de química da FUNEC. Trata-se de uma questão dissertativa em que os alunos discutem os resultados do experimento realizado por Rutherford de espalhamento de partículas alfa e o modelo proposto à época por Thonson. Os registros estão datados de 7/11/94.
Ata	Ata	Cópia da ata de aprovação no concurso público federal para Professora Assistente da UFMG, em março de 1996.

Pauta de reunião	Pauta de reunião de formação continuada	Corresponde a uma reunião realizada em fevereiro de 1996. Inclui informações do VIII ENEQ – Encontro Nacional de Química em Campo Grande e da sugestão do professor Luís Otávio do Amaral de que o grupo da FUNEC oferecesse um minicurso, sugestões de participação, cronograma de preparação para o encontro.
RP1	Registro de professores	Registros pessoais dos professores aprovados e reprovados no segundo concurso realizado pela FUNEC, bem como daqueles que optaram por não fazer o concurso, totalizando 20 registros em que os professores expressam suas angústias, decepções e o sentimento de perda. São datados de 16/4/96.
RP2		Registro feito por um professor do grupo de reunião ocorrida em 7/5/96, procedimento que ocorria quando eu não estava presente. Comparam as provas dos dois concursos e o ônus para a Instituição de ter selecionado um professorado com um perfil mais tradicional em decorrência do tipo de questões apresentadas e mecanismos de manutenção do projeto de formação do grupo em outras instâncias.
FaE.1	Termo de posse como professora efetiva na FaE/UFMG	Admissão na Faculdade de Educação como professora Assistente de Prática de Ensino de Química em 05/96.
VIII ENEQ e VIII ECODEQC	Encontro Nacional de Ensino de Química e Encontro Centro-Oeste de Debates sobre o Ensino de Química e Ciências	Anais do evento com resumo de um dos cinco trabalhos apresentados sobre o uso de livros paradidáticos no ensino de Química voltado para uma concepção de currículo relacionando Ciência, Tecnologia e Sociedade. Ocorrido em Campo Grande - MT, em julho de 1996.
Livro 1	Livro didático de Química da 1ª série.	Livro de Química da FUNEC para o 1º ano, nas versões rosa e azul.
Livro 2	Livro didático de Química da 2ª série	Cópia xerografada do livro de 2º ano de Química numa versão preliminar. Trata-se de uma única impressão na versão verde e esgotada.
CD2	Coleta de dados	São textos manuscritos dos professores em que eles discutem os motivos que os mantêm no grupo. Essa foi uma solicitação pessoal aos professores objetivando coletar dados para nos tornarmos "professores-pesquisadores". Estão datados de 30/4/96.
CD3	Coleta de dados	Registros de duas situações-problema de sala de aula idealizadas e previamente apresentadas

		para os professores se posicionarem diante delas. Envolve metodologia e avaliação. Trata-se de outra tentativa de coletar dados para nos tornarmos "professores-pesquisadores". A pergunta é sobre o que consideram ser um bom professor.
RA.2	Reunião de avaliação do programa de educação continuada	Duas fitas áudio-grafadas de reunião de avaliação sobre o trabalho da consultoria com os professores de Química, convocada pela Direção Educacional da FUNEC, identificada como sendo de meados de setembro.
AG	Agenda pessoal	Contém, no que se refere ao grupo: registro semanal dos professores presentes; elaboração de atividades de ensino; indicação de discussões a partir de artigos publicados na Química Nova na Escola; preparação e participação dos professores no VIII ENEQ e VIII ECODEQC em Campo Grande – MT; ajuda de custo para participar do evento e a origem dos recursos.
Publicações 1	Artigos publicados pelo grupo em periódicos nacionais.	Dois trabalhos publicados. Um deles nos anais do VIII ENEQ e VIII ECODEQC em Campo Grande – MT e o outro na revista Química Nova na Escola. São datados, respectivamente, de julho de 1996, novembro de 1996.
DO	Documento oficial	Documento que indica a dispensa dos serviços de assessoria à FUNEC.
Publicações 2	Artigo publicado pelo grupo em periódicos nacionais.	Trabalho publicado na revista Química Nova na Escola. Datados de maio de 1997.

ANEXO 2

Proposta de trabalho na área de ensino de Química

1- Fundamentação teórica

Dizer que o atual ensino de Química já não atende à sociedade moderna deixou de ser novidade. Sua inadequação é evidenciada através do insucesso de nossos alunos no mundo do trabalho. Estamos entendendo trabalho de forma mais ampla como atividade existencial humana.

Quem nunca ouviu dizer que a Química é chata, difícil, memorista? Qual tem sido a capacidade de explicação dos fenômenos químicos nas nossas aulas? A Química hoje ensinada no segundo grau tem permitido ao aluno a compreensão intelectual do seu trabalho numa indústria, por exemplo? Essas perguntas, entre outras, são indicativos da inadequação da Química que praticamos nas salas de aula.

Na atualidade, as escolas enfrentam grandes e novos desafios. Na medida em que surgem novas formas de organização no processo de trabalho, a parcialização do trabalhador passa a exigir a substituição deste, por outro de caráter polivalente, moderno, coletivo, crítico e multifacético. Essa evolução requer do trabalhador novo perfil, que vai muito além do técnico que está preparado para desenvolver atividades específicas e restritas a uma área de conhecimento.

Várias indústrias estão tomando a iniciativa de capacitar o trabalhador para desempenhar diferentes atividades no sistema produtivo. As linhas de montagem que antes exigiam um trabalhador parcializado estão hoje sendo substituídas no mundo inteiro, por novas formas de organização do processo de trabalho. Nos últimos tempos, podemos acompanhar por meio de jornais as tendências atuais das empresas terceirizadas da Autolatina. Essa tendência refere-se ao sistema de trabalho em "células" onde cada trabalhador é responsável por diferentes etapas da produção, até mesmo pelo controle de qualidade. Passa-se então a exigir do trabalhador o domínio de diversos aspectos da produção. Isso implica um nível de reflexão e abstração que ultrapassa a imediaticidade da aplicação e uso de determinadas máquinas, técnicas, métodos e processos. Com base nessa nova dinâmica, pode-se ver resgatado no indivíduo a dimensão intelectual de seu trabalho.

Cresce a cada dia o número de ciências de caráter intermediário que promovem maior nexo entre as diversas áreas do conhecimento. Os métodos de trabalho disponíveis são compartilhados por vários campos do conhecimento, promovendo uma necessária integração científica.

A escola atual ainda tem se pautado pelo ensino de técnicas específicas de um fazer que não mais se coaduna com o mundo fora dela. Nesse sentido a escola está ultrapassada e anacrônica. Segundo Market "[...] o futuro vai nos mostrar que, as pessoas entram no mercado de trabalho precisando muito mais de formação geral do que habilidades concretas e específicas". A escola necessita, portanto, observar o que ocorre a sua volta e procurar articular uma proposta político-pedagógica capaz de responder a esses desafios.

A educação politécnica é uma proposta que vem ganhando adeptos nos últimos anos. É uma concepção de educação que busca sintetizar a relação entre a natureza, a sociedade e o pensamento. Tem como princípio o restabelecimento do nexo entre teoria e prática. A prática a que nos referimos não se restringe apenas ao nível da produção material, mas se estende às relações sociais que envolvem esse fazer. A politecnia não é um método, nem uma disciplina integradora, é uma concepção de mundo e de trabalho. Não é um treinamento para tal ou qual ofício. É uma preparação do indivíduo e cidadão para a vida. Pretende desenvolver no indivíduo a capacidade de sair-se bem diante de situações inéditas e complexas e de guiar-se com autonomia dentro do seu próprio aprendizado, seja no âmbito da escola, seja no âmbito do trabalho.

Conforme Demo: aprender a aprender é a base da autonomia emancipatória. De fato, a habilidade de aprender permite aos indivíduos a construção de caminhos próprios, que eles possam trilhar. O indivíduo torna-se então crítico do mundo e participativo. Mas qual deve ser a mediação capaz de garantir essa educação crítica, autônoma e multifacética? Como relacionar as ciências básicas (Física, Química, Biologia, etc.) com os processos tecnológicos, com a organização da economia e da produção, dentro de uma perspectiva de formação integral do homem de perfil amplo? O que significa uma educação de formação geral, conforme Market, e como materializá-la?

2- *Caracterização do aluno*

Nossos alunos convivem com problemas de diferentes ordens. As dificuldades mais comuns estão relacionadas com os seguintes aspectos:

- Aplicação dos princípios básicos da Química em casos muito distintos;
- Reconhecimento dos princípios básicos de funcionamento da natureza;
- Capacidade de situar fenômenos particulares dentro do funcionamento do todo;
- Domínio dos conceitos matriciais;
- Autonomia de trabalho;
- Convivência com uma sobrecarga de informações;

- Convivência com uma sociedade que se utiliza de inúmeras técnicas e processos;
- Vulnerabilidade diante de uma organização escolar autoritária e fragmentadora do conhecimento;
- Massificação decorrente de uma orientação pedagógica padronizada para todo o universo escolar;
- Ajustamento a exigências instrumentais de "preparação para o vestibular";
- Inexistência de integração curricular;
- Falta de propostas concretas que visem à superação da visão acrítica e ahistórica da realidade; entre outros.

Diante desse quadro, devemos perguntar sobre os determinantes culturais, lógicos e filosóficos das dificuldades acima esboçadas. De onde decorre essa fragmentação do conhecimento? Como resgatar uma visão mais articulada do mundo em que vivemos? Como a química pode contribuir para romper com essa prática educativa que determina esse perfil de aluno?

3- *Uma metodologia de trabalho ou uma concepção de ciências*

A falta de uma visão integradora das ciências decorre de uma concepção positivista de ciência que até hoje tem se pautado pela fragmentação do conhecimento. As análises exaustivas e a fragmentação do objeto em suas particularidades são lógicas que recorremos no nosso cotidiano escolar. Isso ocorre sempre em prejuízo das sínteses e da capacidade de reconstruir o objeto na sua totalidade.

A divisão do trabalho escolar também tem concorrido para a perda da visão de totalidade. A organização da escola, sem dúvida, contribui para dificultar a ultrapassagem desses problemas que, portanto, refletem também as tendências autoritárias e centralizadoras às quais estamos habituados.

A idéia de politecnia caminha junto à idéia de autonomia de decisões e democracia de relações, como já anunciamos anteriormente. Assim, é no fazer-se dia-a-dia, mediante espaços coletivamente partilhados, que se constrói a articulação necessária para resgatar o nexo entre as diferentes áreas do conhecimento. Podemos dizer que o método é que define a integração. Mas desde que esteja calcado em outra concepção de educação que privilegie o momento da síntese em contraposição ao exercício analítico.

São importantes que ocorram, no âmbito escolar, projetos que envolvam várias áreas do conhecimento. A natureza, a vida, o mundo, é um todo, síntese de múltiplas determinações. Segundo Market, a base desse trabalho seria a proposição de tarefas de natureza ampla e interdisciplinar. "Numa tarefa bolda pelo professor, os alunos podem cruzar muitos conhecimentos. Primeiro a linguagem, para definir o projeto, comunicar. Depois Matemática, Química, enfim, aqueles conhecimentos que forem necessários. Os professores podem bolar projetos integrados no início do ano, trabalhando em equipe".

Artigos científicos de revistas podem ser um instrumento valioso na medida em que eles não têm compromisso exclusivamente com uma área, mas com um tema que perpassa diferentes campos do saber. Há registros de diferentes trabalhos que vêm sendo desenvolvidos dentro dessa perspectiva, através do aproveitamento de jornais. Essa é outra fonte de material que pode ser usado. As matérias tratam das inovações e descobertas mais recentes. Outro aspecto relevante é o fato de o jornal ter a preocupação de utilizar-se de uma linguagem acessível a um grande público.

Defendemos a proposta de que uma escola moderna e eficiente deve instrumentalizar seus alunos para a leitura e a interpretação de um texto, seja ele literário, seja ele científico. A velocidade com que são notificadas novas descobertas cientificas e inovações tecnológicas redefine o papel do professor. Não podemos nem conseguimos ensinar tudo na sala de aula, até mesmo porque esse "tudo" é relativo. Para que o indivíduo consiga manter-se atualizado e poder participar como cidadão das questões em discussão é extremamente necessário que ele saiba ler. Saber ler para nós está além da alfabetização das séries iniciais. Sem dúvida a autonomia de trabalho passa por esse princípio. A busca da autonomia de trabalho requer uma biblioteca renovada, diversificada e atualizada. A herança, o velho, são elementos fundamentais com que a escola deve operar. Entretanto, o novo é o mais atrativo e encantador aos nossos olhos. Atualmente o jovem moderniza-se com grande rapidez à medida que entra em contato com a televisão, jornais, revistas, etc. E nós, professores, somos questionados a todo momento sobre essas inovações. Os alunos querem saber de novos materiais, supercondutores, fontes alternativas de energia, catalisadores de uso em veículos, etc. É nessa hora que o professor assume a orientação da busca de respostas mediante a pesquisa na biblioteca. É uma atitude que desmistifica o professor como detentor de um conhecimento enciclopédico, pronto e acabado.

Na politecnia o aluno é ativo. As longas explanações dão lugar aos trabalhos que exigem cooperação, tomadas de decisão em lugar da memorização e passividade. O aluno é sujeito do seu próprio conhecimento, ao passo que o professor é o orientador das ações. E esse papel é intransferível para o indivíduo como aluno. Assim, a autonomia de trabalho vai sendo forjada. Essa não pode ser traduzida como descompromisso na relação professor/ aluno, seja na busca de atualização na pesquisa, seja na seleção de conteúdos. A construção da rede conceitual que o aluno precisará dominar em Química é de responsabilidade do professor. Deve-se dar ênfase nos conceitos matriciais, isto é, aqueles que dão margem a pensar sobre outros fatos e que guardam maior capacidade explicativa da realidade. Com o acúmulo de informações que hoje temos, é fundamental refletir sobre o que, especificamente, ensinar de Química.

Os meios audiovisuais são recursos que aliviam um pouco a sobrecarga de nosso trabalho. O aspecto visual dos filmes, a versatilidade da tela ao construir um gráfico, ou em mostrar espacialmente macromoléculas, imprime novo dinamismo ao curso. Principalmente se, imediatamente após sua exibição, são feitas discussões, resoluções de exercícios, etc.

Muitas vezes uma experimentação vista através de um vídeo pode ser bastante elucidativa. Há ainda que considerar as dificuldades de se preparar uma atividade de laboratório. Isso uma vez que não dispomos de auxiliares para preparar uma solução, lavar a aparelhagem usada, etc. Além do que laboratório é um ambiente que não cabe 30 alunos, didaticamente falando. Assim defendemos que as escolas tenham disponíveis suas fitas de vídeo. E que sejam amplamente utilizadas e exploradas.

Apesar das dificuldades arroladas sobre o uso de laboratório, muitas experimentações podem ser feitas com baixo custo material e sem grandes desgastes para o professor. Muitas atividades simples de experimentação podem ser feitas em retroprojetor, na própria sala de aula, enquanto outras podem ser feitas pelo aluno, em casa e apresentadas para os colegas, quando serão discutidas as dificuldades, os problemas encontrados e as conclusões tiradas.

Referências

Revista Escola: Entrevista Werner Market. Setembro, 1992.

DEMO, Pedro. *Desafios modernos da educação*. Rio de Janeiro: Vozes, 1993.

MACHADO, Lucília Regina de Souza. *Politecnia, Escola Unitária e Trabalho*. São Paulo: Cortez, 1991.

LIMA, Maria Emília Caixeta. *Ensino básico de Química*: problemas e perspectivas face a tendência sintética da ciência e a formação politécnica. 1990. Dissertação (Mestrado em Educação) – Faculdade de Educação, Universidade Federal de Minas Gerais, Belo Horizonte, 1990.

Folha de S. Paulo. Projeto piloto para capacitar parceiros dá bom resultado. Encarte LER. 10 set. 1993, p. 16.

ANEXO 3 – Relatório anual de atividades da FUNEC

FUNEC - FUNDAÇÃO DE ENSINO DE CONTAGEM – DIRETORIA EDUCACIONAL – ASSESSORIA DE APOIO E DESENVOLVIMENTO DE PROJETOS

RELATÓRIO ANUAL DE ATIVIDADES

ANO: 1994

PROJETO: Formação Continuada de Professores e Ensino Alternativo de Química no 1º ano do 2º grau

COORDENADOR: Maria Emília Caixeta de Castro Lima

PERÍODO: 21/2/94 a 13/12/94

ATIVIDADES DESENVOLVIDAS	DATA	DECISÕES	OBSERVAÇÕES
A - Capacitação de Professores: temas gerais de educação, temas de educação em Química e temas específicos do conteúdo de Química. I- *Temas gerais de educação abordados:* 1- Desafios modernos da educação: aprender a aprender. Objetivos a serem alcançados no ensino de Química. 2- Avaliação: histórico, os mitos, propostas alternativas. Construção de uma proposta de avaliação para a disciplina de Química na FUNEC. 3- As contribuições de Piaget e Vygostky. Fundamentação teórica da proposta de ensino de Química para a FUNEC. 4- Crítica aos livros didáticos no Brasil. Escolha dos instrumentos de trabalho a ser utilizados pelos professores de Química.	21/2/94 a 13/12/94	Os professores optaram pela continuidade da capacitação no ano de 1995 nos moldes gerais do trabalho desenvolvido no ano de 1994 para aprofundamento e complementação.	Foram realizadas 40 reuniões, totalizando 200 horas no Centro de capacitação da Prefeitura de Contagem, às terças-feiras em dois turnos: manhã e noite.

II- *Temas de educação em Química abordados:*
1- O que ensinar, para que ensinar e como ensinar Química.
2- O uso de livros paradidáticos no ensino de Química.
3- O uso de modelos no ensino da Química: imagens de um mundo imaginário.

III- *Temas específicos do conteúdo de Química:*
1- Estrutura atômica da matéria: evolução histórica dos modelos atômicos.
2- Ligações químicas: crítica à teoria do octeto e uma proposta de ensino de ligações.
3- Funções inorgânicas: crítica ao método tradicional de ensino e discussão
4- **Reações químicas: crítica e proposta alternativa**
5- **Mol do infinitamente pequeno ao fantasticamente grande. As dificuldades que o aluno depara ao estudar o conceito de mol.**
6- Cinética química: fatores que influenciam a velocidade.
7- Energia envolvida nas reações.
8- Pilhas: estudo e construção de pilhas.
9- Eletrólise e suas aplicações na indústria.

IV- *Seminários:*
1- Tratamento de águas e esgotos
2- A história da construção do conceito de molécula.
3- Política ambiental em Contagem.
4- Radioatividade.

V- *Livros paradidáticos: estudo e discussões:* 1- Água - origem da vida. 2- Usos de energia.	21/2/94 a 12/12/94	Foram realizadas 40 reuniões, totalizando 160 horas, na UFMG, às segundas-feiras.
B- Projeto alternativo de Química para 1° ano de 2°grau na FUNEC.		A FUNEC, em reunião com os diretores de unidades, professores, assessoria e com o Prof. Eduardo Fleury Mortimer decidiu implantar no ano de 1995 o ensino alternativo de Química em todas as unidades. E em 1995 dar continuidade ao Projeto Alternativo de Química nos 2°s anos.
1- Filosofia da proposta; marco teórico. 2- Mudança de perfis conceituais: estudo e discussão. 3- Evolução do atomismo em sala de aula: estudo e discussão.		
4- Estudo das atividades do projeto visando sua aplicação em sala de aula. 5- Discussão da proposta metodológica.	26/4/94 2/8/94 6/12/94	
C- Avaliação e acompanhamento do trabalho.		O acompanhamento através de visitas às escolas ocorreu esporadicamente e por solicitação da escola ou do professor.
1- Discussão sobre o porquê do ato de avaliar e como avaliar o trabalho de Química. 2- Elaboração de fichas de avaliação do trabalho.	18/6/94 a 21/6/94	
D- Elaboração de provas e exercícios para aplicar em sala de aula.		Aperfeiçoar o acompanhamento estipulando data de entrega das fichas e cobrança rigorosa de seu preenchimento.
E- Organização e participação dos professores da FUNEC no IIENEQ, realizado na UFMG.		

ANEXO 4

Projeto de assessoria aos professores de Química

Coordenador: *Eduardo Fleury Mortimer*

1- Introdução

O objetivo desse projeto é implantar uma proposta de ensino de Química na rede de II Grau do município de Contagem. Essa proposta está em consonância com as discussões atuais que ocorreram na literatura nacional e internacional sobre ensino de Química e ciências, tentando avançar alguns pressupostos teóricos de construtivismo, pela incorporação de críticas a ele formuladas e de aspectos sociointeracionistas ao processo de ensino.

A visão construtivista de ensino-aprendizagem tem dominado a área de Educação em Ciências e Matemática (Mathewes, 1992). Apesar da grande variedade de diferentes abordagens[1]: 1) a aprendizagem se dá mediante o ativo envolvimento do aluno na construção do conhecimento; 2) as idéias prévias dos estudantes desempenham papel fundamental no processo de aprendizagem, já que essa só é possível com base no que o aluno já conhece.

Correspondente a essa visão de aprendizagem há um modelo de ensino para lidar com as concepções dos estudantes e transformá-las em conceitos científicos: o modelo de mudança conceitual. Proposto, inicialmente, para explicar ou descrever:"as dimensões substantivas do processo pelo qual os conceitos centrais e organizadores das pessoas mudam de um conjunto de conceitos a outro, incompatível com o primeiro" (Posner; Strike; Hewson; Gertzog, 1982, p. 211), "mudança conceitual" se tornou sinônimo de 'aprender ciência' (Niedderer; Goldberg; Duit, 1991), o que não significa que haja um consenso acerca de seu significado. A exemplo do que ocorre com 'construtivismo', 'mudança conceitual' se tornou um rótulo a cobrir um grande número de visões diferentes e, até, inconsistentes.

Apesar do aparente domínio do construtivismo, como modelo de aprendizagem, e da mudança conceitual, como modelo de ensino, têm surgido, na literatura, críticas sobre aspectos desses modelos. Millar, por exemplo, destaca que "um modelo construtivista de aprendizagem não tem como conseqüência lógica um modelo construtivista de instrução" (Millar, 1989, p. 589). Segundo esse modelo de instrução, alvo da crítica de Millar, a aprendizagem é um produto da interação entre concepções pré-existentes e novas experiências. As estratégias de ensino baseadas nesse modelo definiram como passos

---

[1] Ver, por exemplo, DRIVER, R. (1989) Internacional Journal of Science Education, 11(5): 481-490, p. 481 ou DUIT, R. (1991), Science Education, 75(6):649-672, p. 652.

de um processo de instrução o ato de explicar as idéias prévias, ou de clareá-las através de trocas e discussões em grupos, a exposição a situações de conflito e a construção de novas idéias, e, finalmente, a revisão do progresso no entendimento, através da comparação entre idéias prévias recém-construídas. (MILLAR, 1989, p. 588-589)

Millar destaca que esse processo de explicar, clarificar e construir novas idéias é interno, ou seja, tem lugar na mente do aprendiz e acontece sempre que ocorre novo aprendizado, independentemente da forma de instrução. O sucesso de um professor construtivista, na visão do autor, pode estar relacionado muito mais ao uso de um método ativo de aprendizagem do que à transformação desse modelo construtivista de aprendizagem em modelo de instrução. O autor aponta as dificuldades existentes de implantar tais modelos de instrução em larga escala, relacionadas a maior consumo do tempo para o ensino de cada conceito e às dificuldades enfrentadas pela exigência na mudança do estilo de ensinar. O autor conclui, então, que o estabelecimento de analogias entre o que é o conhecimento e o que quer ensinar pode ser muito produtivo como método de instrução. "Promover uma mudança conceitual pode, então, envolver a exposição da criança a um novo e mais produtivo paradigma, na esperança de que isso possa vir a ser internalizado e usado como um modelo para interpretar novas situações encontradas no futuro". (MILLAR, 1989, p. 594)

A crítica de Claxton ao construtivismo se situa nesse mesmo nível. O autor afirma que o uso de propostas construtivistas no ensino se compara ao uso de um "tigre para caçar ratos", com grande investimento de tempo e recursos e a produção de resultados aquém dos esperados.

Mathews (1992), por seu turno, acrescenta que as propostas construtivistas não conseguem superar o empirismo que aparentemente criticam. A crença construtivista de que a aprendizagem corresponde a "dar sentido às experiências pessoais dos estudantes" seria uma negação da dimensão racionalista da ciência, em que a formulação teórica reconstrói a realidade, ultrapassando a dimensão puramente pessoal da interpretação dos fenômenos, através da construção de um "terceiro mundo" (no sentido popperiano do termo, POPPER, 1972), constituído pelo conhecimento objetivo, que independe das crenças individuais.

Aliado a essas críticas, vários trabalhos têm procurado incorporar uma dimensão sociointeracionista à análise do processo de ensino (por exemplo, EDWARDS; MERCER, 1987: NEWMAN; GRIFFIN; COLE, 1989; SCOTT, 1993; MORTIMER, 1994). Esses trabalhos destacam que a construção do conhecimento em sala de aula depende essencialmente de um processo de negociação social, em que os significados e a linguagem do professor vão sendo apropriados pelos alunos, na construção de um conhecimento compartilhado. O ensino não pode ser visto simplesmente como um processo de reequilibração (PIAGET, 1977), em que a exposição do sujeito a situações de conflito levariam à superação das concepções prévias e à construção de conceitos científicos. O processo de superação de obstáculos passa necessariamente por um processo de negociação, em que o professor tem um papel fundamental como representante da cultura científica. Nesse sentido, aprender ciências é visto como um processo de "enculturação" (DRIVER; Asoko; LEACH; MORTIMER; SCOTT, 1994), ou seja, a entrada numa cultura diferente da cultura de senso comum. Nesse processo, as concepções prévias dos estudantes e sua cultura cotidiana não têm que, necessariamente, ser substituídas pelas concepções da cultura científica. A ampliação de seu universo cultural deve levá-lo a refletir sobre as interações entre as duas culturas, mas a construção de conhecimentos científicos não pressupõe a diminuição do status dos conceitos cotidianos, e sim a análise consciente de suas relações. (MORTIMER, 1994)

2- A proposta

É dentro dessa perspectiva teórica que pretendemos construir a proposta e o material didático para o ensino de Química da Rede Municipal de Contagem. Essa proposta pressupõe mudança na concepção de ensino. Ao contrário do ensino tradicional, em que o professor é o centro do processo, nossa proposta desloca o eixo para o aluno e sua participação ativa no processo de construção do conhecimento em sala de aula. A elaboração de uma proposta de ensino centrada na análise de fenômenos e na formulação de questões que levem aos princípios teóricos mais importantes da Química deve respeitar e valorizar o conhecimento prévio dos alunos, na medida em que busca reconhecer sua participação na interpretação de fenômenos e na formulação de questões. Ao mesmo tempo, estamos preocupados em implantar uma proposta que seja viável para toda a Rede. A busca do compromisso entre inovação e viabilidade, ousadia e adequação à realidade, criatividade e pragmatismo será a tônica de nosso trabalho.

Um passo fundamental na construção dessa proposta é a formação de um grupo de professores interessados em implantá-la como piloto. Esse grupo deverá receber não só treinamento para o uso do material didático produzido, mas também formação teórica que lhe permita ter autonomia e se tornar multiplicador do projeto para toda a Rede.

ANEXO 5

Fichas de avaliação do trabalho de Química na escola

Ficha de acompanhamento do trabalho de Química na FUNEC – Fundação de Ensino de Contagem (1)

Unidade _____ Bimestre _____ 19_____

Professor: _____

I- *Quanto aos objetivos do curso:*

1. Objetivos gerais

Explicar os fenômenos químicos que ocorrem na natureza; assegurar o uso de aparelhagem básica no manuseio de materiais e obtenção de dados experimentais; interpretação dos dados; conhecimento sobre o processo de elaboração do conhecimento químico; instrumentação para o debate.

Nesse sentido o curso tem-se mostrado:

( ) eficaz e coerente com os objetivos propostos (o aluno interpreta, discute, explica, etc.).

( ) ineficaz e incoerente com os objetivos propostos (o professor explica e interpreta para o aluno os resultados)

( ) parcialmente satisfatório (algumas dessas ações não ocorrem em sala de aula).

Comentários: _____

2. Objetivos específicos

Desenvolver qualidades individuais, tais como: habilidade de leitura, produção de texto, autonomia de trabalho e postura crítica ante o conhecimento, a consistência lógica na argumentação científica, o trabalhar coletivamente.

Nesse sentido o trabalho:

A . ( ) procurou alcançar esses objetivos mas não obteve sucesso satisfatório (tem sido motivada a leitura, produção de textos, argumentação lógica, etc., mas os resultados não são bons).

B . ( ) procurou alcançar esses objetivos e obteve sucesso (os alunos estão melhorando a participação nas atividades, procuram entender o que leram e estão melhorando a capacidade de expressão oral e escrita).

C . ( ) não alcançou o resultado uma vez que os objetivos não estavam propostos (o professor explica várias vezes usando-se da lógica científica, ajuda o aluno a escrever quando ele não consegue, passa um resumo no quadro para estudar para a prova).

Comentários: _____

II- *Quanto à metodologia do curso:*

Pressupõe a participação ativa do aluno como sujeito do conhecimento e condução adequada dessa participação pelo professor.

Dinâmica das aulas.

A. ( ) O aluno sempre expressa suas idéias para o grupo e o professor orienta a discussão.

B. ( ) o aluno emite sua opinião e o professor corrige porque ele sabe as respostas corretas.

Outros: _____

As aulas são:

A. ( ) claras e objetivas.

B. ( ) claras mas polêmicas.

C. ( ) confusas e complicadas.

D. ( ) chatas e pouco interessantes.

E. ( ) ricas em debates e discussões.

Outros:

As experimentações

A. ( ) são interessantes e com elas fica mais fácil entender os fenômenos.

B. ( ) são interessantes mas não se entende muito bem o que acontece.

C. ( ) você não gosta das aulas experimentais.

D. ( ) nenhuma experimentação foi feita.

Outros: _____

Aprendizagem e eficácia do método.

A. ( ) As aulas permitem entender melhor o porquê dos fenômenos; as idéias que os alunos possuem são questionadas e melhoradas.

B. ( ) As alunas são confusas e os alunos nunca sabem o que está certo ou errado.

Outros: _____

III- *Quando ao professor:*

1. É atencioso quando solicitado?

( ) sim   ( ) não

Justifique: _____

2. É freqüente e pontual ?

( ) sim   ( )não

Justifique: _____

3. O professor é desafiador, isto é, incentiva os alunos a dar respostas próprias.

( ) sim   ( ) não

IV- *Quanto aos alunos:*

A freqüência e pontualidade são:

( ) satisfatórias   ( ) baixas   ( ) comprometedoras

A disciplina e o interesse são:

( ) satisfatórias   ( ) baixas   ( ) comprometedoras

A aprendizagem:

A. ( ) você está aprendendo com mais facilidade este ano.

B. ( ) você está aprendendo este ano tal como nos anteriores.

C. ( ) você não está conseguindo aprender Química.

Justifique: _____

Quanto aos critérios de avaliação:

Neste bimestre, você foi avaliado através de qual(is) instrumento(s)?

Você foi informado sobre como seria avaliado?

Indique o número de pontos distribuídos para cada um dos instrumentos citados acima.

O aproveitamento final da turma foi:

A . ( ) 25% obteve média

B . ( ) 50 % obteve média

C . ( ) 75 % obteve média

D . ( ) 100% obteve média

Outros: _____

VI – Quanto aos recursos didáticos utilizados:

O livro:

A . ( ) é interessante e desafia o aluno a pensar e a ter idéias próprias.

B . ( ) é chato e cansativo.

C . ( ) é interessante, mas dá preguiça de estudar

D . ( ) preferia ter outro para estudar e fazer exercícios.

Outros: _____

Laboratório

A. a sua escola possui laboratório?

( ) sim ( ) não

B. o laboratório é usado nas aulas de Química?

( ) sim ( ) não

Justifique: _____

O vídeo:

A. ( ) auxilia o entendimento dos conteúdos e é bom assistir a eles.

B. ( ) auxilia o entendimento dos conteúdos, mas você não gosta de assistir a eles.

C. ( ) não ajuda em quase nada.

D. ( ) na sua escola não se utiliza do vídeo nas aulas de Química.

Justifique: _____

Utilizou-se de outros recursos para aprender Química na escola? Quais?_____

Do que você mais gosta nas aulas de Química?

Do que você menos gosta nas aulas de Química?

VII – Sugestões para o próximo bimestre:

Ficha de avaliação do trabalho de Química na escola (2)

Unidade _____ Bimestre _____ 19 _____

Professor:_____

I. O trabalho de Química do 2º. bimestre comparado ao do 1º. bimestre:

a) ( ) melhorou

b) ( ) piorou

c) ( ) não houve modificações

II. Como você avalia o trabalho da Química neste bimestre, quanto ao conteúdo estudado, à metodologia utilizada e ao desempenho do professor?

III. As sugestões que foram apontadas na avaliação anterior, assim como os problemas identificados, foram discutidos com alunos?

( ) sim ( ) não

Vocês ficaram satisfeitos com o encaminhamento dado?

( ) sim ( ) não

Outros: _____

IV. Do que você não gostou neste bimestre?

V. Qual(is) sugestão(ões) vocês gostariam de fazer?

ANEXO 6

A doma da vaca

Busca da vaca. A vaca não fugiu, então por que procurá-la? Ela se perdeu foi porque nós mesmos nos perdemos, desviados por nossos sentidos, que nos enganam.

Ele percebe as pegadas da vaca. Com a ajuda das Escrituras e das doutrinas, ele começou a compreender alguma coisa, encontrou as pegadas da vaca. No entanto, ele ainda não consegue distinguir o que é bom do que é mau. Seu espírito está confuso sobre o verdadeiro e o falso.

Ele vê a vaca. Ele se guia pelo som, ele consegue ver na origem das coisas; todos seus sentidos estão em ordem harmoniosa. Essa harmonia se manifesta em todas as suas ações.

Ele captura a vaca. Depois de estar, muito tempo, perdido na solidão selvagem, ele, por fim, encontrou e capturou a vaca. Mas por causa da pressão exorbitante do mundo objetivo, ele percebe como a vaca é difícil de domar. Ela anseia constantemente pelo capim fresco. A natureza selvagem ainda é indócil e se recusa a se submeter.

Ele põe a vaca a pastar. Quando se move um pensamento, logo se segue outro, e depois outro. Assim se desperta uma série ilimitada de pensamentos. Pela iluminação, tudo isso se transforma em verdade. Mas a falsidade se impõe, quando a confusão domina. As coisas nos oprimem, não por causa de um mundo objetivo, mas por causa de um espírito que se engana a si próprio. Não relaxe o cabresto, não se permita nenhuma distração.

Ele volta para sua casa montando a vaca. A luta acabou e vitória ou derrota já não o preocupa mais.

A vaca é esquecida ficando apenas o homem. As coisas são uma só e a vaca é simbólica. Quando você sabe que aquilo que quer é o coelho ou a carpa, e não a armadilha ou a rede, tudo é como o ouro que se separa da ganga, como a lua surgindo detrás das nuvens.

Tanto a vaca quanto o homem desaparecem das vistas. Toda confusão foi afastada e apenas a serenidade reina: a própria idéia de santidade não interessa. Ele não tarda a perambular por onde se encontra o Buda e lá, onde não há o Buda, ele chega e sai rapidamente.

De volta a origem ele sobe até a fonte. Desde o começo, quando era puro e imaculado, ele jamais foi afetado pela sujeira. Calmamente, ele examina o nascimento e o declínio das coisas dotadas de forma, sempre se mantendo, ele próprio, na serenidade imutável da não afirmação de si mesmo.

Ele entra na cidade e suas mãos espalham bênçãos. A porta de sua casa humilde está fechada e mesmo o mais sábio não o reconhece. Não se pode ter qualquer vislumbre de sua vida interior, porque ele segue seu caminho, sem seguir as pegadas dos sábios antigos. Com sua gamela, ele sai para passear no mercado e volta, apoiado num cajado, para sua casa. Pode-se encontrá-lo na companhia dos bebedores de vinho e dos açougueiros. Ele e seus companheiros estão todos transformados em Budas (S/A e S/D).

Qualquer livro do nosso catálogo não
encontrado nas livrarias pode ser pedido
por carta, fax, telefone ou pela Internet.

Autêntica Editora
Rua São Bartolomeu, 160 – Bairro Nova Floresta
Belo Horizonte-MG – CEP: 31140-290
Telefone: (31) 3423 3022
Fax (31) 3446 2999
e-mail: vendas@autenticaeditora.com.br

Visite a loja da Autêntica na Internet:
www.autenticaeditora.com.br
ou ligue gratuitamente para
0800-2831322

Este livro foi composto em tipologia Palatino 10/13,5,
e impresso em papel apergaminhado 75g.
na Artes Gráficas Formato Ltda.